Sobre los autores

Guilherme Siqueira Simões es socio de FATTO Consultoría y Sistemas (www.fattocs.com). Es especialista en medición, estimación, pruebas y requisitos de software. Tiene experiencia internacional en diversos sectores y ayuda a las organizaciones a evaluar, comprender y optimizar sus prácticas de subcontratación y de desarrollo de software mediante metodologías probadas. Le entusiasma la Ingeniería de Software y la Ciencia de Datos y posee las siguientes credenciales:

- Coautor de los libros "Análise de Pontos de Função: Medição, Estimativas e Gerenciamento de Projetos de Software" y "Engenharia de Requisitos: Software Orientado Negócio" publicados en portugués, inglés y español.
- Licenciado en Informática por la UFES; posgrados en Gestión de Empresas por el IEL/UFES y en Ciencia de Datos por la PUC Minas.
- Está certificado como experto en Puntos de Función por IFPUG (CFPS) y por COSMIC (CC-FL), es Gerente de Proyecto (PMP) por PMI, como Ingeniero de Requisitos (CPRE-FL) por IREB y Tester de Software (CTFL) por ISTQB.

Para contactarlo, envíe un correo electrónico a guilherme.simoes@gmail.com o conéctese a través de LinkedIn: http://www.linkedin.com/in/guilhermesimoes.

Carlos Eduardo Vázquez fundó FATTO Consultoría y Sistemas (www.fattocs.com) y es coautor de los libros "Análise de Pontos de Função: Medição, Estimativas e Gerenciamento de Projetos de Software" y "Engenharia de Requisitos: Software Orientado ao Negócio". Dirige la división de consultoría en gestión de TI y lidera un equipo de especialistas en métricas de software. Con más de 20 años de experiencia en desarrollo, mantenimiento y gestión de software, se enfoca en adaptar la tecnología a las necesidades organizacionales. Considera que las tecnologías de medición de software son herramientas fundamentales para alcanzar los objetivos de negocio. Particularmente promueve la medición del tamaño funcional mediante tecnologías reconocidas como IFPUG, NESMA y COSMIC. Desde 1993, ha capacitado a miles de profesionales y ha sido uno de los primeros brasileños en obtener la certificación de Especialista en Puntos de Función (CFPS) del IFPUG. Carlos también posee la certificación COSMIC CC-FL. Está certificado como Ingeniero de Requisitos (CPRE-FL) por IREB.

Para contactarlo, envíe un correo electrónico a carlos.vazquez@fattocs.com o conéctese a través de LinkedIn: http://www.linkedin.com/in/cvazquezbr.

Sobre el libro

Este libro está dirigido a estudiantes interesados en el desarrollo de sistemas y a profesionales involucrados en proyectos de software que buscan mejorar sus habilidades de análisis de requisitos. Nos dirigimos tanto a quienes trabajan del lado del cliente del proyecto (gerentes, analistas de negocio, gerentes de sistemas) como a quienes trabajan del lado del proveedor (analistas de requisitos, analistas de sistemas, analistas de pruebas, líderes de proyectos y desarrolladores).

El objetivo es presentar la importancia de la Ingeniería de Requisitos, sus conceptos, actividades y diversas técnicas útiles, para que este conocimiento pueda aplicarse a cualquier metodología de desarrollo de software disponible en el mercado.

En este libro, los términos 'requisito' y 'requerimiento' se utilizan como sinónimos. 'Requisito' es más común en España, mientras que 'requerimiento' se usa más en América Latina. Se optó por utilizar el término "requisito" a lo largo del libro.

Cada metodología define los momentos del trabajo de requisitos, el orden de las actividades, su relación con otras disciplinas de la Ingeniería de Software, las técnicas a emplear y los artefactos a producir. Creemos que este contenido será útil tanto para quienes trabajan con metodologías ágiles como para quienes trabajan con metodologías tradicionales. Tanto para procesos iterativos-incrementales como para procesos secuenciales (o en cascada), y para proyectos tanto grandes como pequeños. Tanto para el desarrollo de nuevos productos de software como para el mantenimiento de software legado.

Este libro combina la experiencia profesional de los autores con una amplia investigación bibliográfica. La principal referencia ha sido el Cuerpo de Conocimiento del Análisis de Negocio (BABOK®) del Instituto Internacional de Análisis de Negocio (IIBA). Identificamos el Análisis de Negocio, según lo definido por el IIBA, como el vínculo crucial entre el negocio y el desarrollo de software. Esto es más amplio que la Ingeniería de Requisitos; tiene objetivos más ambiciosos.

Durante nuestras actividades de consultoría y formación, hemos observado que un análisis de negocio integral, realizado por un único perfil profesional, todavía es una aspiración futura más que una realidad actual. Por ello, sentimos la necesidad de profundizar en los temas del Análisis de Negocio aplicados a la Ingeniería de Requisitos. Sin embargo, siempre mantenemos el enfoque en las interfaces y un vínculo de comunicación continuo, relacionando el proyecto de software con la motivación de los cambios en los que se integra y con la evolución de dicho ámbito.

Fue un proceso gradual en el que fuimos incorporando al contenido de esta obra nuestra experiencia profesional en proyectos de software, el feedback recibido en las diferentes actividades de formación y consultoría, las prácticas de gestión de proyectos usadas en el Scrum; el cuerpo de conocimiento de gestión de proyectos (PMBOK®) del PMI (*Project Management Institute*), el proceso unificado de Rational de IBM (RUP), la guía práctica del PMI para los practicantes del Análisis de Negocio; los modelos de madurez para desarrollo y adquisición CMMI y MPS.BR y la visión de varios otros autores sobre el tema, incluidos los libros de Karl Wiegers e Ian Sommerville. También buscamos cubrir todo el contenido de la certificación CPRE-FL (*Certified Professional for Requirements Engineering - Foundation Level*) del IREB (*International Requirements Engineering Board*).

Buscamos escribir esta obra de manera que el lector se sienta cómodo al leerla, tanto de forma secuencial como en capítulos separados. Estructuramos el asunto de modo que el enfoque secuencial resulte el más didáctico para quienes tienen su primer contacto con el tema.

Tan importantes como el contenido teórico son los ejercicios y los estudios de caso propuestos, en los que el lector podrá ponerlos en práctica y reflexionar críticamente sobre los temas presentados. Al final de cada capítulo hay un conjunto de ejercicios sobre el tema presentado.

En el **Capítulo 1 (Ingeniería de Requisitos)** se presenta qué es la Ingeniería de Requisitos (IR), por qué se usa el término "ingeniería", cómo la IR se sitúa dentro de la Ingeniería de Software y cómo se integra en un proceso de software. Aclaramos la diferencia entre disciplina y fase del proyecto y cómo la IR se aplica en proyectos con estrategia secuencial e iterativa-incremental.

El **Capítulo 2 (Requisito)** presenta la definición de los requisitos de la ISO y comenta la importancia de cada parte de dicha definición. También define qué es la especificación de requisitos, cuál es su objetivo, cuál es su público objetivo, cuál es el nivel de detalle apropiado para una especificación y cuáles son sus criterios de calidad.

El **Capítulo 3 (La Importancia de la Ingeniería de Requisitos)** aborda las consecuencias de un trabajo de requisitos mal hecho, los riesgos para el proyecto y cómo estos pueden afectar negativamente la calidad del software.

El **Capítulo 4 (Dificultades Comunes con Requisitos)** describe los dolores más frecuentes de quienes están involucrados en el trabajo de requisitos. Comentamos sobre las dificultades en la literatura y las vivencias de diversos clientes. Para cada dificultad planteamos algunas propuestas de técnicas o enfoques que ayudan a enfrentarla.

En el **Capítulo 5 (Tipos de Requisitos)** se presenta la definición de premisas y restricciones, la clasificación de los requisitos en diferentes tipos, ejemplos y la importancia de cada uno de estos conceptos para el desarrollo de software.

El **Capítulo 6 (Actividades de la Ingeniería de Requisitos)** aborda las macroactividades de la IR y muestra cómo los estudios anteriores al proyecto (por ejemplo, el análisis de viabilidad) desempeñan un papel fundamental al facilitar o dificultar el trabajo de requisitos.

En el **Capítulo 7 (Elicitación de Requisitos)** se explica qué es la elicitación de requisitos, su objetivo, sus etapas y cómo se relaciona con las demás actividades de la IR, y se presentan varias técnicas que pueden emplearse en esta actividad.

El **Capítulo 8 (Análisis de Requisitos)** explica qué es el análisis de requisitos, cuál es su objetivo y cuáles son sus etapas. Aborda la especificación, la importancia del modelado, la organización de los requisitos y los puntos de vista funcional, estructural y conductual sobre dichos requisitos. También analiza la verificación y validación de requisitos como un papel fundamental para garantizar la calidad del trabajo de requisitos.

Por último, el **Capítulo 9 (Gestión de Requisitos)** explica qué es la gestión de requisitos, su objetivo, sus etapas y cómo se relaciona con las demás actividades de la IR y presenta varias técnicas que pueden emplearse en ella.

El **Glosario** contiene una breve definición de los términos y siglas más importantes utilizados en la IR, así como de todas las técnicas presentadas en el libro.

El **Anexo** presenta un estudio inspirado en un caso real que aborda varias de las dificultades comunes en las especificaciones de requisitos. Estos casos se utilizan como práctica de varias de las técnicas presentadas en el libro.

Sumario

1. Ingeniería de Requisitos

"Cuando yo uso una palabra —dijo Humpty-Dumpty con un tono burlón—,
significa precisamente lo que yo decido que signifique: ni más ni menos."
Lewis Carroll (A través del espejo y lo que Alicia encontró allí)

Al profundizar en cualquier disciplina, es fundamental comenzar por comprender el significado de su nombre. En ese sentido, este capítulo tiene como objetivo definir qué es la Ingeniería de Requisitos, ¿Por qué el término "ingeniería", ¿cómo se sitúa dentro de la Ingeniería de Software y cómo se integra en un proceso de desarrollo de software?

Este fragmento de "A través del espejo y lo que Alicia encontró allí" ilustra la importancia de definir con claridad las palabras. Su relevancia trasciende la literatura: ha sido utilizado en la discusión de asuntos políticos en Inglaterra y en más de 250 decisiones judiciales en Estados Unidos.

Si todo el mundo actuara como Humpty Dumpty, sería necesario establecer el significado de las palabras (o al menos iniciar este proceso). Esto es importante para la producción de Ingeniería de Requisitos (IR), como se analizará en este capítulo.

1.1. Definición de Ingeniería de Requisitos

La ingeniería de requisitos es una disciplina de la Ingeniería de Software que consiste en el uso sistemático y reiterado de técnicas para cubrir las actividades de adquisición, documentación y gestión de un conjunto de requisitos para el software que cumplan con los objetivos del negocio y sean de calidad. ¿Cuáles son esos objetivos de negocio y qué son los requisitos de calidad? Estos temas se analizarán en el Capítulo 2.

1.2. ¿Por qué el término «ingeniería» en Ingeniería de Requisitos?

El neologismo es la creación de nuevas palabras o la asignación de nuevos significados a palabras existentes. Hoy en día, el mundo está lleno de neologismos que sirven para diversos propósitos. Por ejemplo, cuando se busca una alternativa a la compra de un auto nuevo, no se refiere a un auto usado, sino a uno "seminuevo". Al llamar al centro de atención en busca de ayuda para resolver el problema, no se habla con una operadora, sino con una "asesora de servicios".

Los ejemplos anteriores muestran cómo un nuevo nombre puede intentar revalorizar un concepto. Esto nos lleva a una pregunta importante: ¿Acaso el término Ingeniería de Requisitos busca simplemente apropiarse del prestigio asociado a la profesión de ingeniería, sin alinearse realmente con el significado fundamental de esta disciplina?

Esta no es una evaluación legal, sino una evaluación del significado en general. Para ello se utilizará una definición del término encontrado en Wikipedia (acceso en mayo de 2017):

"Ingeniería es la aplicación de las matemáticas y de los conocimientos científicos, económicos, sociales y prácticos para inventar, innovar, diseñar, construir, mantener, investigar y mejorar estructuras, máquinas, herramientas, sistemas, componentes, materiales, procesos, soluciones y organizaciones."

La ingeniería de requisitos se centra específicamente en la adquisición y aplicación sistemática del conocimiento necesario para crear, desarrollar e implementar sistemas de información efectivos, un proceso que comparte los principios fundamentales de la ingeniería tradicional.

El Museo de Ciencias de Boston desarrolló el programa Ingeniería es Elemental, cuyo objetivo es motivar a los estudiantes de primero a octavo grado a aplicar lo que saben en ciencia y matemática. La Figura 1.1 ilustra los cinco pasos de este proceso, incluyendo el orden y su carácter cíclico.

El primer paso del proceso es "preguntar" e identificar el problema. ¿Qué se hizo para resolverlo? ¿Cuáles son las restricciones que se aplican? A continuación, "imaginar" las posibles soluciones y escoger la mejor. Seguidamente, "planifique" diseñando un diagrama y preparando una lista de lo que necesita. "Cree" siguiendo su plan y los resultados de las pruebas. Finalmente, "mejore" discutiendo lo que funciona, lo que no funciona y lo que podría ser mejor; modifique su producto para mejorarla y vuelva a probar.

La ingeniería de requisitos está plenamente alineada con este proceso general. Al principio, se podría pensar que se limita sólo a las primeras etapas del proceso, sin embargo, es falso cuando se explora correctamente uno de los principales beneficios de la Ingeniería de Requisitos: Permitir la comprensión - continuamente - de las necesidades del cliente para entregar una solución que cumpla con los objetivos de negocio, que son dinámicos y cambiantes.

En este libro, la ingeniería de requisitos se aborda en un contexto en el que los requisitos del software forman parte de una solución más amplia que puede incluir necesidades adicionales que van más allá del desarrollo de software. Sin embargo, el enfoque de este libro se centra en la ingeniería de requisitos para el desarrollo de software.

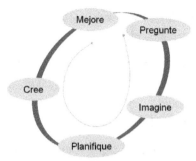

Figura 1.1: *Proceso general de ingeniería explicado de forma simple para los jóvenes.*

1.3. Ingeniería de Requisitos como parte de la Ingeniería de Software

La Ingeniería de Requisitos forma parte de la Ingeniería de Software, independientemente de la referencia que se haga en su definición. La ISO (2010) define la Ingeniería de Software como:

(1) La aplicación sistemática de conocimientos científicos y tecnológicos, métodos y experiencias para el diseño, implementación, prueba y documentación de software;

(2) La aplicación de un enfoque sistemático, disciplinado, cuantificable al desarrollo, operación y mantenimiento de software; o sea, a la aplicación de la ingeniería al software.

Se destaca la palabra "disciplina" en el sentido de que el conocimiento y las habilidades relacionados con las tareas de Ingeniería de Software se organizan en disciplinas o áreas de conocimiento. No existe consenso ni una sola referencia sobre cuáles deben ser esas disciplinas. Hay modelos de referencia que satisfacen directa o indirectamente ese papel, por ejemplo:

> ➢ IBM RUP - Rational Unified Process (SHUJA, 2008).
> ➢ SWEBOK - *Software Engineering Body of Knowledge* (IEEE, 2014).
> ➢ Áreas de proceso del modelo de madurez CMMI (Capability Maturity Model Integration) *del Software Engineering Institute* (SEI, 2010).

Si se utiliza como referencia el proceso unificado, se define una disciplina como medio para crear categorías de actividades en función de intereses similares y de la colaboración en el esfuerzo de trabajo. Hay dos grupos de disciplinas – las disciplinas de ingeniería:

> ➢ Modelado de negocios
> ➢ Ingeniería de requisitos
> ➢ Análisis y diseño
> ➢ Implementación

- ➢ Pruebas
- ➢ Transición

Y las disciplinas de apoyo:

- ➢ Gestión de la configuración y del cambio
- ➢ Gestión de Proyectos
- ➢ Ambiente

En el SWEBOK hay quince áreas de conocimiento, donde la primera es requisitos, como se muestra a continuación:

- ➢ Requisitos de software
- ➢ Diseño de software
- ➢ Construcción de software
- ➢ Pruebas de software
- ➢ Mantenimiento de software
- ➢ Gestión de la configuración
- ➢ Gestión de la ingeniería de software
- ➢ Proceso de ingeniería de software
- ➢ Métodos y modelos de la ingeniería de software
- ➢ Calidad del software
- ➢ Práctica profesional de la ingeniería de software
- ➢ Economía de la ingeniería de software
- ➢ Fundamentos de la computación
- ➢ Fundamentos matemáticos
- ➢ Fundamentos de ingeniería

Mientras RUP y SWEBOK abordan la ingeniería de requisitos como una sola disciplina o área de conocimiento, CMMI utiliza el término "Área de proceso". Un área de proceso es un conjunto de prácticas relacionadas que, al aplicarse colectivamente, satisface una serie de objetivos considerados importantes para mejorar. El tema requisitos se aborda en dos de ellos:

- ➢ Desarrollo de requisitos (RD - *Requirements Development*).
- ➢ Gestión de requisitos (REQM - *Requirements Management*).

No importa la referencia utilizada para definir la Ingeniería de Software; los requisitos son la base de todo el trabajo de otras disciplinas. Y el trabajo descrito en estos modelos refleja un tipo de especialización funcional. Este trabajo especializado debe organizarse según una estrategia de desarrollo, como se muestra en la Figura 1.2, antes de entregar el software en funcionamiento.

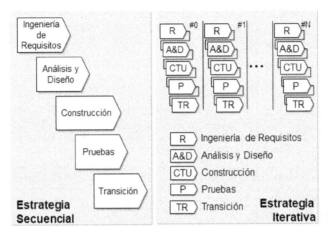

Figura 1.2: *Distintas estrategias de desarrollo organizan de diferentes maneras el trabajo descrito en las disciplinas.*

1.4. Ingeniería de Requisitos en las diferentes estrategias de desarrollo

La aplicación incorrecta de estos modelos de referencia en proyectos, especialmente en grandes empresas, puede atribuirse en parte a una comprensión insuficiente de sus principios fundamentales o a limitaciones en su implementación práctica. En estas organizaciones suele predominar un desarrollo estrictamente planificado con poca flexibilidad. Paradójicamente, esta rigidez se mantiene incluso en proyectos que no presentan gran complejidad técnica o de gestión, en los que un enfoque más adaptable podría resultar beneficioso.

Esta rigidez en la planificación extiende inevitablemente el ciclo de retroalimentación entre el equipo de desarrollo y sus clientes, retrasando ajustes valiosos. Como consecuencia, cuando finalmente se identifican y corrigen las desviaciones, ya se ha invertido tiempo y esfuerzo en exceso, lo que genera ineficiencias que podrían haberse evitado con ciclos de retroalimentación más breves. Estas desviaciones tienen múltiples causas. Una de las causas fundamentales es la excesiva duración de cada ciclo de desarrollo, lo que incrementa la vulnerabilidad del proyecto ante cambios en el entorno empresarial que se producen mientras este se desarrolla. Otras desviaciones se clasifican erróneamente como cambios de requisitos, cuando en realidad son consecuencia de problemas de comunicación, como malentendidos, ambigüedades o la transferencia incompleta de información entre las partes interesadas.

En este contexto, la ingeniería de requisitos suele malinterpretarse. Muchos profesionales la reducen erróneamente a 'documentación' (un tema explorado en el Capítulo 2). Otros la confunden con una mera fase de seguimiento del progreso del proyecto vinculada a la planificación inicial, en lugar de reconocerla como una actividad continua y fundamental.

En la práctica, el trabajo suele organizarse siguiendo una estructura similar a la estrategia secuencial, como muestra la Figura 1.3. Se atribuye a la norma militar para el desarrollo de software del Departamento de Defensa de los Estados Unidos la difusión de estas estrategias como una "cascada", aunque afirme en su segundo párrafo (DOD, 1985):

"El desarrollo de software es a menudo un proceso iterativo, en el que una iteración del ciclo de desarrollo se repite una o más veces a lo largo de cada fase del ciclo de vida del sistema".

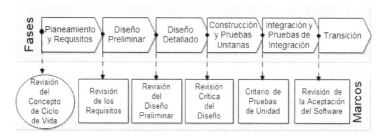

Figura 1.3: *Estrategia secuencial para ordenar el trabajo de desarrollo.*

Es técnicamente posible limitar la ingeniería de requisitos a una única fase del proyecto o reducir el concepto de 'requisito' a mera 'documentación'. Sin embargo, este enfoque resulta inapropiado para satisfacer las necesidades y expectativas del desarrollo de software contemporáneo. En el entorno empresarial actual, caracterizado por cambios rápidos y constantes, ignorar la evolución de las necesidades del cliente no solo resulta poco razonable, sino que constituye una receta segura para el fracaso del proyecto.

Esta interpretación limitada y la aplicación incorrecta de los modelos de referencia contribuyeron significativamente al surgimiento de enfoques alternativos, como el Manifiesto Ágil (BECK, 2001) y metodologías como *Extreme Programming* (BECK, 2004) y Scrum (SCHWABER, 2016), que enfatizan la adaptabilidad y la colaboración continua con el cliente.

Organizar el trabajo distribuyendo las actividades de requisitos a lo largo de todo el desarrollo produce mejores resultados. Poner más énfasis inicialmente en la comprensión de los objetivos de desarrollo y sus restricciones. Conjuntamente, se debe explorar la definición del producto y especificar las actividades principales que el software automatizará. En este caso, aunque no se hayan identificado todas las preguntas ni se hayan respondido las ya existentes, ya se sabe qué macrofunciones se llevarán a cabo por el desarrollo; sin embargo, aún no se sabe con precisión qué actividades.

Y luego, gradualmente, se intercalan las actividades de Ingeniería de Requisitos con la exploración de la profundidad del producto, detallando su comportamiento esperado y llenando los vacíos dejados anteriormente, junto con las actividades de diseño, implementación y pruebas en ciclos de desarrollo cortos, por ejemplo, de dos a cuatro semanas.

La Figura 1.4 ilustra este escenario con la interrelación entre:

➢ Las fases de Inicio, Elaboración, Construcción y Transición utilizadas en la planificación y la supervisión de los avances son aquellas en las que se debe evaluar la continuidad o la interrupción del desarrollo.

➢ Las iteraciones (o ciclos), que incluyen las actividades de las disciplinas de Ingeniería de Requisitos (R), Análisis y Diseño (A & D), Construcción (CTU), Pruebas (T) y Transición (TR), se realizan con mayor o menor intensidad según la etapa actual del desarrollo.

➢ Los puntos de referencia y sus objetivos de información que deben alcanzarse para considerar una fase como completada.

Algo que falta representar en la Figura 1.4 es el nivel de esfuerzo relativo de cada disciplina. Por ejemplo, la disciplina de Ingeniería de Requisitos exige más esfuerzo en las primeras iteraciones, mientras que ocurre lo contrario con la actividad de construcción, que en estas fases iniciales suele limitarse a alguna prueba de concepto o a un prototipo, lo que conlleva un mayor riesgo para el desarrollo.

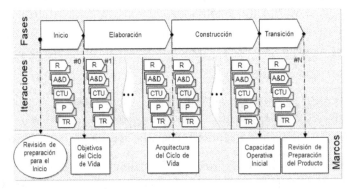

Figura 1.4: *La estrategia iterativa para ordenar el trabajo de desarrollo.*

Este vacío se refleja en el "Gráfico de las ballenas", que resume el proceso unificado y se muestra en la Figura 1.5. Este apodo se debe a que las curvas de esfuerzo de cada disciplina se asemejan al perfil de las ballenas.

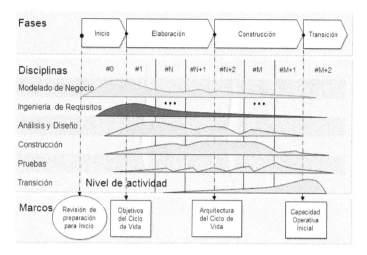

Figura 1.5: *Comparación del nivel de esfuerzo entre las disciplinas de la Ingeniería de Software.*

Como se observa en la Figura 1.4, el desarrollo iterativo no asume que todo el trabajo de una disciplina debe completarse antes de empezar a trabajar en otras.

La fase de inicio, en la mayoría de los casos, corresponde a un único ciclo. En ella, en promedio, se consume el 38% del esfuerzo total invertido en actividades de ingeniería de requisitos.

Es el tipo de actividad con la mayor concentración porcentual entre los tipos de actividad necesarios para el desarrollo. Estas actividades, por ejemplo, abordan decisiones relacionadas con el análisis y el diseño e implican un alto riesgo de desarrollo. El uso de una nueva tecnología y el nivel de servicio más allá del habitual exigen una prueba de concepto que requiere un trabajo de análisis y diseño, implementación y pruebas.

Es poco probable que el código fuente se entregue como parte del producto final en esa Iteración # 0. Si se entrega código, probablemente está asociado a una prueba de concepto (PoC) para validar una premisa de arquitectura. Posteriormente, se deben perseguir resultados objetivos que mejoren el producto final.

El esfuerzo de esta primera fase varía entre el 2% y el 15% del esfuerzo total del desarrollo, y suele adoptarse un promedio del 5% para fines de planificación. La Figura 1.6

complementa esta información y muestra la distribución media porcentual del esfuerzo en todas las etapas (Boehm, 2000).

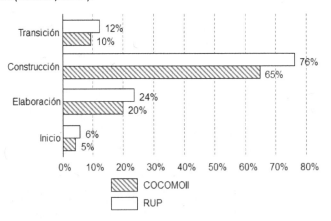

Figura 1.6: Porcentaje de esfuerzo de las fases del ciclo de vida.

Teniendo en cuenta estas cifras, las actividades de requisitos en esa primera fase representan aproximadamente el 2% del esfuerzo total del desarrollo.

Durante los ciclos correspondientes a la fase de elaboración, el esfuerzo medio invertido en las actividades de requisitos, en comparación con otras disciplinas, representa el 18% del esfuerzo total. Durante la fase de construcción: 8%; durante la fase de transición: 4%.

En el desarrollo completo, las actividades de Ingeniería de Requisitos corresponden al 15% del total, según Gartner (2010); al 11%, según Boehm (2000) y entre el 6% y el 13%, dependiendo de la categoría de la industria (sistemas de usuario final, sistemas de información de gestión, sistemas comerciales, sistemas militares, sistemas de hardware y software integrados, Web) de acuerdo con Jones (2007). La Tabla 1.1 resume los datos de COCOMO II, que proporciona el porcentaje de esfuerzo invertido en la Ingeniería de Requisitos para cada fase.

	(%) do Esfuerzo Invertido				
	Fase				Desarrollo
Disciplina	Inicio	Elaboración	Construcción	Transición	
Requisitos	38%	18%	8%	4%	11%
Otras	62%	82%	92%	96%	89%

Tabla 1.1: Comparación del esfuerzo entre las actividades de requisitos y las demás disciplinas de acuerdo con la investigación del COCOMO II.

Un plan de iteración debe capturar la distribución del trabajo mediante una matriz que integre las fases temporales y las disciplinas. No debe estar sujeto a una única planificación inicial. Al final de cada ciclo, este plan debe actualizarse, indicando lo realizado y la visión actual para una nueva distribución del trabajo en las próximas iteraciones. La falta de visión de esa necesidad está entre los factores principales que llevan a que las iniciativas de adopción de estrategias iterativas fracasen.

Independientemente de si se opta por un desarrollo secuencial o por un desarrollo iterativo-incremental, siempre habrá necesidad de Ingeniería de Requisitos, por más "ágil" que sea la iniciativa. Específicamente para este libro, el objetivo es que el conocimiento asociado a la Ingeniería de Requisitos pueda aplicarse en proyectos y organizaciones, independientemente de las estrategias de desarrollo empleadas.

1.5. El entorno de la Ingeniería de Requisitos

La Figura 1.7 sitúa la Ingeniería de Requisitos en su contexto y las principales interrelaciones que los responsables mantienen con los clientes y el equipo de desarrollo.

La Ingeniería de Requisitos facilita la interacción con el cliente para identificar y comprender sus necesidades, así como para llegar a un acuerdo sobre la solución a elaborar. En ella se describen y se integran tareas, técnicas, directrices, funciones y responsabilidades en flujos de trabajo que:

➢ Comienzan con la comprensión de las necesidades del cliente y
➢ Culminan con la aprobación del acuerdo sobre la solución.

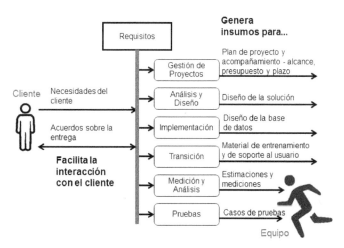

Figura 1.7: *Contexto de la Ingeniería de Requisitos.*

Produce entradas para una variedad de otras disciplinas de la Ingeniería de Software, por ejemplo:

➢ **Análisis y Diseño:** en la preparación del diseño de la solución.
➢ **Implementación:** en el diseño de la base de datos.
➢ **Gestión de Proyectos:** En la planificación y el seguimiento de proyectos, respecto del alcance, el presupuesto y los plazos.
➢ **Transición:** en la producción de material de formación y de apoyo al usuario.
➢ **Medición y Análisis:** para la elaboración de estimaciones y mediciones.
➢ **Pruebas:** para la documentación de casos de prueba.

Observe que, en ese contexto, no existe la actividad de programación propiamente dicha al citar la disciplina de implementación. Esto se debe a que es necesario realizar actividades complementarias de diseño y tomar decisiones sobre los componentes de software más apropiados para asignar el comportamiento descrito en los requisitos. Hacer lo contrario implicaría requerir de un mismo profesional habilidades de diseño y de programación. Esto no implica que a los desarrolladores se les prohíba el acceso a todos los requisitos, sino que existe una necesidad de trabajo previo de otra especialidad.

1.6. El papel del Ingeniero de Requisitos

De acuerdo con el portal de empleo CATHO (CATHO, 2023), el ingeniero de requisitos es aquel que:

"Lleva a cabo la obtención de requisitos y la especificación de proyectos de TI y desarrolla soluciones para los procesos mediante el mapeo y el análisis de negocio. Prepara la especificación de los requisitos de software y el reporte de estado para la gestión de proyectos."

También relaciona esa profesión con las carreras de analista de negocios de TI, analista de sistemas de información y complementa el perfil con algunas estadísticas sobre quienes desempeñan este papel:

➢ El 35% son graduados.
➢ El 37% tiene el grado en Sistemas de Información.
➢ Tardaron un año y 11 meses en llegar a este cargo desde su cargo anterior.
➢ 56% tiene inglés intermedio.

Este punto de vista, muy simple, resume adecuadamente una visión pragmática de quien realiza las actividades de Ingeniería de Requisitos.

El IREB (IREB, 2022) denomina al responsable del trabajo de ingeniería Ingeniero de Requisitos y define su papel como quien, en colaboración con los interesados del proyecto, obtiene, documenta, valida y gestiona los requisitos.

1.7. Ejercicios

1. Cite ejemplos de cómo la Ingeniería de Requisitos está presente en cada una de las cinco etapas de un proceso general de ingeniería, tal como se muestra en la Figura 1.1.

2. Explique cómo las disciplinas de Análisis y Diseño e Implementación interactúan con la disciplina de Requisitos al inicio de un proyecto de software. Trate de hacerlo relacionando decisiones sobre un tema que influyan en el comportamiento de otro y de dar ejemplos prácticos.

3. ¿Qué diferencia hay entre la estrategia secuencial e iterativa-incremental desde el punto de vista de la Ingeniería de Requisitos?

4. En los proyectos en los que participó, ¿puede indicar aproximadamente qué porcentaje representa el trabajo de requisitos del esfuerzo total del proyecto? ¿Qué actividades cree usted que demandan más esfuerzo?

5. ¿Cuál es la diferencia entre "disciplina de requisitos" y "fase de requisitos"?

6. ¿Por qué el trabajo de requisitos puede ocurrir también en etapas más avanzadas del proyecto de software, como la construcción y la transición?

2. Requisito

"Los planes no son nada. La planeación es todo."
Dwight D. Eisenhower

Este capítulo aborda los distintos significados del término requisito y la importancia práctica de reconocer su ámbito de aplicación en la ejecución de la Ingeniería de Requisitos. Describe el significado de la especificación de requisitos, la identificación de sus usuarios típicos, los factores que implican un mayor o menor grado de detalle y los criterios de calidad que permiten verificarla y validarla.

2.1. Una palabra, muchos significados

Es común encontrar, en los cursos impartidos por autores profesionales de software (experimentados y novatos), que consideran que el término "requisito" es sinónimo de "documentación con las especificaciones de requisitos". No perciben el desarrollo de los requisitos como parte integral de la producción de software. La documentación es el resultado de la necesidad de registrar los resultados del trabajo intelectual, a fin de que la información no se pierda y pueda ser confirmada y compartida posteriormente.

La idea del trabajo de requisitos como sinónimo de documentación es equivocada cuando se evalúa con mayor profundidad la definición de calidad que está presente en una variedad de modelos de referencia, tales como la ISO 9000, la Guía PMBOK (PMI, 2013) y la guía BABOK (IIBA, 2015), todos ellos basados en Crosby (1979): "La calidad es el cumplimiento de los requisitos".

En esta interpretación, se concluye que el producto es de calidad si sus características son compatibles con la especificación, aunque no cumpla con la necesidad que pretende satisfacer. El producto, en estas condiciones, no puede ser rechazado ni debe ser corregido. Los costos adicionales para satisfacer la necesidad que el producto pretendía atender no tienen nada que ver con la baja calidad. Esta interpretación en la industria del software resulta muy atractiva y justifica la inversión en la elaboración de especificaciones como un fin en sí mismo (generar más papel).

Esta interpretación restringida se desacredita cuando la propia ingeniería de requisitos y sus productos deben evaluarse por su calidad. Por lo tanto, la definición de los requisitos debe ser más amplia que la mera documentación de las especificaciones de requisitos.

El objetivo de este tema es presentar esta definición de requisitos más amplia y explicar cómo debe utilizarse en la Ingeniería de Requisitos.

2.1.1. Necesidad

Evaluar la calidad de las actividades y productos de la Ingeniería de Requisitos se relaciona con la definición de calidad de Juran (1988): *"La calidad es la adecuación para el uso"*.

La adecuación para el uso consiste en cumplir su propósito; por lo tanto, el requisito está relacionado con las necesidades. Muchos desean la casa propia, aunque aún no la tengan; sin embargo, la necesidad de seguridad persiste. El ejemplo de un "deseo" es útil, aunque las organizaciones tengan sus necesidades establecidas de manera distinta a las de los individuos. Esto ayuda a entender que el requisito no se limita a la documentación de su especificación; en cambio, se refiere a las distintas necesidades que deben cumplirse. Requisito es entonces:

(1)　Una necesidad percibida por un interesado.

2.1.2. Propiedad

Una vez que alguien compra su tan deseada casa, puede asegurarse de que tiene un área, cuartos, garaje, jardín, patio.

El término requisito también se aplica en el contexto de la evaluación de un producto específico según sus características reales. Más específicamente, en términos de habilidades o condiciones que deben cumplirse, como la dirección en la que se ubica. De ahí que la segunda parte de la definición de requisitos sea:

(2)　Una capacidad o propiedad que debe tener un sistema.

2.1.3. Especificación

Sea el requisito una necesidad por satisfacer (1) o la propiedad de un producto existente (2); en ambos casos, puede tener su capacidad especificada en un documento. Volviendo a la descripción del ejemplo, un plano de planta, como se muestra en la Figura 2.1, puede representar tanto la propiedad que desea construir como una ya existente.

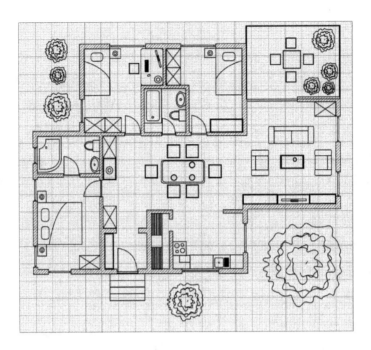

Figura 2.1: *Requisitos, como la documentación de necesidades o de propiedades (crédito: Shutterstock).*

Esta es la tercera parte de la definición de requisitos:

(3)   Una representación documentada de una necesidad, capacidad o propiedad.

Para diferenciar el significado (3) de los significados (1) y (2), es conveniente utilizar el término "especificación de requisitos" para la representación documentada, en lugar de "requisitos" por sí solo".

2.2. Definición de Requisito

La importancia de esa definición se hace evidente cuando, por ejemplo, se definen modelos de negocio para la adquisición de servicios de desarrollo y mantenimiento de software. Si en el alcance de ese contrato se incluyen para el proveedor las actividades de desarrollo y gestión de los requisitos, es fundamental destacar la primera parte de la definición, que pone énfasis en la necesidad y permite interpretar la calidad como la adecuación al uso.

Es común encontrar profesionales que inicialmente comenten que ese no es su caso; que las actividades de ingeniería de requisitos son todas realizadas por el cliente al emitir una solicitud de propuesta y que esta distinción no es tan relevante.

Al ser cuestionados acerca de qué productos se entregan como especificaciones, se verifica que proporcionan un alcance establecido en macro funciones, incorporando varios elementos por definir, por ejemplo, qué tareas de los flujos operativos en el negocio se implementarán total o parcialmente, qué comportamiento se espera del software en cada una de estas tareas, y qué restricciones se aplican en el ejercicio de sus funciones.

Definir estos ítems requiere información adicional mediante actividades de levantamiento junto con los interesados, así como organizarlos y validarlos mediante actividades de análisis. Sin ella, estas decisiones ausentes se estarán delegando en profesionales de otras disciplinas (por ejemplo, arquitectura, implementación, pruebas) que no necesariamente tienen la autoridad para llevarlas a cabo.

Cuando estos modelos de negocio se basan en la remuneración por el tamaño de software entregado, la medición basada sólo en las especificaciones puede causar inflación en los resultados, ya que, aunque se trabaje con las especificaciones aprobadas (la tercera parte de la definición de requisito), ellas pueden no estar alineadas con la primera o la segunda parte de la definición de requisito.

2.2.1. Resumen de la definición

La definición de requisitos discutida en esta sección es fundamental para comprender y aplicar la definición de calidad empleada en muchos modelos de referencia. Considerando que un requisito también se centra en resolver un problema o alcanzar una meta, la adherencia a los requisitos ya incluye la adecuación para su uso. Sin conocimiento previo de esta definición de requisitos, la historia sería diferente.

Una vez explicada paso a paso la definición de requisito de (IREB, 2022), cabe presentarla en su totalidad:

1. Una necesidad percibida por un interesado.
2. Una capacidad o propiedad que debe tener un sistema.
3. Una representación documentada de una necesidad, capacidad o propiedad.

2.3. Especificación de Requisitos

La especificación de requisitos actúa como un contrato entre el cliente y el equipo de desarrollo, detallando con claridad lo que se entregará como resultado del proyecto. Estos clientes deberían ser capaces de entender el mensaje y proporcionar retroalimentación sobre cualquier defecto en el pliego de condiciones de estos para que sea solucionado antes de que se produzca algún trabajo equivocado en fases más adelantadas del proyecto.

El objetivo es que los clientes aprueben conscientemente la especificación para que el proyecto pueda continuar con menos riesgo de entregar un producto que no los satisfaga.

El objetivo principal de la especificación es documentar fielmente todas las necesidades del cliente y obtener la aceptación (aprobación) del producto que se propone entregar. Además, la especificación tiene por objeto permitir al equipo de desarrollo entender exactamente qué quieren los clientes. Por lo tanto, es una herramienta importante para la comunicación entre ambos.

A menudo, la especificación de requisitos no es un documento único, sino una combinación de varios tipos de documentos. Es común que una especificación de requisitos englobe:

➢ **Visión general:** Cita los objetivos del proyecto, los principales interesados y un alcance preliminar con una breve descripción de las funciones que el sistema debe realizar (por ejemplo, un documento de visión).
➢ **Glosario:** Definición de términos técnicos (del negocio), sinónimos y acrónimos (siglas) utilizados a lo largo de todo el desarrollo.
➢ **Modelos de Sistemas:** Muestran la relación entre las partes del sistema y su entorno (por ejemplo, diagrama de contexto, diagrama de casos de uso, modelo de proceso).
➢ **Lista de requisitos funcionales:** Describe las tareas y los servicios que el sistema proporcionará a sus usuarios (por ejemplo, una lista de casos de uso y de historias de usuario). También incluye interfaces con software externo.
➢ **Lista de requisitos no funcionales:** Describe las restricciones impuestas al software y relacionadas con los requisitos funcionales.
➢ **Especificación detallada de los requisitos:** Requisitos funcionales, por ejemplo: especificaciones de casos de uso, reglas de negocio, prototipos.

En una metodología ágil, las especificaciones de requisitos suelen presentarse como historias de usuario priorizadas que conforman el *Backlog* del Producto. Esto representa un inventario de los requisitos especificados, en distintos niveles de detalle, que están pendientes de incorporar al producto de software. Debe tenerse en cuenta que el *Backlog* del Producto no se limita a contener solo requisitos; también puede incluir elementos de diseño.

2.3.1. ¿Especificación de requisitos para quién?

El público lector objetivo de la especificación de requisitos puede variar. Sin embargo, se puede resumir en dos grandes grupos: los clientes y los miembros del equipo de desarrollo. En relación con los clientes, casi nunca está cubierto por una sola persona o sólo por un usuario final. Un software tiene varios tipos de usuarios y un proyecto tiene interesados en distintas unidades organizacionales de la empresa. Entonces, el reto es redactar una especificación de requisitos fácil de entender para estos diversos grupos de interés.

Se puede afirmar con seguridad que el proceso de elaboración de la especificación de requisitos requiere que los diversos interesados piensen con mayor rigor sobre sus necesidades antes de que el proyecto se encuentre demasiado adelantado, lo que reduce el retrabajo posterior en otras disciplinas, como el diseño, la construcción y las pruebas. Una evaluación de calidad (véase la sección sobre verificación y validación en el Capítulo 8) forma parte del proceso de elaboración de la especificación para identificar omisiones, inconsistencias y errores de entendimiento.

En cuanto al equipo de desarrollo, hay varios roles interesados. El director del proyecto utiliza la especificación como base para la planificación y el seguimiento de los proyectos. El arquitecto de software la utiliza para desarrollar la propia arquitectura. Los administradores de bases de datos utilizan la especificación como referencia. Las estimaciones usan los requisitos como la principal materia prima. Los testadores necesitan la especificación para preparar los casos de prueba o incluso para ejecutarlos. Los documentadores necesitan las especificaciones para producir manuales, materiales de capacitación y ayuda en línea.

Cuando un desarrollador utiliza la especificación como referencia fundamental para la codificación, hay dos posibilidades. La primera es que la especificación de requisitos haya sido elaborada correctamente. En este caso, también se está desempeñando el papel de arquitecto, ya que la especificación no debe considerar elementos de diseño necesarios para la codificación. La segunda posibilidad es que la especificación de requisitos haya sido mal elaborada. Es el caso de incluir decisiones de diseño, por ejemplo, acerca de qué patrones se emplean para satisfacer las necesidades de información de los usuarios.

Además, la especificación cumple un papel que trasciende el proyecto: sirve como base para futuros trabajos de mantenimiento del sistema tras su entrega.

Si la especificación de requisitos es un contrato entre los clientes y los desarrolladores, ambos deben ser sus propios lectores. Sin embargo, el foco principal debe estar siempre del lado del cliente. El documento de requisitos orientado al cliente también resulta útil para el equipo de desarrollo. Sin embargo, lo contrario no es correcto. Si uno de los objetivos de la especificación es obtener la aceptación del cliente, toda la información que se presente en ella debe emplear el lenguaje de negocio del cliente, no el de TI. Se debe evitar que la especificación se incorpore en los aspectos de implementación del software. La terminología de TI y el enfoque en la implementación de software son barreras para la comunicación con los clientes, lo que perjudica la retroalimentación sobre el producto que se pretende entregar.

No toda la información para el equipo de desarrollo se proporcionará en el documento de requisitos. Por lo tanto, otros documentos de carácter más técnico pueden elaborarse, pero sin que la implementación contamine el documento de requisitos.

¡La experiencia de los autores de este libro, al analizar proyectos en diversas empresas en los últimos años, ha mostrado que un error común es la elaboración de especificaciones teniendo en mente al equipo de desarrollo como único lector, hasta el punto de incluir fragmentos de código fuente! Es decir, un documento útil para el programador, pero que no sirve de mucho para los clientes, pues difícilmente podrán comprender su mensaje.

2.4. Nivel de detalle de la especificación

No detallar suficientemente la información incluida en la especificación de requisitos puede dar lugar a interpretaciones erróneas o a la generación de un gran número de premisas. Por otra parte, demasiado detalle en la especificación de requisitos puede ser un elemento paralizante del proyecto (la especificación nunca finaliza) y, además, resulta costoso. El desafío es encontrar el equilibrio entre el nivel de detalle adecuado y la especificación de los requisitos del proyecto.

2.4.1. Significado de nivel de detalle

La discusión sobre el nivel de detalle de la especificación de requisitos debe ir precedida del significado que se pretende dar al término del proyecto. Los niveles de detalle se pueden dividir en función de tres objetivos diferentes:

➤ Delimitar el alcance preliminar y definir el alcance final de la solución.
➤ Describir el funcionamiento y las limitaciones de un ítem del alcance.
➤ Mapear los requisitos para el diseño o la implementación.

2.4.2. Delimitar el alcance

El nivel de detalle con el que se especifica el alcance puede describirse mediante una escala en la que se destacan tres puntos según el momento en que se encuentra el proyecto. En un primer momento, la especificación de requisitos define el alcance de los procesos de negocio afectados por la solución y su posicionamiento en el entorno. Incluye una zona gris porque varias decisiones sobre el alcance aún deben resolverse.

No se sabe exactamente qué actividades —entre los procesos inicialmente destacados por la solución— se incluirán en su alcance. Imagínese que la solución pasa por reformular la señalización urbana en determinadas localidades de Buenos Aires para mejorar el flujo vehicular. Según lo descrito en este nivel, no es posible precisar qué tramos de calle serán objeto de ese trabajo. A partir del Mapa 2.1, se puede deducir un área de interés; sin embargo, los requisitos deben desarrollarse para definir un alcance final.

Continuando con el ejemplo de la reformulación de la señalización urbana, se toman varias decisiones, priorizando las regiones con mayor potencial para alcanzar el objetivo de mejorar el flujo de autos. Una de estas regiones, inicialmente definida de manera más general, ya cuenta con información que nos permite identificar las secciones viales pertinentes (Mapa 2.2). Por lo tanto, le permite aumentar el nivel de detalle del alcance.

Mapa 2.1: Vista de la región de Buenos Aires, Argentina (crédito: Google Maps).

Por último, en un tercer momento, la especificación, en su versión más reciente, describe el alcance completo del nivel de detalle de las tareas del usuario. Todas las decisiones sobre el alcance se toman y se sabe con precisión qué actividades del proceso de negocio serán incluidas como parte de la solución.

Al concluir la comparación mediante mapas, se determina qué tramos de las vías deben sufrir alteraciones. En el caso de Buenos Aires, el alcance a este nivel de detalle no cabría en esta página.

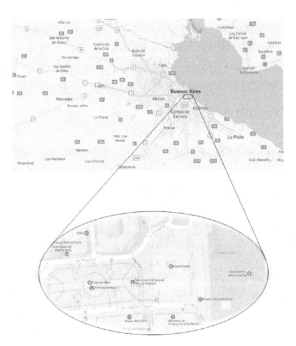

Mapa 2.2: *Visión detallada de una parte de Buenos Aires (Crédito: adaptado de Google Maps).*

El nivel de detalle, con el fin de calificar el alcance de manera más general o más específica, busca explorar la amplitud de la solución. Para pasar a un nivel más detallado, es mejor usar otra metáfora.

Tenga en cuenta la ilustración del lago (Figura 2.2). Nos permite tener una visión sobre su longitud, pero no su profundidad; lo mismo sucede con los requisitos que pueden ser detallados en cuanto a su alcance en el nivel de actividad (o de tramos de la vía que necesitan una reformulación de señalización), sin embargo, sin explicar lo que se espera de la solución como una actividad en particular (o lo que debería hacerse en un tramo determinado de la calle).

Figura 2.2: *Vista de la extensión del lago (crédito: WolfmanSF, https://goo.gl/ttZETv).*

2.4.3. Describir un ítem en el alcance

El concepto del nivel de detalle también puede indicar el grado en que el comportamiento de la solución y las restricciones aplicadas están descritos para cada tarea. En este sentido, la especificación puede variar desde el punto en el que no hay nada descrito (sólo si se sabe qué es parte del alcance del software) hasta una descripción completa con todos los pasos que describen la interacción del usuario con el software, el almacenamiento y la recuperación de datos, así como las reglas y restricciones que se aplican.

El nivel de detalle en este caso se refiere a explorar la solución y las restricciones a las que está sujeta una tarea en particular. Comparando la imagen con el alcance del lago, el interés ahora se centra en comprender su profundidad. El mismo lago utilizado en el ejemplo anterior se muestra ahora en la Figura 2.3, con una vista de su profundidad.

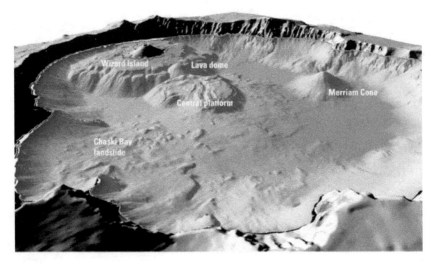

Figura 2.3: *Visión de la profundidad del lago (crédito: United States Geological Survey).*

En resumen, la ingeniería de requisitos utiliza inicialmente un alcance que se describe de manera general y amplia. Debido al nivel de incertidumbre asociado a la solución, que da espacio también para una serie de decisiones relativas a la consolidación de ese alcance (por ejemplo: qué tareas del negocio se verán afectados por la solución) y la descripción de cada elemento en ese ámbito (por ejemplo: cuál es el comportamiento que se espera de la solución al interactuar con sus usuarios). La dinámica de esta evolución se representa en la Figura 2.4.

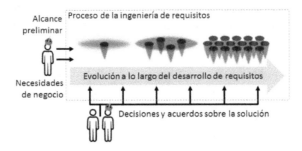

Figura 2.4: *Niveles de detalle a medida que el desarrollo de requisitos evoluciona.*

2.4.4. Mapear los requisitos en el *diseño o implementación*

El mapeo de los requisitos para una determinada arquitectura o implementación en un lenguaje de programación, aunque constituye un significado válido para fines de detalle, debe evitarse en la ingeniería de requisitos. Hacer eso significa alejarse del alcance de la disciplina de requisitos y entrar en el de otra (por ejemplo, el diseño). Un ejemplo es asignar el comportamiento descrito en los requisitos en:

> ➢ Componente de software en la capa de presentación: el intercambio de datos con el usuario.
> ➢ Componente de software en la capa de persistencia, almacenamiento y recuperación de datos.
> ➢ Sistema de gestión de reglas de negocio (Business Rule Management System, BRMS).

Las decisiones prematuras de arquitectura o de construcción pueden conllevar una solución final menos adecuada.

2.4.5. Error común al detallar

Es un error común pensar que cuanto más detalladas están las especificaciones de requisitos, mejor. Al tratarse de un contrato entre el cliente y los desarrolladores, el nivel de detalle debe ser el que mejor promueva la comunicación entre ambas partes.

Hay contratos de bajo valor (como el boleto para ir al cine) y otros de alto valor (como la financiación de una vivienda). Por lo tanto, cuanto más significativo es el valor, más detallado suele ser el contrato. Pero este no es el único factor que influye en el nivel de detalle.

Cuando se pretende comprar un auto, una opción es ir a una tienda y financiarlo. Esto generará un contrato de varias páginas; sin embargo, si el dueño de la tienda es un amigo, es posible que la transacción se lleve a cabo con base únicamente en un acuerdo verbal (lo que no deja de ser un contrato). El valor del ítem es el mismo en ambas situaciones.

En las relaciones personales, lo que determina el nivel de detalle del contrato es el grado de confianza entre ambas partes. La ingeniería de requisitos se aplica en entornos corporativos que trascienden los intereses de un individuo y no deben basar sus decisiones únicamente en términos de confianza o desconfianza.

En este paralelismo entre los contratos por individuos y los contratos en el plano de las corporaciones, la confianza surge como representación del riesgo. Cuanto menor es el riesgo evaluado en la relación entre el cliente y los desarrolladores, menor es la necesidad de una especificación detallada de los requisitos. Cuanto mayor es el riesgo evaluado en la relación entre las partes, mayor es la necesidad de detalle.

El Manifiesto Ágil (Beck et al., 2001) señala: *"La colaboración con el cliente en lugar de la negociación de contratos"* y, en el Principio 4, *"La gente de negocios y desarrolladores deben trabajar juntos diariamente durante todo el proyecto"*. Son directrices que favorecen la construcción de confianza entre las partes y reducen la necesidad de una especificación más detallada.

Es importante reflexionar sobre cuán detallada será la especificación de requisitos, ya que conlleva costos y tiempo. Detallar innecesariamente conllevará el desperdicio de recursos en el proyecto. La falta de detalles puede causar interrupciones en las fases posteriores del proyecto, introducir errores y generar retrabajo.

2.5. Criterios para el nivel de detalle de la especificación

Este es un tema tan crítico que debe analizarse no solo en el ámbito del proyecto, sino también en el proceso de desarrollo, ya sea en las políticas de calidad para el desarrollo interno de software o en los modelos de negocio para la contratación de proveedores de desarrollo.

Si no existe una definición previa del nivel de detalle del proceso, el gerente del proyecto debe establecer una política para el proyecto a partir de los factores de riesgo potenciales. Si los detalles de los requisitos no fueron especificados por los ingenieros de requisitos, en algún momento serán definidos por otros. En última instancia, los desarrolladores tomarán estas decisiones porque el software no permite ambigüedades. Cuanto menos detalle, mayor es la autonomía de los desarrolladores en esas decisiones, y viceversa. Por lo tanto, debemos equilibrar el costo y el riesgo.

Antes de configurar el nivel de detalle en que la especificación de requisitos debe ser elaborada, se debe:

➢ Definir claramente el contexto en el que se utilizará.
➢ Decidir qué tipo de información debe estar presente.
➢ Evaluar los riesgos según los factores que pueden implicar, con mayor o menor detalle (ver Tabla 2.1).

A continuación, se presenta una lista de factores (no ordenados) que pueden influir en la elección del nivel de detalle adecuado.

Menos detalle en la especificación	Más detalle en la especificación
Desarrollo interno	Desarrollo externo
Equipo agrupado	Equipo disperso
No elabora casos de pruebas o su elaboración ocurre en paralelo a los requisitos	Casos de pruebas elaborados a partir de la especificación
Estimaciones menos precisas	Estimaciones más precisas
Baja trazabilidad de requisitos	Alta trazabilidad de requisitos
Clientes muy involucrados	Clientes poco involucrados
Alto conocimiento del equipo en el negocio	Bajo conocimiento del equipo en el negocio
Precedentes existentes	Sin precedentes
Desarrollo en paralelo a la definición de los procedimientos operacionales	Desarrollo con procedimientos operacionales ya definidos y maduros
Uso de paquetes em la solución	Solución no utilizará paquetes
Baja expectativa de rotación de personal	Alta expectativa de rotación de personal

Tabla 2.1: *Factores para el nivel de detalle de la especificación de requisitos.*

2.5.1. Desarrollo interno o externo

Cuando el desarrollo del proyecto se realiza internamente en la empresa, el equipo y los clientes son compañeros de trabajo y comparten intereses. Muchos ya se conocen y pueden haber generado una estrecha relación. Además, normalmente trabajan en el mismo espacio físico, lo que facilita la comunicación y disminuye la necesidad de formalismo. Es decir, la interacción cara a cara es más fácil y frecuente.

Para el desarrollo externo del proyecto, el equipo y los clientes provienen de empresas distintas y tienen intereses diferentes. Las personas no son compañeras de trabajo. Si el equipo no está ubicado en la empresa del cliente, el contacto con los clientes se ve limitado. Dependiendo del proveedor, buena parte del equipo puede estar ubicada en otra ciudad, otro país o incluso otro continente (India, con su fuerte presencia de *outsourcing*, es el ejemplo clásico). Con menos posibilidades de interacción cara a cara, será necesario un mayor detalle de los requisitos para minimizar posibles problemas de comunicación.

2.5.2. Equipo disperso o agrupado geográficamente

En cierto modo, esta sección está relacionada con la anterior. Solo que, en el caso anterior, se hizo hincapié en el desarrollo interno o externo como factor que puede favorecer o no la proximidad entre los clientes y los desarrolladores.

Sin embargo, en este ítem se considera la dispersión entre los miembros del equipo. Hoy en día, el trabajo remoto es una realidad común en las empresas. Varias trabajan en sus proyectos con equipos virtuales. Hay ventajas en el enfoque del trabajo remoto; por ejemplo, es más fácil conseguir a personas más competentes para el equipo. Sin embargo, la falta de interacción entre los miembros del equipo dificulta el desarrollo del sentimiento de equipo y constituye una potencial barrera de comunicación.

La Guía del PMBOK® muestra que agrupar a los miembros del equipo en un mismo espacio físico es una estrategia para mejorar su rendimiento. Esto promueve la comunicación cara a cara, lo que elimina gran parte de los detalles de la especificación. En caso de dudas, pueden aclararlas con el colega del lado. El Manifiesto Ágil también lo refuerza en el Principio 6: *"El método más eficiente y eficaz de transmitir información desde y hacia un equipo de desarrollo es a través de la conversación cara a cara"*.

2.5.3. Casos de prueba basados en requisitos

Normalmente, lo que se imagina son los casos de prueba elaborados a partir de la especificación de requisitos. Pero no siempre es la estrategia adoptada en el desarrollo del proyecto. Hay casos en los que los criterios de aceptación ya están definidos y guiarán las pruebas. En este caso, es el trabajo de requisitos quien utiliza esta información como materia prima para su trabajo.

También hay casos en los que el equipo de pruebas participa en el trabajo de requisitos para la elaboración de casos de prueba. En tales casos, tanto el analista de pruebas como el ingeniero de requisitos usan la misma fuente de información: el primero prepara los casos de prueba, el segundo elabora la especificación de requisitos. No hay un orden de precedencia entre los dos trabajos.

Cuando la especificación de requisitos es la materia prima para que el equipo de pruebas elabore los casos de prueba, ciertamente hay más necesidad de detalle en dicha especificación. La elaboración de casos de prueba a partir de la especificación es un medio poderoso para verificar los requisitos, lo que contribuye a mejorar la calidad de la especificación.

Los autores han sido testigos de casos en los que el desarrollo de software no estaba alineado con la especificación de requisitos. Mientras el proveedor asignaba un equipo para producir la documentación (en teoría, la especificación de requisitos) que satisficiera las exigencias de entrega del contrato, otros desarrolladores trabajaban en contacto directo con los usuarios para obtener la información y desarrollar el software.

En este caso, la documentación producida no aportaba valor alguno más allá del cumplimiento de las exigencias del contrato. El trabajo elaborado era básicamente burocrático porque no necesariamente había un vínculo entre las especificaciones de requisitos y el producto propiamente dicho. El verdadero trabajo de requisitos se realizaba en el equipo que trabajaba directamente con los usuarios.

2.5.4. Grado de incertidumbre de las estimaciones

Toda estimación implica un grado de incertidumbre, por definición. La incertidumbre en las estimaciones se relaciona directamente con el grado de madurez y estabilidad de los requisitos. La madurez se refiere a la relación entre las decisiones tomadas y las pendientes respecto del alcance. La estabilidad se refiere a la probabilidad de que se produzcan cambios en los requisitos ya definidos.

Cuanto más temprano se requiere una estimación, menores son las posibilidades de que los requisitos sean maduros o estables. Cuando un proyecto se encuentra en análisis de factibilidad, es poco probable que haya tiempo para una especificación detallada. A estos efectos, se trabaja con una estimación de orden de magnitud basada en los requisitos existentes, cuyo nivel de detalle suele asociarse a una declaración de alcance preliminar. No obstante, si se requiere una estimación definitiva, habrá una exigencia de más información y detalles en la especificación de requisitos.

2.5.5. Trazabilidad de los requisitos

Algunos tipos de proyectos requieren un alto grado de evidencia que relaciona los requisitos entre sí y con los artefactos de otras disciplinas de la Ingeniería de Software, por ejemplo, en sistemas de misión crítica. Para la industria aeronáutica, existen certificaciones de misión crítica. Un ejemplo es el estándar DO-178C, que requiere trazabilidad hasta el punto de que cada parte del código fuente sea rastreada directamente a un requisito y a un caso de prueba. Por lo tanto, en estos casos, es necesario que los requisitos sean más detallados.

2.5.6. Involucramiento de los clientes

El grado de implicación de los clientes en el proyecto es fundamental para su éxito e influye en el nivel de detalle. El cliente, que está involucrado y participativo en el desarrollo del proyecto, contribuirá a fortalecer la relación y la confianza con el equipo de desarrollo. En este entorno, la comunicación cara a cara entre ambas partes también será más frecuente. Todo esto favorece que no sea necesaria una especificación tan detallada. Y este es el objetivo que se busca en el Principio 4 del Manifiesto Ágil (Beck et al., 2001): *"La gente de negocios y los desarrolladores deben trabajar juntos diariamente durante todo el proyecto".*

2.5.7. Conocimiento del equipo en el dominio del negocio

El dicho *"A buen entendedor, pocas palabras"* encaja bien aquí. Cuando el equipo tiene experiencia en otros proyectos del negocio del cliente, no es necesario especificar tantos detalles. Lo que no puede ocurrir (pero, por desgracia, sucede a menudo) es que el equipo piense que ya tiene toda la información y la solución para el cliente sin antes escuchar con atención sus necesidades.

En el desarrollo interno, es común que el mismo equipo desarrolle varios proyectos en una misma área de negocio. Así, con el tiempo, este equipo adquiere conocimiento del negocio y podrá comunicarse mejor con los clientes. Hay profesionales que llegan a conocer tanto el negocio del cliente como sus puestos en los proyectos de software y empiezan a trabajar directamente en el área de negocio.

En el desarrollo externo, hay proveedores que trabajan exclusivamente en proyectos de áreas específicas (o verticales), como banca, telecomunicaciones, energía y minería. Esto también favorece mantener un equipo con experiencia en el negocio.

También hay proveedores que desarrollan proyectos para cualquier área de negocios cuando se presente la ocasión. En este caso, hoy un equipo puede estar trabajando en un proyecto de salud y, después, sus miembros pueden ser asignados a proyectos de otras áreas — por ejemplo, logística. Por lo tanto, los responsables del trabajo de requisitos en estos equipos deben estudiar primero el área de negocio del cliente para lograr una nivelación mínima y mantener una comunicación eficaz. Aun así, una especificación más detallada será necesaria para que todo el equipo entienda con claridad qué se deberá construir y entregar.

Según el modelo de estimación COCOMO II, la experiencia del desarrollador con el negocio tiene efectos multiplicativos en la productividad, y ese resultado puede reflejarse en una reducción de la productividad del 22% a un aumento del 19% en función de la experiencia de un año en dicho dominio. Aunque el estudio no aborde la motivación de esas causas, se puede pensar que este aumento de productividad se debe a la mayor agilidad asociada al desarrollo y a la gestión de requisitos.

2.5.8. Precedentes existentes

En situaciones en las que existen precedentes del proyecto que se desarrollará, la necesidad de detalles excesivos disminuye. Los precedentes pueden ser proyectos similares ya desarrollados y servir como fuente de información para el desarrollo del proyecto. Ejemplos:

> **Reingeniería de un sistema existente:** reconstruir un sistema ya implementado en una nueva tecnología. En este caso, el sistema o su documentación puede proporcionar gran parte de los detalles necesarios sobre los requisitos del nuevo proyecto.

> **Mantenimiento similar en diferentes sistemas:** Un ejemplo es un proyecto para mantener el sistema de cuentas de ahorro de un banco para cumplir una norma del Banco Central, pero se sabe que un mantenimiento similar ya se llevó a cabo en el sistema de cuentas corrientes. Así que las decisiones adoptadas en el primer mantenimiento pueden aplicarse al nuevo proyecto.

2.5.9. Desarrollo concurrente de procedimientos

Hay casos en los que el desarrollo de requisitos ocurre en un entorno donde, además del software, se desarrollan nuevos procedimientos operativos del negocio. En tales casos, se percibe de antemano que el proyecto será objeto de numerosas solicitudes de cambio de requisitos. Esto se debe a que todavía no hay un proceso de negocio definido o su definición aún no está madura. Existen asuntos que deben analizarse y que aún están en discusión con los gestores de las áreas involucradas.

En tales casos, elaborar una especificación más detallada es un desafío. Mantener esta documentación detallada, actualizada y consistente tras cada cambio implica retrabajo. Entonces, la pregunta es: ¿Para qué detallar algo que aún es volátil y cambiará poco después? Si no hay una razón suficiente y válida, limitarse a una especificación menos detallada es la mejor opción.

2.5.10. Uso de paquetes en la solución

Si el proyecto tiene como objetivo, como parte de la solución, la adopción de un paquete de software disponible en el mercado, entonces el trabajo de requisitos no requiere profundizar y debe prestar mayor atención a la amplitud del alcance. Si el producto ya existe, no tiene sentido especificar detalles de las características. Esto se debe a que la organización cliente debe adecuar sus procedimientos a las mejores prácticas del paquete. La potencial necesidad de personalización del paquete debe limitarse a un máximo de 15% de sus funcionalidades.

Los requisitos relativos a la evaluación de un paquete deberán permitir determinar si debe adaptarse a las necesidades del cliente y cuál es el nivel de personalización que debe recibir. La Figura 2.5 ilustra la comparación entre los requisitos del producto y del negocio, indicando la intersección entre ambos conjuntos.

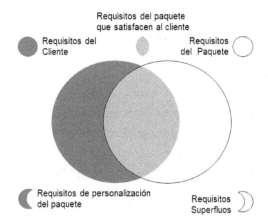

Figura 2.5: *Visión general del posicionamiento de los requisitos en la evaluación de paquetes.*

En cuanto a la brecha entre los requisitos de negocio y el paquete, existen diferentes soluciones que pueden cambiar las prácticas de la organización para adaptarlas a las mejores prácticas del paquete o modificarlas para adaptarlas a la organización. Este último elemento consiste en (Figura 2.6):

➢ **Configuración:** es la adecuación del paquete mediante instrumentos nativos para adaptar su funcionamiento a los requisitos del cliente, sin necesidad de codificación ni de desarrollo adicionales.

➢ **Personalización:** Son cambios en el código fuente para adaptar la funcionalidad que no está disponible mediante la configuración.

➢ **Mantenimiento de la base instalada:** consiste en adaptar los sistemas existentes para permitir el intercambio de datos con el paquete en evaluación.

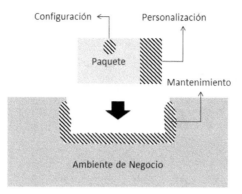

Figura 2.6: *Tipos de acción relacionados con la adecuación del paquete a la organización.*

Dubey (2009) recomienda que alrededor del 80% de la funcionalidad del paquete se ajuste a los procedimientos operativos actuales de la organización, o que dichos procedimientos operativos estén acordes con las mejores prácticas incorporadas en el software. También recomienda que no más del 15% de las funcionalidades sean personalizables. Los requisitos para la evaluación del paquete deben contar con un nivel de detalle suficiente para respaldar las decisiones de este tipo.

2.5.11. Expectativa de rotación de personal

La rotación de personal es un reto importante para la gestión del conocimiento en las empresas. Cada vez que un miembro del personal se va, se pierde algún tipo de conocimiento, en mayor o menor medida. La documentación de requisitos se convierte, entonces, en una herramienta importante para la retención de este conocimiento.

Considerando que hay empresas que experimentan la rotación de personal con mayor intensidad que otras, el director del proyecto es responsable de evaluar, en última instancia, la probabilidad de cambio de personal en el equipo y, por parte del cliente, de establecer un nivel de detalle. La documentación puede ayudar a mitigar este riesgo.

Como regla, cuanto mayor sea la rotación del personal, mayor será el detalle. Una menor rotación, una menor necesidad de detalles.

2.6. Criterios de calidad de la especificación

La primera cuestión que debe abordarse cuando se habla de calidad en la especificación de requisitos es: ¡No existe una especificación de requisitos perfecta! Este es el punto 10 de las "verdades universales" sobre los requisitos de software de Wiegers (2006). La búsqueda de la perfección es infinita y los proyectos tienen recursos limitados, especialmente el tiempo. Entonces, el ingeniero de requisitos debe ser concreto y centrarse en desarrollar la especificación de requisitos, de modo que sea lo suficientemente adecuada al contexto en el que se desarrollará el proyecto.

Una buena especificación de requisitos debe ser capaz de cumplir con dos objetivos:

➢ Ayudar a los clientes a describir con precisión lo que desean obtener del proyecto.
➢ Ayudar a que los desarrolladores comprendan exactamente qué quieren los clientes.

Una consecuencia de ello es que la especificación de requisitos debe evitar abordar cuestiones relacionadas con el diseño o la implementación del software. Aunque pueden ser cuestiones que ayuden a los desarrolladores, dificultan la comprensión de los clientes. Los temas relativos a la implementación deben abordarse por otras disciplinas de la Ingeniería de Software en sus respectivos artefactos.

Otro problema son los temas relativos a la implementación en la especificación de requisitos: termina por forzar decisiones de implementación prematuras que pueden imponer restricciones innecesarias a la solución. Esto limita a los arquitectos y desarrolladores para que propongan mejores enfoques.

Cabe señalar que existen decisiones previas al diseño e implementación que, si se adoptan, deben formar parte de la especificación de requisitos. Por ejemplo, hoy en día hay docenas de navegadores de Internet. No es correcto dejar que los desarrolladores tomen la decisión de si el software debe soportar todos los navegadores (lo que implica un costo más alto) o solo un tipo de navegador (lo que restringe la base potencial de usuarios), ya que no está bajo su responsabilidad la toma de decisiones de costo o de mercado.

Los criterios de calidad más comunes para una buena especificación de requisitos son proporcionados por el estándar IEEE 830, que destaca las siguientes características:

➢ Correcta
➢ Completa
➢ Clara
➢ Consistente
➢ Modificable
➢ Priorizada
➢ Verificable (o probada)
➢ Trazable (o rastreable)

2.6.1. Correcta

Una especificación de requisitos es correcta cuando cada requisito especificado ayuda a satisfacer, al menos, una necesidad o demanda del negocio, presente en los objetivos del proyecto. El vínculo (o trazabilidad) entre los requisitos de la especificación y las necesidades del negocio facilita verificar que todos sean correctos. Un requisito de la especificación que no guarda relación con ninguna necesidad de negocio es incorrecto, aunque esté bien modelado.

Una especificación correcta evita dos problemas graves en la gestión del alcance: el crecimiento descontrolado (*scope creep*) y la inclusión de funciones innecesarias (*gold plating*), ya que no contiene requisitos superfluos.

2.6.2. Completa

Todos los elementos significativos del contexto de interés (o del dominio del problema) deben describirse. Ejemplos:

➢ Funcionalidad, aspectos de calidad, limitaciones de diseño e interfaces externas.
➢ Definición de todo el comportamiento de respuesta para cada tipo de entrada del software.
➢ Etiquetas y referencias para todas las figuras, tablas y diagramas de la presente especificación.

La trazabilidad de los requisitos de la especificación hacia los de un nivel superior también ayuda a detectar partes incompletas de la especificación. En la práctica, ningún requisito de un nivel más alto (el último nivel corresponde a los requisitos de negocio) debe quedar sin al menos un requisito correspondiente en una especificación más detallada.

Toda especificación con partes por definir es incompleta. Esto es aceptable cuando la especificación está en elaboración. Sin embargo, resulta inadmisible cuando la especificación se considera ya finalizada. La Figura 2.7 ilustra dos conjuntos diferentes con requisitos correctos y requisitos especificados. La intersección entre ambos es el subconjunto de los requisitos correctos y especificados; los demás requisitos especificados son superfluos. El resto de los requisitos correctos (pero sin especificar) puede indicar omisiones o sólo una cuestión de prioridades.

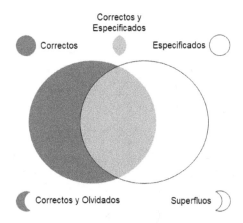

Figura 2.7: *El área más oscura representa los requisitos correctos, pero no especificados (incompletos). El área en blanco representa los requisitos especificados y los superfluos (incorrectos).*

Jones (2012) comenta que cuanto mayor es el tamaño del software, menos completa es la especificación.

Tamaño del software (en puntos de función)	Páginas de requisitos por punto de función	Cantidad de páginas de requisitos	Grado de completitud de la especificación
100	1,15	115	95%
1.000	0,75	750	80%
10.000	0,60	6.000	60%

Tabla 2.2: *Tamaño y completitud de la especificación de requisitos según el tamaño del sistema.*

2.6.3. Clara (no ambigua)

Una especificación de requisitos es clara cuando no presenta (o minimiza) ambigüedades. En términos prácticos, tiene una interpretación única para todo el público objetivo.

Usualmente, se utiliza un lenguaje natural para describir los requisitos; sin embargo, este es inherentemente ambiguo. Requiere la atención y la disciplina del autor de la especificación para que la escriba tomando como referencia el entendimiento común de su público objetivo, de modo que todos alcancen una comprensión homogénea.

Es común que haya términos con más de un significado. En esta situación, el uso del glosario es una herramienta fundamental para reducir la ambigüedad al definir los términos y sus significados en el ámbito del negocio.

Un extremo totalmente opuesto a una clara especificación de requisitos es el horóscopo (sin ánimo de ofender ni de discutir con quienes creen en la astrología).

Al momento en que este libro se estaba escribiendo, se consultó un portal sobre el horóscopo de uno de los autores, que decía: "En esta etapa de cambios importantes en su carrera, usted debe estar al tanto de los nuevos proyectos que pueden traer nuevas oportunidades para grandes pasos". Deja que el Universo muestre el camino que debe seguir". Usted no sabe cuál es el signo del autor, pero es posible que, independientemente de su signo, se considere una predicción válida para su propia vida.

Una de las cosas que hacen atractivo el tema del horóscopo para muchas personas es precisamente la alta probabilidad de que una persona lea una predicción y la reconozca como representativa de sí misma. Son textos genéricos y ambiguos que admiten una amplia gama de interpretaciones.

¡Y hay muchos que escriben las especificaciones de requisitos de manera parecida a los horóscopos! Sin embargo, para el desarrollo de software es un problema grave, ya que genera en los interesados (incluido el propio equipo de desarrollo) diferentes interpretaciones del software. Ya que el software que se entregará tendrá un comportamiento específico, es decir, debe cumplir con los requisitos de una única interpretación. Wiegers (2006) llama la atención sobre este punto en el ítem 9 de sus "Verdades universales" sobre los requisitos de software: "El requisito puede ser vago, pero el producto será específico". Como varias interpretaciones se generan y solo una se entrega, se crea un grave problema de satisfacción del cliente.

Una especificación de requisitos es, en esencia, un texto como cualquier otro; por tanto, las buenas prácticas de redacción también se aplican aquí. No obstante, se observa una deficiencia significativa en la formación de nuevos profesionales de TI en la competencia de redacción. Si este no tiene una buena habilidad de escritura, resulta difícil elaborar una especificación de calidad.

Además, se pueden destacar otros consejos para una especificación de requisitos más clara:

➤ Usar modelos y diagramas para elaborar su especificación. Además de ofrecer información más amigable para la lectura (como imágenes en lugar de texto), cada tipo de modelo adopta una estructura formal para su notación, lo que también elimina la ambigüedad.

➤ Identificar cada requisito de forma única. Lo más común es crear un atributo para el requisito, un identificador que cumpla esa función. Sin una identificación única de cada requisito, cualquier referencia a un determinado requisito puede dar lugar a una mala interpretación de otro similar.

➢ Adoptar una estructura estándar y de fácil lectura para su especificación. De esta manera, los interesados que han participado en otros proyectos tendrán familiaridad con los documentos de requisitos. ¿Y qué es una estructura de fácil lectura? Es aquella que permite la lectura selectiva del contenido relevante para un interesado en particular, por ejemplo. Si todos los interesados tienen que leer toda la especificación para obtener la información específica, significa que no está bien estructurada.

➢ Reducir al mínimo el uso de cláusulas condicionales complejas y de oraciones largas.

➢ No asumir que el lector tiene conocimiento del dominio.

➢ Utilizar una terminología consistente y familiar a los interesados que revisarán los requisitos.

➢ Evitar términos indefinidos como "etc.", "entre otros", "tal vez", "general", "si es posible", "podría". Mientras no se elabora una definición exacta, utilice "a definir"

➢ Evitar términos subjetivos o vagos, como "pequeño", "grande", "amigable", "flexible", "portátil", "razonable", "bueno", "malo", "intuitivo".

➢ Organizar los requisitos en grupos y subgrupos para reflejar las relaciones causales o temporales entre ellos, o por afinidad, como en un libro. Ejemplo: Organizar los requisitos de acuerdo con una secuencia de procesamiento - recepción de imágenes, procesamiento de imágenes, visualización de imágenes y tratamiento de imágenes de baja calidad.

➢ ¡Use ejemplos! Estos ayudan a hacer visibles las ambigüedades (cuando la definición y el ejemplo entran en conflicto) y ofrecen una manera más fácil de comprender la definición.

Tenga cuidado al describir los requisitos con cuantificadores universales (identificados en palabras como: todos, ninguno, algunos, nunca, siempre), ya que no siempre se utilizan correctamente. Por ejemplo, el requisito "el sistema debe enviar una notificación al administrador con todos los intentos de acceso fallidos y los datos relativos a esos intentos". ¿La notificación debe incluir todos los intentos? ¿Esto podría generar cientos o miles de notificaciones para el administrador en un solo día? ¿Cuáles son los datos que se envían específicamente cuando se dice "todos"? ¿En cuanto al lugar de origen de los intentos, basta con la dirección IP o se debe informar la región geográfica?

2.6.4. Consistente

La especificación consistente es aquella que no presenta contradicciones entre sus partes, ya sea en el mismo nivel o en niveles distintos. Ejemplos de contradicciones:

➢ Hay conflictos temporales entre los requisitos: REQ-03 indica que el evento A precede al evento B, mientras que REQ-12 indica que los eventos A y B son simultáneos.
➢ Dos requisitos utilizan distintos nombres para el mismo objeto del mundo real.
➢ Un requisito tiene como objetivo administrar los datos del cliente y el otro establece que dichos datos siempre deben consultarse en otro sistema.

Cuando más de una persona prepara la especificación, la probabilidad de incoherencia aumenta drásticamente. También es común que la inconsistencia surja de peticiones de cambio mal formuladas en la especificación de requisitos. Para minimizar la posibilidad de introducir contradicciones al modificar los requisitos, es importante incluir en la especificación otra característica de calidad: la modificabilidad.

2.6.5. Modificable

Esta característica significa que las modificaciones pueden realizarse de forma fácil, completa y consistente, sin comprometer la estructura ni el estilo de especificación. Esto minimiza la posibilidad de que se introduzcan errores en la especificación debido a cambios mal hechos (como partes que deben modificarse, pero se olvidaron de modificar).

¿Quieres ver un ejemplo de especificación que peca en este sentido? Llega una solicitud de cambio en un proyecto para que el sistema acepte cupones de descuento como otra forma de pago. El ingeniero de requisitos, al tener conocimiento de ello, se lleva la mano a la frente y dice: "*Voy a tener que modificar una veintena de casos de uso*".

Cuando la especificación no permite realizar cambios con facilidad, el ingeniero debe realizar un "barrido" por la documentación en busca de los puntos que deben ajustarse para adaptarse al cambio solicitado. Quien tiene un "ojo de águila" podrá identificar todos los puntos (o casi todos) que requieren ser modificados. Pero hay una importante población de personas que no poseen esa "visión" tan detallada y dejarán pasar desapercibidos diversos aspectos que deben ser alterados, lo que dejará la especificación inconsistente.

Algunos consejos para una especificación modificable son:

➢ Tener una organización coherente y de fácil uso que incluya, por ejemplo, una tabla de contenidos, un índice, un glosario y un control de cambios.
➢ Evitar la redundancia (es decir, no repetir información ni describir la misma condición más de una vez).
➢ Expresar cada requisito por separado, sin combinarlos.
➢ Establecer la trazabilidad de los requisitos (tema del capítulo 9).

Cabe mencionar que el glosario ayuda a evitar la redundancia en la especificación al concentrar las definiciones de términos en un solo lugar y facilitar futuros cambios en él.

Para el problema presentado en el ejemplo al inicio de este tema, la dificultad se podría evitar si al especificar los casos de uso, el ingeniero se percata de que hay pasos o reglas comunes a varios casos de uso (relativos al pago) y que podrían ser detallados en un documento específico o en un documento de especificación de reglas. En este caso, el cambio sólo afectará a esa parte de la especificación. Por consiguiente, se vuelve más fácil actualizar y con menor riesgo de generar inconsistencias.

2.6.6. Priorizada

La especificación se prioriza cuando cada requisito recibe un valor de importancia relativa con base en uno o más criterios — por ejemplo, riesgo, valor para el negocio y costo. El principal objetivo del establecimiento de prioridades es asegurar que el esfuerzo del proyecto se centre en los requisitos más críticos, lo que reduce los riesgos del proyecto. Más específicamente, permite:

➢ Que se identifiquen los requisitos que se deben analizar primero
➢ Que se planee qué requisitos serán implementados primero
➢ Que se estimen cuánto tiempo o atención se asignarán a los requisitos

La tarea de priorización se abordará con mayor profundidad en el capítulo 9.

2.6.7. Verificable

La especificación verificable es aquella en la que se puede establecer un método (de costo-beneficio aceptable) para demostrar objetivamente que el software cumple con cada requisito especificado. Si no es posible definir un método para verificar el requisito, debe eliminarse o revisarse.

Ejemplos:

➢ El requisito "La interfaz de usuario debe ser amigable" no es verificable porque es subjetivo. El requisito que define "ocho de cada diez usuarios del departamento pueden utilizar el producto sin formación previa" es verificable.
➢ El requisito "Establecer que el 95% de las transacciones deben ser procesadas en menos de 1 segundo cada una" es verificable porque está enunciado en términos medibles.
➢ El requisito "El sistema no se debe congelar nunca más" no es verificable porque requiere toda la eternidad para comprobarse.

> El requisito "El sistema debe funcionar en todos los navegadores web del mercado" no es verificable. Sería necesario conocer todos los navegadores disponibles, lo que, por sí solo, requeriría un alto esfuerzo de investigación, dado que otros navegadores pueden estar siendo creados mientras el proyecto está en marcha. El esfuerzo de prueba del sistema en todas las versiones de esos navegadores puede superar el esfuerzo previsto para el resto del proyecto.

En el Capítulo 8 se abordará la verificación de requisitos, que desempeña un papel importante en la calidad de las especificaciones de requisitos.

2.6.8. Trazable (o Rastreable)

Una especificación rastreable es aquella que establece relaciones entre sus requisitos, fuentes y productos relacionados. Esto hace que la especificación sea modificable, más fácil de verificar por su correctitud y completitud, y facilita el análisis del impacto de los cambios.

La trazabilidad ayuda a verificar la conformidad del producto con los requisitos, ya sea identificando requisitos faltantes (especificación incompleta) o superfluos (especificación incorrecta). La trazabilidad también ayuda a identificar si todos los objetivos de negocio han sido cubiertos por los requisitos y los productos generados, evitando la insatisfacción de los interesados.

Ayuda también en la gestión de riesgos. Los requisitos con muchas relaciones implican mayores riesgos. Esto se puede mitigar de varias maneras – una opción, por ejemplo, es asignar a un profesional con experiencia para tratarlos.

La trazabilidad se abordará con mayor detalle en el capítulo 9.

2.6.9. ¿Dónde usar los criterios de calidad?

Estos criterios de calidad son útiles como referencia para el ingeniero de requisitos durante la preparación de la especificación. Estando atento a ellos durante la especificación, sin duda se producirá un trabajo de mejor calidad.

Pero la aplicación más directa de estos criterios se da en las actividades de verificación y validación de requisitos, que se discutirán en el Capítulo 8. Estas son las actividades que, en última instancia, tienen como objetivo garantizar la calidad del trabajo de requisitos.

2.7. Ejercicios

1. Los siguientes documentos pueden ser incluidos en una especificación de requisitos, excepto:

a) Documento de arquitectura.

b) Documento de visión.

c) Especificación de casos de uso.

d) Glosario.

e) Diagrama de contexto.

2. ¿La preparación de la especificación de requisitos debe estar dirigida a algún tipo de lector en particular? Si es así, ¿A qué grupo? Justificar.

3. Nombre tres factores que pueden influir en el nivel de detalle de la especificación de requisitos.

4. Los requisitos son un contrato entre el cliente y los desarrolladores. Teniendo eso como base, es correcto afirmar que (elija dos opciones):

a) Cuanto más detallada es la especificación de requisitos, mejor.

b) Cuanto menor sea la confianza entre las partes, más específico puede ser el contrato.

c) Cuanto menor sea el nivel de confianza entre las partes, mayor será la necesidad de formalizar el contrato.

d) Independientemente del nivel de confianza, un contrato verbal no debe ser "firmado".

e) Más importante que detallar el contrato, este debe ser claro y de fácil comprensión para los interesados.

5. Marque las opciones que requieren una especificación de requisitos más detallada.

a) Primer proyecto con un cliente nuevo.

b) Interesado, sin tiempo para participar en reuniones.

c) Expectativa de mantener a todos los miembros del equipo hasta el final del proyecto (sin rotación).

d) Parte del equipo que trabaja en otra unidad de la empresa.

e) Equipo que desarrolla proyectos para el área de negocio desde hace cinco años.

6. ¿La especificación de requisitos deja de ser importante al utilizar metodologías ágiles?

3. La importancia de la Ingeniería de Requisitos

"Si no se identifican los requisitos adecuados, no importa qué tan bien se ejecute el resto del proyecto."

Karl Wiegers

"No hay nada tan inútil como hacer eficientemente lo que no se debe hacer."

Peter Drucker

Este capítulo presenta elementos que justifican las inversiones en la ingeniería de Requisitos, principalmente debido a los errores que su aplicación puede evitar y a la mayor alineación con las necesidades del negocio que ello promueve. Además, muestra cómo darles importancia a actividades poco relevantes que causan pérdidas monumentales y genera negligencia en el contrato al entregar un producto cuyas necesidades del negocio no se satisface.

3.1 La motivación para la Ingeniería de Requisitos

La ingeniería de requisitos es una de las disciplinas fundamentales de la ingeniería de software y proporciona información para la mayoría de las demás disciplinas. Sólo esto debería bastar para resaltar su importancia. Este capítulo presenta resultados de algunas investigaciones que respaldan cuantitativamente esta cuestión. El propósito es demostrar que el descuido en la disciplina de requisitos conlleva consecuencias como retrasos en el cronograma, costos adicionales, un alto nivel de defectos en la entrega de software y, principalmente, la entrega de software que no satisface plenamente las necesidades del cliente.

Tal vez usted no esté de acuerdo con algunos números presentados; sin embargo, se trata de trabajos de investigación sobre una muestra de proyectos, no de todo el mercado. Por eso, lo que se debe tomar en cuenta son los fenómenos, no las cifras en sí. Ciertamente, el lector con un poco de experiencia se dará cuenta de que estos fenómenos también están presentes en su realidad y sólo varía la intensidad.

Además, el capítulo señala algunos hallazgos que demuestran cómo el mercado y las universidades se descuidan en la formación de nuevos profesionales para el desarrollo de software.

3.2 Impactos negativos a causa de errores en requisitos

Antes de abordar los resultados de los estudios que refuerzan la importancia de la ingeniería de requisitos, a continuación se presentan algunos casos famosos de fracasos en proyectos de software relacionados con algún tipo de discapacidad en el ejercicio de la ingeniería de requisitos.

3.2.1 La sonda espacial Mars Climate Orbiter

La Mars Climate Orbiter (MCO) fue una sonda espacial estadounidense cuyo objetivo principal era estudiar el clima de Marte. Fue lanzada en diciembre de 1998 y alcanzó Marte nueve meses y medio después. Pero al entrar en la órbita de Marte, la sonda fue destruida en la atmósfera debido a un error de cálculo durante la maniobra (Figura 3.1).

Sólo la pérdida de esta ocasionó un perjuicio de US$ 125 millones para la NASA (la agencia espacial de los Estados Unidos). Sin considerar los gastos de desarrollo del cohete para su lanzamiento y la operación de la misión.

Una investigación mostró que la causa principal del error en la maniobra de la sonda fue que el software embebido en la sonda había sido desarrollado por un proveedor que procesaba los datos en unidades del sistema imperial británico (pounds-seconds), lo cual era diferente del esperado por la NASA, que necesitaba trabajar con el sistema métrico universal (*newton–seconds*). Cuando el software de la base de control (desarrollado por la NASA) envió datos a la sonda, se produjo un error en el cálculo de la trayectoria de entrada a la atmósfera, lo que provocó la destrucción de la sonda.

No se sabe si la NASA proporcionó al proveedor las especificaciones detalladas; en este caso, se remite a un error de especificación debido a la inconsistencia en la interfaz entre ambos sistemas. O si hubo una falla en el levantamiento de la información por parte del proveedor durante el desarrollo del software.

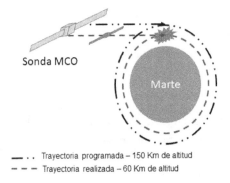

Sonda MCO

Marte

— · · Trayectoria programada – 150 Km de altitud
— — — Trayectoria realizada – 60 Km de altitud

Figura 3.1: *El control de la Tierra envió instrucciones de corrección de ruta para la MCO en unidades de pounds-seconds y la sonda esperaba los datos en unidades de newton-segundos. Eso anticipó su entrada en la atmósfera de Marte y provocó su destrucción.*

3.2.2 Misil Antibalístico Patriot

Durante la Guerra del Golfo en la década de 1990, las fuerzas de la coalición liderada por los Estados Unidos emplearon un sistema de defensa antibalístico llamado Patriot (Figura 3.2). El 25 de febrero de 1991, este sistema falló y no interceptó un misil Scud lanzado por Irak. El misil mató a 28 militares estadounidenses y lesionó a otros 98. Una investigación descubrió que la raíz de la falla estaba en el software.

El software original que calculaba la ruta del Patriot utilizaba datos de las señales del radar y requería una precisión de fracciones de segundo. Para hacer frente a misiles más modernos de alta velocidad, se creó una subrutina que mejoró la precisión (más decimales) de la información del reloj del sistema. Sin embargo, esta subrutina no se aplicó a todas las partes necesarias del software. Como consecuencia, se acumularon fallas de precisión y, con el tiempo, el sistema resultó ineficaz. No fue sólo un fallo de programación; también fue un fallo en la evaluación del impacto del cambio.

Figura 3.2: *El software que controlaba la trayectoria del misil Patriot presentaba un defecto que provocaba la acumulación de errores de cálculo. La solución transitoria especificada consistió en reiniciar el sistema "siempre que fuera posible".*

3.2.3 Cohete Ariane 501

El 4 de junio de 1996, el cohete Ariane 501 (de la Agencia Espacial Europea) fue lanzado desde la base de Kourou en la Guayana Francesa y, unos 37 segundos después del despegue, se desvió bruscamente del curso previsto, se rompió y explotó (Figura 3.3). Este fue el primer lanzamiento de la serie Ariane 5, que llevó 10 años de desarrollo y costó US$ 7 mil millones. La pérdida del cohete y su carga ascendió a más de US$ 370 millones.

La comisión de investigación señaló que la causa del fracaso fue la pérdida total de la información de guía del cohete tras el lanzamiento. Esta pérdida se debió a errores de especificación y de diseño del sistema de referencia inercial. El software fue reutilizado de la serie Ariane 4; sin embargo, estos cohetes presentaban algunas características distintivas. El cohete Ariane 5 estaba diseñado para transportar más carga, lo que implica estándares distintos de trayectoria y velocidad. El error fue no adaptar el software del cohete Ariane 4 a las distintas necesidades del Ariane 5.

Figura 3.3: *El cohete Ariane 501 explotó 37 segundos después de su lanzamiento debido a un error en la especificación de su sistema de referencia inercial. Ver aquí:* *https://youtu.be/qp_D8r-2hwk.*

3.2.4 HAL 9000

Este es un ejemplo de ficción. En el libro *2001: Una odisea del espacio*, el computador de la nave espacial HAL 9000 intenta matar a toda la tripulación. En la siguiente obra, *2010: Odisea dos*, se descubre que el comportamiento del computador se debió a que fue programado para cumplir dos requisitos contradictorios: revelar por completo su información y mantener en secreto a la tripulación el verdadero propósito de la misión. Por lo tanto, la solución encontrada por HAL para cumplir con ambos requisitos fue eliminar a la tripulación.

3.2.5 Archivo Virtual FBI

A principios de 2000, el FBI (la policía federal estadounidense) comenzó el desarrollo de un software llamado *Virtual Case File* (VCF), un tipo de archivo virtual que reúne los procedimientos de investigación del FBI y permite el intercambio de información de distintos casos entre los agentes. El plan inicial del proyecto había previsto una duración de tres años.

Después de los ataques terroristas del 11 de septiembre de 2001, el FBI recibió fuertes críticas por no haber previsto dichos ataques. El error fue no haber podido establecer la relación entre las diferentes evidencias disponibles. El VCF, que contribuiría en parte a este objetivo, pasó a ser una de las prioridades del FBI: su alcance, plazo y costo aumentaron.

Después de cinco años de desarrollo, con costos incurridos de US$ 170 millones, el proyecto fue abortado, con el sistema aún en construcción. Una investigación adicional encontró varias causas para el fracaso, entre ellas:

- Cambios frecuentes en los requisitos. El proveedor contratado para el desarrollo alegó que el FBI adoptó la táctica de ensayo y error en diversas decisiones y que su filosofía de trabajo era: "Yo sé lo que quiero después de ver el producto".
- Alta rotación de gestión (también contribuyó a los cambios frecuentes en los requisitos).
- Aumento descontrolado del alcance, con requisitos adicionales, incluso cuando el proyecto ya estaba retrasado.

3.3 Un intento de mejora del proceso

El aumento de la productividad es el sueño de todas las empresas; en el desarrollo de software no es diferente. Siendo así, la junta de una empresa de tecnología de la información invirtió ampliamente en la adquisición de herramientas para el desarrollo de un software top en el mercado y en la formación de su personal técnico en su uso. En algunos, incluso invirtió en su certificación profesional. Después de un tiempo, se observó una mayor agilidad del equipo al crear nuevos elementos con la herramienta. La compañía estaba orgullosa de su "tropa de élite" para el desarrollo de software.

Sin embargo, en las demás áreas no se observaron beneficios notables. La insatisfacción con los proyectos entregados por el área de TI seguía siendo alta, así como con los plazos y los presupuestos. Se realizó una investigación para identificar las causas de los problemas. Una primera acción fue descartar las herramientas y al personal calificado como una amenaza. Para los clientes de TI, el problema era que el equipo de desarrollo no entendía sus necesidades y siempre entregaba productos que no cumplían con sus expectativas. Por otro lado, los desarrolladores mencionaron que los clientes no sabían exactamente qué querían, lo que los llevó a repetir la misma tarea varias veces.

La velocidad no era un problema, ya que el equipo técnico podía producir con rapidez. El problema era la dirección; el equipo no producía lo correcto. Y la dirección correcta se descubría por ensayo y error. Cada intento era hasta rápido en producir, pero lograr aquello que interesaba al cliente todavía seguía demorado. El trabajo del equipo técnico podría describirse en una frase: "Entra basura, sale basura. Pero, vaya, con qué rapidez".

A esta empresa le faltaba la atención debida en la Ingeniería de Requisitos. Esta es la responsable de construir un puente entre las necesidades del cliente y una solución que las satisfaga con eficacia y sea lo suficientemente clara como para poder construirla.

3.3.1 Principal motivación del fracaso de los proyectos

El *Project Management Institute* (PMI) presenta un motivo alarmante sobre este punto: el 47% de los proyectos que fracasan se debe a una deficiencia en el ejercicio de la Ingeniería de Requisitos (PMI, 2014). Este estudio no se limita a los proyectos de software, sino a los proyectos en general. Para los proyectos de software tal vez el resultado sea aún peor.

Cuando un proyecto de ingeniería civil fracasa, en ingeniería de requisitos resulta más difícil ocultarlo; por ejemplo, un edificio, un puente, una planta o una carretera es visible y, aunque sea en parte, resulta perceptible para muchos. Sin embargo, en los proyectos de software los fracasos también generarán retrabajo, aunque no es tan visible.

Si un programa tiene que ser reescrito, posiblemente sólo los miembros del equipo técnico lo estarán.

Sólo el hecho de ser la principal causante de fracasos en proyectos justificaría la importancia de la Ingeniería de Requisitos. Eso debería motivar una inversión adecuada en planificación para mejorar su práctica; sin embargo, el mismo estudio revela que solo el 20% de las organizaciones encuestadas tiene una alta madurez en Ingeniería de Requisitos. Este mismo estudio también revela que las organizaciones con bajo desempeño en ingeniería de requisitos desperdician casi 10 veces más dinero que las de alto desempeño. Es decir, si las organizaciones son inmaduras en términos de requisitos, la probabilidad de fracaso en los proyectos seguirá siendo significativa.

¿Por qué la deficiencia en la Ingeniería de Requisitos aumenta la probabilidad de fracaso del proyecto? Por diversas razones, como se describe a continuación:

> ➢ Las estimaciones de costos, con un nivel de incertidumbre acorde con su propósito, se basan en los requisitos de alta calidad. De hecho, los requisitos bien elaborados muestran cuándo el proyecto no es viable ni justifica la inversión. No todas las necesidades del negocio deben ser satisfechas a cualquier costo, ni todas las que originalmente se pretenden implementar. Muchos proyectos fracasan porque inician con la premisa de un costo subestimado, basada en un alcance que

hace caso omiso de áreas funcionales, macroprocesos e interesados que se ven afectados por el desarrollo de software.

➤ La entrega final es un producto que no satisface al cliente. Aunque el proyecto esté completo, a tiempo y dentro del presupuesto, será un fracaso.

➤ El proyecto incorpora requisitos del producto que no deben estar dentro de su alcance. Son requisitos que consumen recursos y compiten con los requisitos necesarios. Esto incrementa el riesgo y compromete la capacidad de ofrecer un producto que satisfaga las necesidades del negocio que motivó su desarrollo.

➤ El producto se entrega sin cumplir con requisitos esenciales no identificados, lo que lo convierte en un producto inútil o en uno que requiere retrabajo para adaptarlo a dichos requisitos.

➤ Las fallas de comunicación sobre los requisitos aumentan la incomprensión y, como resultado, se entrega un producto defectuoso, cuya adecuación requiere más trabajo.

➤ Surgen cambios innecesarios debido a la falta de atención del equipo de desarrollo en su afán por comprender correctamente las necesidades del cliente. Son cambios que desperdician recursos y podrían evitarse si las necesidades se entendieran mejor desde el principio y se hiciera un mayor cuidado con la comunicación a lo largo de todo el desarrollo del producto.

3.3.2 Una de las principales causas de defectos en el software

Para el gran público, un producto es de calidad si no presenta defectos. Lo mismo ocurre con el software. El criterio de evaluación de calidad más común es la cantidad de defectos percibidos en el producto.

Entonces, ¿Qué se espera para considerar un software de calidad? Siguiendo la definición de calidad de la ISO 9000, se concluye que un software de calidad es aquel cuyas características deben atender a los requisitos de la ISO 9000.

No obstante, las quejas de los usuarios de software por fallas en el funcionamiento son frecuentes. Los defectos pueden surgir en cualquier etapa del ciclo de vida del proyecto. Los más comunes son los errores que se introducen durante la construcción del software. Es decir, el producto construido presenta un comportamiento distinto al especificado. Sin embargo, una cantidad significativa de defectos también proviene de los requisitos. ¿Cómo así? ¿La calidad no es cumplir los requisitos? ¿Cómo sería posible que el requisito tenga defectos? ¡Si el software cumple con el requisito, no debe considerarse defectuoso!

Parece confuso, pero recordemos que la definición de los requisitos presentados en el Capítulo 2 consta de tres partes. Forma parte de la Ingeniería de Requisitos identificar "las capacidades necesarias de un usuario para resolver un problema" (parte 1 de la definición) y crear una "representación documentada" de dichas capacidades (parte 3 de la definición).

Cualquier error al identificar estas capacidades o al documentarlas se traduce en un defecto introducido por el ejercicio de la Ingeniería de Requisitos, ya que dará lugar a productos con un comportamiento no deseado por el cliente.

Tenga en cuenta que un exceso de documentos constituye una falla en la documentación. Proporcionar la documentación que solo puede confirmarse después de la creación de prototipos es un fracaso en la documentación. Se debe evaluar si hubo un error en la documentación requerida y considerar los factores analizados en el Capítulo 2.

No se puede decir que el software es de calidad simplemente porque está adherido a una especificación si esta no refleja correctamente las necesidades del usuario. Los desarrolladores implementarán todo lo que se plasmó en la especificación de requisitos o lo que puedan entender de ella. Ocurre que eso no siempre refleja fielmente las necesidades de los usuarios. ¿Cómo prevenir este problema en la especificación? Ver las secciones de verificación y validación en el capítulo 8.

Capers Jones (2013) da a conocer en los EE. UU., donde 1 de cada 5 defectos se origina de los requisitos, es decir, 20% del total. Dean Leffingwell (1997) sostiene que en los proyectos más complejos los errores en los requisitos son los más comunes. Pohl (2011) muestra que los errores en los requisitos pueden representar hasta un 60% de los errores, considerando también los requisitos que no fueron implementados en el producto. Y este tipo de error solo se detecta en etapas más avanzadas del proyecto, a menudo durante la aprobación del producto.

En la Tabla 3.1, Jones (2012) presenta los defectos potenciales del software, clasificados por fuente y estratificados según el orden de magnitud del sistema. El tamaño del software se expresa en puntos de función, unidad de medición del software desde su perspectiva funcional (VAZQUEZ, 2013).

En la Tabla 3.1, los defectos en los requisitos son menos frecuentes que los de los otros autores citados. Los defectos originados en el código fuente, en las bases de datos o en el sitio web tienen mayor incidencia; sin embargo, son más fáciles de eliminar.

En cambio, los defectos originados en los requisitos son más difíciles de eliminar mediante métodos tradicionales — pruebas y análisis estático. Esto se debe a que cuando se aprueba la especificación con un requisito defectuoso, los casos de prueba elaborados a partir de ella confirmarán el comportamiento incorrecto.

El mismo autor señala que los cambios en los requisitos presentan una densidad de defectos mayor que la de los requisitos originales. Lo cual no es sorpresa, ya que los cambios se tratan a toda prisa. Esto también hace que estos defectos sean más difíciles de eliminar, precisamente porque "saltan" las medidas de control de calidad del proyecto. Como ilustración de este fenómeno, un crecimiento del 10% en el alcance implica un aumento del 12% en el número de defectos.

Origen del Defecto	Tamaño del sistema (en puntos de función)		
	100	1.000	10.000
	Defectos potenciales (bugs/PF)		
Requisito	0,75	1,00	1,25
Arquitectura	0,10	0,25	0,50
Diseño	1,00	1,25	1,50
Código fuente	1,70	1,75	2,00
Material de pruebas	1,50	1,85	2,00
Documentación	0,65	0,70	0,75
Base de datos	2,00	2,75	3,00
Website	1,50	1,75	2,00
Total	9,20	11,30	13,00

Tabla 3.1: *Defectos potenciales según el tamaño del sistema y el origen.*

3.3.3 El costo de la reparación de defectos

La industria del software tiene un gran potencial para aprovechar las ventajas de la eficiencia. Según Boehm (2001), entre el 40 y el 50% del esfuerzo en los proyectos de software se destina al retrabajo para corregir defectos. Uno de los factores que contribuyen a esta ineficiencia es que, al corregir un defecto, existe una probabilidad del 20 % al 50 % de introducir otro error en el software (Brooks, 1995).

Boehm (2001) también señala que el esfuerzo por encontrar y corregir un defecto después de la entrega a menudo puede costar 100 veces más que corregirlo cuando los requisitos todavía se están desarrollando (Figura 3.4). Y, como hemos visto en los casos citados al principio de este capítulo, los errores detectados con el software en operación pueden causar daños de varios órdenes de magnitud superiores al costo real de corregir el defecto.

Pohl (2011) sostiene que la mayoría de los errores derivados de los requisitos se detectan en las etapas avanzadas del proyecto. Esto es consistente con la experiencia de los autores y añade que una parte significativa de estos errores se identifica durante la validación por parte del cliente.

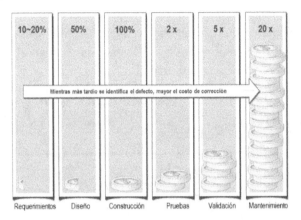

Figura 3.4: *Costo relativo para corregir defectos según el momento del ciclo de vida.*

El objetivo debe ser desarrollar el producto adecuado desde el primer intento. Minimizar los errores en las etapas iniciales del proyecto reduce significativamente la necesidad de retrabajo. El método de intento y error, además de ser más caro y demorado, genera insatisfacción en el cliente. Por lo tanto, mejorar la calidad del trabajo con requisitos tendrá un impacto positivo en los costos, el tiempo y la satisfacción.

3.4 La especificación de requisitos como un activo

En muchas empresas, el conocimiento sobre el funcionamiento de un sistema legado depende de la investigación de su código fuente. Y el código fuente se expresa en un lenguaje de programación, que casi siempre solo puede ser comprendido por los desarrolladores y, con frecuencia, por expertos en ese lenguaje en particular. Necesitar un programador para leer el código fuente y comprender el proceso de negocio implementado por el software constituye una debilidad relevante para la organización.

Además, existen riesgos tanto en la comprensión del código fuente por parte de los desarrolladores como en su transmisión a las personas responsables de la gestión del negocio. También hay un esfuerzo importante, por parte de los desarrolladores, además de la traducción, por unir los diversos componentes de la aplicación en los que se subdividen las funciones de negocio. Este tipo de escenario representa una gran carga para las actividades de mantenimiento de software. Es decir, cambiar un producto cuyo funcionamiento no se conoce bien es más lento y aumenta la probabilidad de cometer errores.

El trabajo de requisitos implica identificar, crear y estructurar el conocimiento. Y, en teoría, todo este conocimiento puede guardarse en la memoria de alguien. Pero la memoria humana es falible y perecible. Es importante que este conocimiento se conserve documentado. En este caso, las especificaciones de requisitos actúan como un valioso activo de la organización, ya que representan el conocimiento que se ha elaborado. Ellos ayudan a minimizar el impacto de la rotación de personal en el equipo. Cada vez que alguien deja el equipo, se pierde una parte de los conocimientos. Sin embargo, existe la especificación de requisitos y, cuando cuenta con un nivel de detalle adecuado, esta pérdida se minimiza.

3.5 Reflexión: ¿Dónde invierte el mercado la energía?

Por lo anterior a este punto nos damos cuenta de lo importante que es la Ingeniería de Requisitos. El hecho de que usted sea lector de este libro presupone que ya considera importante este tema. Por eso, conviene reflexionar un poco sobre la importancia que se le atribuye a este punto tanto en la industria como en el ámbito académico.

Desde el punto de vista de la formación académica, los nuevos profesionales en el desarrollo de software estudian la Ingeniería de Requisitos como una disciplina dentro de Ingeniería de Software y no de manera específica. Esto casi siempre conlleva una visión superficial de la materia.

Para muchas empresas, el esfuerzo de formación del personal técnico se centra en las herramientas. A veces, en herramientas de gestión de requisitos. Pero sin una base sólida de conceptos es difícil obtener el máximo rendimiento de la herramienta.

Para los interesados en el tema, ¿Cuál es la oferta de libros sobre requisitos? Le recomendamos buscar libros sobre requisitos en cualquier librería. El resultado no será voluminoso; se cuenta con las opciones disponibles de los dedos de una mano. Incluyendo libros de Ingeniería de Software que abordan el tema en un solo capítulo, aunque no hay muchas opciones. Si la búsqueda se realiza para libros en inglés, habrá más opciones.

Pero comparar los resultados de esta investigación con los de la investigación sobre los libros de algún lenguaje de programación en particular (por ejemplo, Java, .NET o PHP). Habrá cientos de opciones. Incluso en inglés, la discrepancia entre los libros sobre requisitos y el lenguaje de programación es enorme.

Esto ayuda a percibir una inversión en los valores vigentes del mercado. Muchos venden la idea de que X o Y es una herramienta que resolverá sus problemas en el desarrollo de software. Es comprensible, ya que hay empresas que venden este tipo de herramienta y mueven grandes sumas de dinero.

Sin embargo, para quienes ya tienen tiempo en el mercado, no es difícil ver que el desarrollo de software vive modas. Las modas pasan, las herramientas van y vienen, pero los problemas continúan: proyectos cuyos productos no satisfacen al usuario.

Así, la mayoría aprende sobre la ingeniería de requisitos en la práctica durante el desarrollo de software, dándose cuenta de qué funciona, de qué no (qué falta) y de cómo superar estas dificultades en proyectos futuros. Es una manera costosa de aprender.

3.6 Ejercicios

1. En los proyectos de su empresa, ¿Cuál es el porcentaje de problemas o errores que tiene como una de las causas de los problemas de Ingeniería de Requisitos? ¿Cuáles son algunos ejemplos de estos problemas?

2. ¿Cuál es el porcentaje aproximado de esfuerzo dedicado a la disciplina de ingeniería de requisitos en sus proyectos? ¿Este valor es apropiado? ¿En qué momento (primera, segunda, tercera o última fase) este esfuerzo es más intenso?

3. De las solicitudes totales de cambios en los requisitos a través de los proyectos que ha realizado. ¿Cuál es el porcentaje aproximado de solicitudes que se podrían haber evitado si se hubieran trabajado mejor los requisitos?

4. ¿Cuál es el porcentaje aproximado de los defectos detectados en los proyectos en los que participó que tienen su origen en fallos de actividades con requisitos?

5. ¿Se puede calcular el retorno de la inversión en la mejora de las prácticas de ingeniería de requisitos de una empresa? Explicar.

4. Dificultades Comunes con Requisitos

"Las personas no saben lo que quieren hasta que se lo muestras."
Steve Jobs

El objetivo de este capítulo es presentar las dificultades más comunes en la aplicación de la ingeniería de requisitos. No se pretende abordar todas las dificultades a las que se puede enfrentar; tampoco se desea establecer un orden de importancia o de frecuencia en esa relación.

Ante esas dificultades, se identifican alternativas de solución y uno de los principales objetivos de este libro es proporcionar las herramientas para lidiar mejor con ellas. La intención también es aumentar la conciencia sobre estas cuestiones, de forma que el lector pueda prepararse para superarlas (o evitarlas) en su trabajo con requisitos.

4.1. Comunicación

Es razonable suponer que la mayoría de las dificultades asociadas con la ingeniería de requisitos esté directa o indirectamente relacionada con la comunicación. Y una de las dificultades más comunes del trabajo de requisitos es lograr una comunicación clara, ya sea con los interesados o con los demás miembros del equipo.

La ambigüedad es inherente al lenguaje cotidiano y a menudo genera malentendidos, tanto en la vida personal como en la profesional (ver Cuadro 4.1). El ingeniero de requisitos siempre debe ser consciente de la ambigüedad en los mensajes — tanto de los que envía como de los que recibe. Cuando se percibe la ambigüedad de inmediato, cuesta poco resolverla. Pero cuando no se percibe de inmediato, el daño se acumulará y crecerá a medida que pasa el tiempo. Esto se debe a que los interesados y el ingeniero de requisitos seguirán realizando su trabajo asumiendo que el mensaje se comprendió correctamente.

Lo más probable es que esta falta de coincidencia sólo salga a la luz cuando el producto final sea entregado o se encuentre en pruebas de aceptación por parte del usuario. El mismo fenómeno de ambigüedad afecta tanto la especificación de requisitos como se origina en ella. En ambos casos, aumenta la posibilidad de malentendidos por parte de otros profesionales que trabajan en el desarrollo, lo que conllevará la construcción de un producto que no cumpla su propósito.

Una solución que reduce el problema de ambigüedad es que la comunicación no se reduzca simplemente a mensajes. Considerar solo mensajes es una señal de inmadurez o de falta de interés. Uno debe conocer los demás elementos de la comunicación y considerarlos para que la comunicación sea efectiva:

- ➢ **Emisor:** quien emite el mensaje. Puede ser una persona, un grupo, una empresa, una institución.
- ➢ **Receptor o destinatario:** a quién va dirigido el mensaje. Puede ser una persona, un grupo o incluso un animal, como un perro.
- ➢ **Código:** la forma en que el mensaje se organiza. El código está formado por un conjunto de señales, organizadas según determinadas reglas, en el que cada elemento tiene un significado en relación con los demás. Puede ser el lenguaje oral o escrito, los gestos, el código Morse o los sonidos. El código debe ser de conocimiento de ambas partes: emisor y receptor.
- ➢ **Canal de comunicación:** medio físico o virtual que asegura la circulación del mensaje; por ejemplo, las ondas sonoras en el caso de la voz. El canal debe garantizar el contacto entre el emisor y el receptor.
- ➢ **Mensaje:** es el objeto de la comunicación, el contenido de la información transmitida.
- ➢ **Referente:** el contexto, situación a la que se refiere el mensaje. El contexto puede constituirse en circunstancias espaciotemporales en las que se encuentra el destinatario del mensaje. También puede estar relacionado con aspectos del mundo textual del mensaje.

El ruido es el conjunto de elementos que perturban y dificultan la comprensión del receptor, tales como interferencias o incluso una voz muy baja. El ruido también puede ser visual, como manchas, borrones. Siempre hay un poco de ruido, por lo que debe tenerse en cuenta al evaluar cualquier comunicación.

En la siguiente broma, usada como ejemplo de problemas de comunicación en el cuadro 4.1, se observa que el destinatario no se preocupó por el destinatario del mensaje ni por su propio emisor.

Mi esposa me dijo: — "Cariño, necesito que vayas al mercado y compres una caja de leche. Si encuentras huevos en el mercado, traes seis." Yo regresé con seis cajas de leche. Ella me dijo: — "¿Por qué compraste seis cajas de leche?" Respondí: — "¡POR QUÉ ENCONTRÉ HUEVOS EN EL MERCADO!"

Cuadro 4.1: Broma popular en la Internet, de autoría desconocida, que ilustra la ambigüedad en la comunicación.

Otra dificultad en la comunicación es mantener en sintonía a todos los involucrados, ya sean miembros del equipo de requisitos o interesados. El número de canales de comunicación entre estas personas se expresa mediante la fórmula 4.1, que muestra las rutas de comunicación (P) en función del número de personas (N).

$$P = [N \times (N-1)] / 2$$

Fórmula 4.1: *Rutas de comunicación (P) en función de la cantidad de personas (N).*

Esto significa que, para un conjunto de diez personas, hay 45 canales de comunicación. Para 11 personas, aumenta a 55. Si se incrementa un individuo, esto se traduce en un aumento de 10 canales de comunicación.

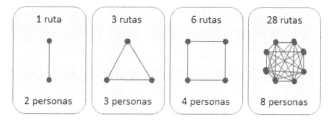

Figura 4.1: *Progresión del número de caminos de comunicación.*

La solución que la humanidad creó para lidiar con esa complejidad fue la jerarquía. Con ello, la comunicación se centralizó en ciertos elementos que tienen la autoridad o la responsabilidad de decidir a quién remitirla.

Con la automatización de los procesos de negocio, las jerarquías de hoy son menos rígidas que en el pasado; sin embargo, no es posible aprovechar plenamente el potencial de una red como la presentada en la Figura 4.1.

Probablemente, no todas las personas del grupo tendrán comunicación con todas las demás. Pero aun así, la complejidad es una preocupación relevante. Se debe tener cuidado al identificar estas rutas.

Las decisiones sobre requisitos tomadas por una parte del grupo necesitarán ser compartidas con quienes puedan responderlas, complementarlas o incluso refutarlas. Esto es fundamental para que, después, el trabajo de aprobación de requisitos sea rápido y sin sorpresas.

Para enfrentar estas dificultades de comunicación, es esencial que se desarrollen habilidades de comunicación (verbal, no verbal, escucha y escritura) y la relación interpersonal. Estas habilidades son más importantes que, por ejemplo, dominar las técnicas de modelado o las herramientas de CASE (*Computer-Aided Software Engineering*).

Sin embargo, estas habilidades rara vez se abordan en la formación de los profesionales de la tecnología. Es decir, existe una brecha seria en la formación académica de quien se dedicará al trabajo de requisitos.

4.2. Acceso a los interesados

A menudo, el trabajo de requisitos se realiza sin permitir que el ingeniero de requisitos interactúe directamente con algunos interesados. Ya sea por falta de disponibilidad de tiempo o por interés del interesado, por razones políticas, sociales, culturales o de cualquier otra naturaleza.

Por ejemplo, cierta vez un profesional, miembro de una organización militar, informó que cuando era necesario levantar los requisitos con personas de rango superior al suyo, resultaba más difícil obtener acceso a ellas que cuando eran de rango inferior. Otro caso interesante fue el de un profesional que trabajó en un proyecto en el que un juez era el principal interesado, pero este sólo dirigía la palabra a su secretaria u a otros magistrados y jueces. Aunque pintorescos, estos ejemplos no son tan comunes. La dificultad de acceso más común se presenta cuando el interesado es externo a la organización (clientes, proveedores, aliados).

En estos casos, se designa a un intermediario para desempeñar la función del interesado. Este debe ser alguien que pueda representarlo bien y transmitir fielmente sus necesidades y expectativas. Por ejemplo, los departamentos de marketing suelen representar la voz del cliente ante las demás áreas de la empresa. Sin embargo, conducir el trabajo de requisitos a través de un intermediario siempre conlleva un mayor riesgo. Si el intermediario no cumple adecuadamente con su función, sin duda el producto entregado al final del proyecto presentará problemas graves.

Otro caso de dificultad de acceso para los interesados es cuando no quieren involucrarse tanto en el trabajo de requisitos. Afirman que "les falta tiempo" para participar en las reuniones. Podemos dividir ese escenario en dos casos:

El primer caso es que el interesado principal para el trabajo de requisitos no sea el demandante directo del proyecto ni se beneficie directamente de sus resultados. Por ejemplo, el departamento de Recursos Humanos lleva a cabo un proyecto que requiere la participación del departamento de Finanzas. Como sólo los de RRHH disfrutarán de los beneficios, el área de finanzas tendrá una participación de baja prioridad en sus actividades. A veces, la situación es aún más delicada — por ejemplo, si la persona está fuera del negocio (clientes, proveedores, aliados). En este caso, resulta aún más difícil contar con alguien dentro de la empresa con autoridad para imponer al interesado alguna obligación.

El segundo caso ocurre cuando el interesado es el solicitante directo del proyecto. Eso es más complicado de entender, porque ¿Cómo puede alguien demandar un proyecto y no tener tiempo para dedicarse a él? No es lógico, pero sucede. Esto puede ocurrir porque el interesado está acostumbrado a delegar en el área de TI la definición de los requisitos de su negocio. También puede darse el caso de que el interesado solicite el proyecto y espere a que el área de TI desarrolle todo para involucrarse sólo al final y evaluar si la implementación es correcta o no. Esto se verá reflejado en el alto retrabajo necesario para llegar a una solución que satisfaga las necesidades. A menudo, eso se debe a que la gente externa al área de TI no conoce el proceso de desarrollo del sistema ni la importancia de su participación en él.

Es curioso que empresas que utilizan metodologías ágiles ignoren por completo su filosofía. El principio 4 del Manifiesto Ágil (Beck et al., 2001) señala: "*Las personas de negocios y los desarrolladores deben trabajar juntos diariamente durante todo el proyecto*". Así que parte de la filosofía ágil consiste en lograr una fuerte participación de los interesados. Vencer esa dificultad implica un cambio de cultura que trasciende los límites del área de tecnología; debe abarcar toda la empresa.

Cuando la falta de tiempo para reunirse es una excusa para alguien que no participa en el proyecto, deben buscarse otras maneras de obtener información más allá de las entrevistas. Otras opciones son las técnicas de observación, el análisis de documentos y el cuestionario, que se describen en el Capítulo 7. También se puede buscar a alguien con mayor disponibilidad o mayor interés que pueda proporcionar la misma información.

Si el ingeniero de requisitos no tiene poder ni autoridad para superar esa barrera de acceso a los interesados, la participación del director de proyecto (o de alguien con más autoridad) es fundamental para ayudar a encontrar una solución que minimice estos riesgos en el trabajo de requisitos.

4.3. Indecisiones del usuario

La dificultad del usuario para saber qué quiere o para expresar adecuadamente lo que desea es una percepción de prácticamente todos los ingenieros de requisitos con algunos años de experiencia. Varía la intensidad con la que se manifiesta, desde el interesado que no sabe expresar sus necesidades hasta aquel que las expresa de manera equivocada.

Inicialmente, podría pensarse que la culpa de esta dificultad recae en el usuario, pues es su obligación tener una visión clara de la necesidad, pero este pensamiento es erróneo. Si fuera así, el trabajo del ingeniero de requisitos sería sólo el de un tomador de notas. Y el gran valor que este puede aportar con su trabajo es ser capaz de comprender adecuadamente las necesidades del usuario, aun sabiendo que, al principio, el interesado no sabe bien lo que quiere. Parte de la Ingeniería de Requisitos consiste en provocar y cuestionar a los interesados hasta lograr una comprensión clara de las necesidades. La postura pasiva no refleja lo que se espera de un ingeniero de requisitos.

Para estos interesados, también se debe buscar un método más adecuado para obtener la información. Las entrevistas, por ejemplo, tal vez no sean tan productivas. La observación (véase el capítulo 7) puede funcionar mejor. La elaboración de prototipos (véase el capítulo 8) también es una herramienta valiosa. Aquellos que no saben lo que quieren, cuando se les presenta una solución más concreta (el prototipo), sabrán decir con seguridad, al menos, lo que no quieren.

4.4. Requisitos implícitos

Es común, en la experiencia profesional de muchos, pensar que hicieron un buen trabajo de requisitos: escucharon a los interesados, documentaron y confirmaron sus necesidades, especificaron una solución, la presentaron y la validaron con los interesados. El desarrollo del software continúa hasta la entrega del producto (o de su parte) a los interesados para su aprobación. Durante la aprobación, los interesados empiezan a reportar varias necesidades que no fueron satisfechas en el producto, lo que, en principio, toma al ingeniero de requisitos por sorpresa, ya que dichas necesidades no se habían solicitado antes. Cuando se confronta a los interesados con esas necesidades que nunca fueron solicitadas antes, escucha una frase similar a esta: *"Por supuesto que no dije ello, pues para mí estaba implícito y obvio que el producto debería tenerlo"*.

¿Quién asume una postura errada en este caso? Muchos pueden argumentar que quien erró fue quien no expresó las necesidades de manera explícita. Algunos llegan al punto de presentar la especificación firmada por el interesado, con la intención de demostrar que dichos requisitos no estuvieron contemplados en el alcance. Encontrar un culpable ayuda poco. Cualquiera que sea el culpable, el cliente ya está insatisfecho con la solución. Tratar de culpar al propio cliente sólo empeorará la situación. El papel del ingeniero de requisitos consiste en identificar las necesidades de los interesados, ya sean explícitas o implícitas. Es ilusorio pensar que el trabajo de requisitos se limita a lo explícito. También sería más fácil, pero así no funciona.

¿Habría alguna forma de tomar conciencia de las necesidades implícitas? No hay ninguna herramienta ni técnica que garantice que la especificación de requisitos esté completa. Por eso, la dificultad radica en hacer frente a las necesidades implícitas. Lo que se puede hacer es buscar estrategias para minimizar estas sorpresas. La más efectiva de ellas es conocer a fondo el negocio del interesado. Cuando se interactúa con el interesado, con poco conocimiento del negocio, su capacidad para ver lo "obvio" se verá comprometida. A medida que aumenta su conocimiento, el ingeniero comienza a darse cuenta de aquello que no fue abordado o quedó implícito.

La observación (véase el Capítulo 7) también es útil tanto para adquirir conocimiento del negocio como para comprender aspectos no tratados verbalmente. La creación de prototipos (véase el Capítulo 8) también es útil para anticipar el descubrimiento de los requisitos implícitos. Al tener contacto con el prototipo, el interesado probablemente señalará la ausencia de alguna característica que se esperaba obtener de forma implícita.

4.5. Cambios

Una queja común entre algunos del equipo de desarrollo es la alta frecuencia de cambios en los requisitos. Y, de hecho, todo cambio conlleva cierta carga para el trabajo ya realizado. Los cambios deberían existir para aumentar (o mantener) el valor del proyecto; sin embargo, es importante comprender la naturaleza del cambio para identificar si este fenómeno constituye un problema que debe ser tratado. Hay cambios que podrían evitarse. Por ejemplo, los cambios orientados a corregir la solución propuesta. Esto es frecuente cuando no se hace un buen trabajo inicial de requisitos. A menudo falta proactividad por parte del ingeniero de requisitos para inducir a los interesados a revelar más información, en lugar de mantener un comportamiento pasivo, limitándose a escuchar a quienes a menudo no saben bien qué quieren. En este caso, el proyecto comienza con un entendimiento erróneo del alcance y, a lo largo de su ejecución, se irán descubriendo lagunas de información y errores; por lo tanto, los cambios tendrán que realizarse para corregir el rumbo del proyecto.

También hay cambios que surgen fuera del control del trabajo de requisitos. Son los cambios que se produzcan en el entorno empresarial en el que operará la solución. Por ejemplo: alteraciones en las normas regulatorias, el lanzamiento de un nuevo producto por un competidor o cambios en la estrategia de la organización. Muchos cambios son beneficiosos para el proyecto, pues aumentan su valor agregado. Pero aun así, en este escenario de cambios inevitables, se puede predecir si alguno de ellos ocurrirá. Por ejemplo, el cambio de un gerente por el término de su contrato. A menudo, el nuevo gerente tiene otras prioridades, lo que conlleva cambios. Planificar la finalización del proyecto antes del cambio de gestión es una alternativa de solución.

Este es el tipo de cambio para el cual el ingeniero de requisitos debe estar preparado. Es ilusorio intentar elaborar una especificación de requisitos que no sufra cambios. El trabajo de requisitos también debe centrarse en que los cambios puedan aceptarse sin dificultades.

Sin embargo, cuanto mayor sea el tamaño del proyecto, mayor será su duración y, por consiguiente, mayor será la incidencia de los cambios. La Tabla 4.1, presentada por Jones (2012), muestra una visión general del crecimiento de los requisitos a lo largo del proyecto.

Tamaño del proyecto (en puntos de función - PF)	Duración del proyecto (meses)	Tasa de crecimiento mensual de los requisitos	Crecimiento mensual de los requisitos (PF)	Crecimiento total do proyecto (PF)
100	4,50	1,00%	1,00	2,25
1.000	15,00	1,25%	12,50	93,75
10.000	44,00	1,25%	125,00	2.750

Tabla 4.1: Duración del proyecto × crecimiento de los requisitos.

4.6. Conflictos

Cuanto mayor sea el número de interesados en un proyecto, mayor será la probabilidad de conflictos de intereses. Los conflictos pueden deberse a diversas razones, como las personales, profesionales, políticas o familiares. Entender su origen ayuda a aplicar una solución. Resolver conflictos, en principio, no es una obligación del ingeniero de requisitos; sin embargo, este tipo de habilidad es importante para acelerar el trabajo sin depender de la intervención de otros. Pero más importante que solucionar conflictos es tener cuidado al desarrollar el trabajo para no generar conflictos innecesariamente entre los interesados. Podemos citar algunos conflictos comunes:

➤ Requisitos inviables para los interesados, que no pueden satisfacerse simultáneamente. Por ejemplo, dos departamentos están interesados en obtener la mayoría de las aprobaciones para las operaciones de negocio de forma exclusiva. O un departamento quiere restringir ciertos datos sólo a su dominio y otro desea que sean públicos.

➤ Información inconsistente sobre cómo funciona un proceso de negocio. Las explicaciones de dos interesados sobre el mismo proceso de negocio no concuerdan.

➤ Solicitudes de los interesados fuera del alcance.

➤ Los interesados son adversarios, indiferentes u hostiles entre sí.

➤ La falta de sintonía entre las áreas de negocio involucradas. Cada área se ocupa sólo de su contexto e intereses, independientemente de las demás. Esto ocasiona un producto lejos del ideal y la implementación de un proceso ineficiente.

A diferencia del programador que interactúa la mayor parte del tiempo con el equipo, el ingeniero de requisitos debe interactuar gran parte de su tiempo con otras personas. Por lo tanto, el trabajo de requisitos requiere la mayor parte del tiempo de las buenas habilidades interpersonales. No es exagerado decir que el ingeniero de requisitos debe incorporar algunas de las habilidades de un psicólogo, un diplomático y un político para prevenir y eliminar los conflictos.

4.7. Resistencia al cambio

Cada proyecto de software implica algún tipo de cambio para los interesados. Las "novedades" a menudo generan miedo o preocupación en las personas. Mantenerse en su zona de confort es una reacción natural de la mayoría; no obstante, es común encontrar resistencia al cambio. Esos cambios a menudo traen beneficios para todos. Sin embargo, hay casos en los que, por falta de una comunicación adecuada, algunos interesados fomentan temores sobre el cambio. Este tipo de situación disminuye el nivel de cooperación en el proyecto. También hay casos en los que, de hecho, el cambio puede acarrear pérdidas para algunos grupos de interés. Por ejemplo, el resultado del proyecto puede eliminar puestos de trabajo o disminuir el poder de alguien en específico (por ejemplo, al compartir información que antes era privada). En este caso, además de la dificultad de la cooperación, tal vez haya intención de sabotear el proyecto.

¿Qué hacer entonces? En primera instancia, se debe intentar comprender el impacto que tendrá el proyecto en los interesados. Para aquellas partes en las que ya se sabe que el impacto será negativo, se debe buscar medios alternativos para obtener información que no dependa de la interacción directa con ellas.

Ejemplos: identificación de otras personas, análisis de documentos y observación (véase el Capítulo 7). Para quienes no se ven afectados negativamente, se debe buscar una comunicación adecuada sobre los resultados que se pretenden alcanzar con el proyecto y los beneficios directos que este traerá, de manera que se pueda disminuir la barrera a la cooperación. Casi siempre eso funciona bien.

4.8. Interesados que no dominan su negocio

A pesar de ser una situación extraña, es común escuchar esta queja de muchos; esto puede deberse a varias razones. Por ejemplo, es común en gerentes recién llegados al área de negocio y que aún se están familiarizando con el dominio. Es una dificultad transitoria; tan pronto como esa persona aprenda lo necesario para manejar el área. También es el caso de la persona que ocupa un puesto, no por su competencia o experiencia, sino por factores políticos; también lo es el de las organizaciones gubernamentales, que cambian gran parte de los puestos de dirección tras un cambio de gobierno.

Resta, entonces, conocer bien el negocio a través de otros medios (estudio de la documentación disponible o identificación de otras personas con más conocimiento) para ser capaz de hacer un buen trabajo. Hay casos en que los ingenieros de requisitos llegan a dominar tan bien determinados negocios que dejan sus puestos en TI y pasan al área de negocios.

Hay también casos en los que los interesados delegan tanto la definición de los requisitos en el área de TI como la dejan de dominar su negocio, convirtiéndose en rehenes del software: "funciona de esa manera porque es la forma en que el sistema lo hace" o "No sé cómo funciona; informa dichos datos y el sistema hace el resto". A veces, esa delegación de responsabilidad al área de TI resulta conveniente, ya que si el proyecto fracasa, puede utilizarse como arma de doble filo: "fueron ellos los que definieron el sistema". Este es el típico problema que exige una solución en el ámbito de la dirección de la organización, de modo que cada área asuma sus propias responsabilidades.

4.9. Nadie lee las especificaciones de requisitos

Como se ha visto en el Capítulo 2, la especificación de requisitos constituye el contrato entre el equipo de desarrollo y el cliente. Debe notificar al cliente todo lo que se va a entregar (lógicamente, satisfaciendo todas sus necesidades) y el cliente debe ser capaz de comprenderlo y dar su aprobación para que el trabajo pueda avanzar. La especificación de requisitos es el resultado de un trabajo que puede demorar días, semanas o meses. ¿Qué hacer cuando el cliente no tiene interés en la revisión para su aprobación?

Este es un problema grave porque continuar con el proyecto sin la *retroalimentación de los interesados en la especificación conlleva un alto riesgo de construir un producto que no les dará* satisfacción. Hay casos en los que las políticas restringen el trabajo del proyecto hasta que se apruebe la especificación. Esto crea un impasse: lo habitual es que los interesados aprueben la especificación sin revisarla, para que el trabajo continúe. Es importante tratar de entender por qué los interesados no muestran interés en la especificación de requisitos. Algunas de las razones son:

> ➤ Los interesados no comprenden la importancia de la especificación y creen que la revisión es un aspecto exclusivamente burocrático. Si eso ocurre, quiere decir que el área de TI de la empresa no comunicó cómo es el proceso de trabajo para entregar proyectos, cuál es la importancia de la especificación y de la participación de los interesados, así como las consecuencias negativas de ignorar la

especificación (en este caso, incluso es posible que los problemas de proyectos pasados reaparezcan). A veces, los interesados interpretan la especificación como un exceso de burocracia, ya que muchas empresas establecen un nivel de documentación de requisitos demasiado alto, que no aporta valor o no vale la pena el esfuerzo y el gasto para proveer tanto detalle. Cabe entonces realizar una nueva evaluación del proceso de desarrollo para definir qué puede obviarse sin perjuicio de los proyectos.

➢ La estrategia adoptada para presentar las especificaciones para su aprobación (véase el Capítulo 9) puede estar equivocada. No es razonable entregar decenas de especificaciones de casos de uso a un interesado y solicitarle que las lea cuidadosamente y las apruebe. Muchas personas, cuando se enfrentan a cientos de páginas por leer, pueden estresarse, hacer una lectura superficial o simplemente aprobarlas sin leerlas. Entonces, ¿Son relevantes para estas personas todos los casos de uso del proyecto? En este caso, el error es presentar una gran cantidad de información detallada sin lograr que se valide y apruebe, al menos, en una visión de alcance de más alto nivel.

➢ El interesado es (o cree que lo es) consciente de lo que se entregará y no ve la necesidad de revisar la especificación, ya que sabe cuál es el contenido. Esto puede ocurrir debido a la intensidad con la que el interesado estuvo involucrado en el trabajo de elicitación de requisitos. Si de hecho está bien informado, lo conveniente sería repasar junto con él la especificación, pasando más rápido por las partes con las que está alineado y explicando con más calma aquellas en las que puede no ser consciente.

4.10. Interesados insaciables con requisitos

Las personas con cierta experiencia notan que los requisitos presentan una propiedad similar a la de los gases: inicialmente no tienen forma ni volumen bien definidos y tienden a ocupar todo el espacio disponible (en este caso, los recursos del proyecto). Esta característica expansiva de las necesidades vuelve la gestión del alcance un reto.

¿Y por qué se amplían los requisitos? Dado que los participantes siempre tienen necesidades que deben satisfacerse, nunca se terminan. Además, cuando se interactúa con estas partes en el trabajo de requisitos, es común que presenten todas sus necesidades, inquietudes y deseos, sin importar si todo será atendido por el proyecto en desarrollo (la expectativa de ellos es que se implemente). En ese momento, si el ingeniero de requisitos no está atento, comienza a incorporar al alcance todas las solicitudes que surgen durante la interacción.

Sin embargo, a menudo el objetivo del proyecto no es resolver todos los problemas del interesado. Los objetivos del proyecto suelen ser específicos y muchas de las demandas de los interesados pueden no estar alineadas con dichos objetivos. Es decir, que están fuera de su alcance y deben ser atendidos por otro proyecto. O bien, si el interesado cuenta con el poder, se modifican los objetivos del proyecto para incorporar el cumplimiento de dichas exigencias.

Otra explicación de la característica expansiva de los requisitos es que, en muchas empresas, ¡El desarrollo de software es gratis! ¿Cómo así? De hecho, el desarrollo de software es una actividad costosa. Sin embargo, para los clientes internos de desarrollo de software, el costo es cero: sólo se solicita al área de TI que lo realice. No hay ningún costo para asignar al presupuesto del área solicitante; el costo del área de TI se comparte entre toda la empresa.

Este caso es como un condominio en el que la factura del agua se prorratea entre los apartamentos, sin tener en cuenta el consumo individual. La preocupación por economizar o por un uso racional de los recursos es desestimada. Cuando cada apartamento asume directamente el costo de su consumo, el uso más racional hace que el consumo global del condominio sea significativamente menor.

Lo mismo se aplica a los requisitos. Cuando se paga directamente por el recurso consumido, el cliente planeará mejor la demanda que solicitará para el desarrollo. También pensará mejor antes de pedir un cambio; finalmente, no todos esos cambios justifican el costo-beneficio. Por supuesto, cuando el costo es distinto de cero.

4.11. Consistencia

Un buen trabajo de requisitos debe dar lugar a una especificación de requisitos que sea una historia bien contada, de inicio a fin, bien definida y con todas las piezas encajadas en su lugar, y que transmita claramente el mensaje. Sucede que el trabajo de requisitos se desarrolla de manera evolutiva: se crea la especificación, que recibe incrementos, mejoras y correcciones a lo largo del tiempo. El conocimiento del autor de la especificación va aumentando a lo largo de este proceso y algunas partes de la especificación inicial ya pueden tener una perspectiva distinta respecto de las piezas elaboradas posteriormente.

Esto puede dar lugar a una especificación de requisitos con inconsistencias: por ejemplo, algunos términos se utilizan en la especificación y otros en otras partes del documento; sin embargo, todos se refieren al mismo asunto. Esto deteriora la calidad de la especificación y propicia errores en las actividades posteriores del proyecto debido a interpretaciones erróneas por parte del lector.

Esa dificultad aumenta cuando se considera que las solicitudes de cambio de requisitos se presentan a lo largo de todo el ciclo de vida. O sea, partes de la especificación ya consolidadas deberán modificarse. Si el cambio afecta a varias partes de la especificación, pero no se identifican todas, esta será modificada de forma incompleta y surgirán inconsistencias.

Otro factor de complicación es cuando hay más de un autor de la especificación de requisitos. Para proyectos más grandes, es probable que la especificación sea el resultado de un trabajo colectivo, no de uno individual. En este caso, es necesario contar con una metodología de trabajo bien alineada entre los autores para que puedan producir una especificación que cuente una historia en armonía, no un "Frankenstein" con piezas desproporcionadas y mal ajustadas.

4.12. Necesidades imprecisas

Al iniciar el trabajo de requisitos, se encuentra un escenario en el que las necesidades se presentan de forma más o menos vaga. Es raro encontrar las necesidades iniciales de los interesados expuestas de manera clara y específica. ¡Qué bueno sería si fuera una regla! Pero si lo fuese, ¿Habría demanda para los ingenieros de requisitos?

Transformar esas necesidades vagas en necesidades claras y específicas es responsabilidad del ingeniero de requisitos. Es trabajoso conseguirlo y puede consumir bastante tiempo. Sin embargo, el trabajo no se agota mientras haya un alto nivel de incertidumbre sobre las necesidades por cumplir.

Encontrar una especificación de requisitos, en teoría, finalizada, pero con requisitos vagos, casi siempre es un síntoma de falta de atención del autor y, en consecuencia, compromete su utilidad.

4.13. Priorización

La priorización tiene la función de garantizar que los recursos se centren en los temas más relevantes. De ahí la importancia de la especificación: diferenciar cada requisito según su importancia, entre decenas o cientos de otros.

La responsabilidad de definir la prioridad del requisito debe recaer en el interesado, con la facilitación del director del proyecto. El ingeniero de requisitos participa en la discusión de prioridades para apoyar este proceso, mostrando los impactos de las decisiones y aclarando si cada requisito es necesario.

La gran dificultad radica en que los interesados asuman la responsabilidad de establecer prioridades. Muchos omiten este aspecto, lo que implica delegar en terceros (el equipo de desarrollo) la priorización de los requisitos. Otros no la omiten; sin embargo, asumen que todo es prioridad. Pero en la práctica, eso no es priorizar.

Cierta vez, el amigo de uno de los autores participó en un proyecto en el que una de las responsabilidades consistía en brindar soporte a un sistema legado que sería discontinuado. Todos los días se informaba al menos de un problema de ese sistema que debía investigarse y resolverse. Los problemas iban surtiendo más rápido que la capacidad para resolverlos. Y la mayoría de los problemas se informaban como de urgencia.

En poco tiempo, este amigo tenía una larga lista de problemas por resolver y no sabía qué resolver primero. Entonces buscó al gerente de la empresa para recibir orientación sobre qué problemas abordar en primer lugar. El gerente se ofreció a ayudar y comenzó a revisar la lista, comentando:

— ¡El primer punto es urgente! Este segundo también. La tercera es muy importante. Esto es extremadamente crítico. Esta es una prioridad (...).

Y el gerente siguió comentando a lo largo de toda la lista, hablando de distintos adjetivos, intentando decir que todo debería resolverse lo antes posible. Resultado: este amigo salió de la oficina de la misma forma en que entró y fue a resolver los ítems en el orden que le resultaba más conveniente.

La mayoría de nosotros, cuando nos enfrentamos a la necesidad de priorizar, tenemos gran dificultad. Priorizar es una elección difícil. Significa dejar algo para después, lo que deja a una gran cantidad de personas insatisfechas. Una analogía que representa bien esa dificultad para priorizar es la de un niño en una tienda de juguetes. Él ve varios que le agradan, los coge con la mano e intenta cargar todo lo que puede, hasta que su padre le presenta la difícil pregunta: "Hijo, papá puede comprar sólo un juguete; elige sólo uno para llevar". En ese momento comienza una negociación larga y tensa. Si el padre elige por sí mismo qué juguete llevar, es muy probable que el niño quede insatisfecho.

4.14. Conclusión

Como se mencionó anteriormente, las cuestiones que aquí se presentaron son un resumen de las dificultades con el trabajo de requisitos, pero no termina ahí. Sin duda, el lector con experiencia en proyectos puede reportar diferentes matices de los elementos mostrados, así como otras dificultades que no se presentaron en este capítulo. Comente con los autores de esas experiencias (a través de las direcciones de correo electrónico indicadas al comienzo del libro).

4.15. Ejercicios

1. Liste las cinco dificultades más frecuentes que ya encontró al realizar su trabajo de Ingeniería de Requisitos. No se limite a los ítems presentados en este capítulo.

2. De las siguientes opciones, marque el nivel de impacto de cada una en la Ingeniería de Requisitos.

	Bajo	Mediano	Alto
Rotación de desarrolladores			
Rotación de gerentes de negocio			
Cambios de versión del lenguaje de programación			
Nivel de madurez de la gestión organizacional del cliente			
Uso de la herramienta CVS para gestión de la configuración de código fuente			

3. Comente la frase: *"Muchos de los problemas con los requisitos son causados por el propio cliente"*.

5. Tipos de Requisitos

"—¿Podría decirme, por favor, qué camino debo seguir desde aquí?
— Eso depende de dónde desea ir.
— No importa adónde.
— Entonces, no importa el camino que tomes".
Lewis Carroll (Alicia en el país de las maravillas)
"El mapa no es el territorio."
Alfred Korzybski

El objetivo de este capítulo es presentar una estructura de clasificación de requisitos, explicando qué necesidades de información los caracterizan, su propósito, su importancia y su contextualización en el dominio del problema y de la solución. Varios autores tienen criterios distintos para la clasificación de los requisitos; en este libro se optó por utilizar las clasificaciones de PMI (2013) e IIBA (2015). La Figura 5.1 ilustra esta estructura de clasificación de requisitos. Por otra parte, explica las restricciones y los supuestos, la diferencia entre ambos en el concepto de requisito y cómo se relacionan con el trabajo de requisitos.

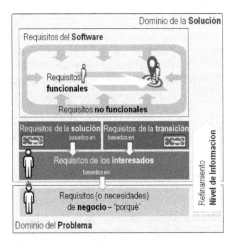

Figura 5.1: *Tipos de requisitos abordados por la Ingeniería de Requisitos.*

5.1. Dominio del problema

El dominio del problema es donde surge el motivo del cambio facilitado por la Ingeniería de Requisitos. A partir de este punto, debemos buscar un entendimiento antes de desarrollar una solución para evitar el riesgo de tener una solución perfecta para un problema equivocado. Tener información suficiente sobre este tema es importante, ya que "Debemos conocer el destino antes de conocer la ruta" (Jean-Paul Sartre).

Para entender la importancia del dominio del problema, se debe hacer una pregunta: ¿Qué motiva a una organización a llevar a cabo el proyecto?

El dominio es un área de análisis. Corresponde a los límites de las unidades organizacionales o de la organización en su conjunto, a los interesados clave y sus interacciones con los recursos incluidos dentro de las fronteras.

Si la pregunta fuese: ¿Qué motiva a una persona a establecer nuevas metas?, una respuesta válida sería el miedo y la esperanza. Para esas respuestas, la imaginación popular ha creado un simbolismo del látigo y de la zanahoria, aunque en el mundo de hoy se entiende que no basta (Figura 5.2).

Figura 5.2: *La oportunidad o un problema como motivación (crédito: Shutterstock).*

Cuando se formula la misma pregunta desde un punto de vista organizacional, primero se debe definir dónde se toman las decisiones sobre los objetivos. Este espacio se denomina dominio del problema. El dominio del problema implica un espacio objeto de análisis. Se compone de tres elementos, como se indica en la Figura 5.3.

➢ Fronteras que delimitan cada una de estas áreas. Siempre que se habla de una frontera, se acostumbra a pensar en un territorio con un gobierno que establece las normas de convivencia (leyes) aplicables a dicho territorio. En el contexto de la ingeniería de requisitos, estos territorios son organizaciones como empresas y organismos públicos. También pueden ser una o más áreas funcionales de una organización, por ejemplo: equipo de contratos, departamento de marketing, departamento financiero o sucursal de mantenimiento.

➢ Detrás de cualquier gobierno siempre hay personas a cargo. Los principales interesados son los agentes responsables de establecer y alcanzar metas utilizando los recursos incluidos en estas fronteras. Ejemplo: directores, gerentes, juntas de directores, gerentes técnicos, líderes.

➢ Por último, los principales interesados tienen la autoridad y la responsabilidad de establecer la forma en que interactúan con los recursos contenidos en las fronteras, como las decisiones, resoluciones, normas y políticas.

5.1.1. ¿Cuál es su importancia?

El dominio del problema define el alcance inicial de una solución en términos de áreas funcionales o de procesos de negocio. Aquí se encuentran los principales interesados, que constituyen el punto de partida de toda la actividad de la Ingeniería de Requisitos. Es en este espacio donde se encuentra la información sobre la relación de autoridad y responsabilidad que debe guiar al ingeniero de requisitos para diferenciar una opinión de una realidad.

5.2. Requisitos (o necesidades) de negocio

Los requisitos (o necesidades) de negocio son declaraciones de un nivel superior de objetivos, metas o necesidades de la organización. Ellos describen las razones por las que se inició un proyecto, los objetivos que debe alcanzar y las métricas que se utilizarán para medir su éxito. Los requisitos de negocio describen las necesidades de la organización en su conjunto y no las de un grupo de interesados.

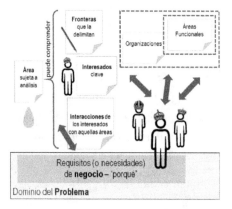

Figura 5.3: *Dominio del problema en términos de sus elementos y componentes. Es en ese espacio donde nacen los requisitos (o necesidades) de negocio.*

5.2.1. ¿Qué son?

Las necesidades de negocio son problemas por resolver; por ejemplo, un competidor ofrecerá al mercado un nuevo producto con el potencial de reducir la base de clientes de la empresa. También pueden ser oportunidades para aprovechar — como la esperanza de lograr algún beneficio, por ejemplo, entrar en nuevos mercados hasta ahora no explorados. Los ejemplos son bastante amplios, pero eso no tiene por qué ser así. Pueden ser menos extensos, como un jefe de departamento que ve la oportunidad de reducir los errores en la inspección mediante un mejor acceso para actualizar la documentación de los procedimientos operativos.

El objetivo de resolver problemas o aprovechar oportunidades es mantener las condiciones actuales o cambiarlas para pasar a un nuevo escenario en el que se desea operar. Un ejemplo relacionado con el mantenimiento de las condiciones actuales es el esfuerzo por realizar los ajustes necesarios para seguir operando en un entorno determinado ("mantener el liderazgo de mercado"); otro, asociado al cambio de las condiciones actuales, es la iniciativa de ofrecer un nuevo servicio.

Las necesidades de negocios representan los objetivos que un área desea alcanzar. Son las métricas para evaluar el grado de éxito del proyecto al finalizar. Por ejemplo, reducir en un 50% el costo actual del proceso de recaudación de las facturas de electricidad de la compañía eléctrica.

5.2.2. ¿Cuál es su importancia?

Hacer que el proyecto cumpla con los requisitos de negocio significa satisfacer al cliente. Por lo tanto, su definición clara también es la de los criterios de éxito del proyecto.

Con conocimiento de las necesidades del negocio, hay más libertad para imaginar soluciones. Es común que la solicitud del área de negocios llegue en un formato como: cambiar lo que se hace actualmente en una planilla de Excel a un sistema de información. Sin conocer la motivación detrás de ese trabajo, podemos ofrecer lo que se le solicitó. Sin embargo, no tiene el mismo efecto que entregar lo necesario.

Conocer con claridad las necesidades de negocio brinda referencias importantes sobre el valor de negocio de las solicitudes recibidas y permite establecer más fácilmente las prioridades.

Proyectos más grandes pueden implicar el esfuerzo de muchas personas durante meses o años. Estos escenarios son propensos a desviar los objetivos establecidos. Al interactuar con los usuarios, se presentarán diversas necesidades. Sin embargo, siempre se debe buscar establecer un vínculo entre estas necesidades y los requisitos del negocio. Si no existe tal enlace, significa que la necesidad está fuera del alcance y no debe ser satisfecha, ya que todos los requisitos de la solución deben estar relacionados con al menos uno de los requisitos de negocio del proyecto. Tal vínculo, o sendero, será abordado con mayor énfasis en el capítulo 9, dedicado a la trazabilidad.

Revisar las necesidades del negocio y los objetivos asociados en un marco de validación intermedio permite evaluar si el camino recorrido hasta el momento no se desvió del objetivo y si este representa la mejor solución.

5.2.3. Criterios de calidad

Las necesidades de negocio están en un alto nivel para no entrar en los detalles de la solución. Las solicitudes de negocios con intenciones iniciales a menudo contienen información imprecisa y algo genérica. Aunque se mantienen en un nivel alto en su desarrollo final, no deben ser vagas; deben ser lo suficientemente específicas como para guiar el desarrollo de los requisitos y su posterior validación. El objetivo de este tema es presentar los criterios de calidad que pueden utilizarse para apoyar este refinamiento.

Malcolm Forbes dijo: *"Es mucho más fácil sugerir una solución cuando no se sabe mucho sobre el problema"*. Sin conocer con precisión los criterios para evaluar el éxito de la solución, mayores son las opciones. Sin embargo, ¿Será que con eso atenderemos la necesidad?

Un ejemplo de una declaración general y nebulosa de una representación preliminar de las necesidades del negocio es: *"Aumentar la satisfacción del cliente con el servicio de atención"*.

Se deben establecer objetivos para desarrollar las solicitudes con las intenciones de información originales que puedan utilizarse durante todo el proyecto, sin alejarse de las necesidades del negocio.

Si las necesidades del negocio constituyen objetivos que deben alcanzarse, puede utilizarse el conocimiento desarrollado en la Administración por Objetivos (APO). Es un proceso de comprensión de los objetivos de una organización, para que la administración y los empleados realicen sus funciones de acuerdo con dichos objetivos y los comprendan.

La APO introdujo el método SMART para evaluar la validez de los objetivos. Se puede aplicar este método para evaluar si el estudio del dominio del problema produjo representaciones de las necesidades del negocio que permitan proseguir el trabajo en la dirección correcta respecto de los requisitos de la solución.

El método SMART tiene como objetivo evaluar la validez de los objetivos, que deben ser:

S – Específico: Describe algo con un resultado observable claro.

M – Mesurable: Son resultados medibles y permiten el seguimiento y el control.

A – Alcanzable: Necesidades de negocio que consideran la viabilidad de la inversión.

R – Relevante: Están alineados con la visión, la misión y los objetivos clave de la organización.

T – Oportuno: Hay un plazo definido para alcanzar las metas y este es consistente con las oportunidades o los problemas asociados.

Aunque hay críticas sobre la eficacia de la APO en sus objetivos de administración de empresas, el método SMART es una buena herramienta para apoyar la definición de requisitos de negocio con fines de ingeniería de requisitos.

El ingeniero de requisitos no tiene la autoridad para definir una necesidad del negocio que sea alcanzable, relevante y oportuna, pero debe asegurarse de que los dos primeros criterios (específico y mesurable) estén cubiertos.

La intención inicial de *"Aumentar la satisfacción del cliente con el servicio de atención"* no constituye un resultado observable y no puede medirse de forma objetiva. Al interactuar de manera proactiva con los interesados clave en la búsqueda de estos objetivos, se podrían plantear preguntas como: ¿Qué es la satisfacción del cliente? ¿Cómo se puede medirla? ¿Cuál es la meta por alcanzar?

Y se descubre que el problema del cliente es el alto número de reclamos por la demora en la atención. Y que su deseo sería reducir ese tiempo para eliminar esa fuente de insatisfacción. En este caso, también se podría preguntar qué tiempo de espera sería tolerable. Por lo tanto, el requisito de negocio se reformularía como: "Reducir el tiempo de espera en el servicio de atención a un máximo de 30 *segundos*".

5.2.4. ¿Cuándo son elaborados?

Los requisitos de negocio se elaboran mediante actividades de análisis previas a la creación del proyecto. Son actividades que están fuera del alcance del área de TI, pero es común que esta área apoye algunas de ellas. Es común denominar dichas actividades como anteproyecto, estudio de factibilidad (o viabilidad), análisis de factibilidad (o viabilidad) y análisis de negocios.

5.2.5. Papel del ingeniero de requisitos

Cuando hay actividades de planificación previa bien elaboradas, las intenciones iniciales ya se desarrollan en necesidades de negocio que cumplen con los objetivos fijados por el SMART. Sin embargo, a menudo es difícil encontrar esas intenciones originales alineadas de forma natural con esas metas.

Los requisitos de negocio deben ser elaborados por los propios responsables de negocio interesados en el proyecto. El papel del ingeniero de requisitos es refinar dichos requisitos (si es necesario), identificando cuestiones que —una vez contestadas— permitan una mejor comprensión de las intenciones iniciales, sin la intención de definir soluciones. Por ejemplo, teniendo en cuenta el requisito de negocio del caso de estudio anexado al final del libro: "Agilizar el levantamiento de información de obras de mediano y grande porte", algunas preguntas pueden ser elaboradas para entender el dominio del problema y representar las necesidades de negocio de manera apropiada como:

- ➢ ¿Cuáles son las principales dificultades en la fiscalización y qué dificultan la recolección de datos?
- ➢ ¿Cuál es el tiempo promedio invertido en completar los formularios manualmente?
- ➢ ¿Cuál es la idea de agilidad en la recolección de datos?
- ➢ ¿En qué porcentaje se debe agilizar el proceso de recolección de datos?
- ➢ ¿Cómo se mide el tiempo de recopilación de información?

Como es común encontrar requisitos de negocio mal definidos, de forma vaga o genérica, uno de los primeros pasos en el trabajo de la ingeniería de requisitos debería ser buscar una mejor comprensión de dichos requisitos. Las preguntas a continuación son ejemplos para ayudar en esta comprensión:

- ➢ ¿Por qué se creó el proyecto?
- ➢ ¿Qué problemas el proyecto busca sanar?
- ➢ ¿Qué impactos estos problemas causan (o causarán) si no se sanan?
- ➢ ¿Cómo se mide el impacto del problema actualmente?
- ➢ ¿Qué resultados se esperan para el negocio con la entrega del proyecto?
- ➢ ¿Cómo se pueden medir los resultados esperados del proyecto?

Ese asunto se abordará con mayor profundidad en los capítulos 6 y 7.

5.2.6. ¿Dónde están registrados?

Los requisitos de negocio a menudo se presentan en los documentos que justifican el proyecto y son redactados inicialmente por los interesados, a través de solicitudes informales o formales, tales como:

- ➢ Casos de negocio.
- ➢ Análisis de factibilidad.
- ➢ Anteproyectos.
- ➢ Actas de constitución de proyectos.

A partir de estos documentos o del levantamiento y análisis con los interesados clave (en el caso de solicitudes informales), se elabora un documento de visión.

Estos mismos documentos también cumplen el papel de identificar a todos los interesados, así como las restricciones, los supuestos y los conceptos discutidos en las siguientes secciones.

5.3. Restricciones y premisas

El objetivo de esta sección es definir y ejemplificar las restricciones y los supuestos para que puedan identificarse y tratarse adecuadamente durante el desarrollo de los requisitos. Ambos son relevantes para el éxito del desarrollo del proyecto y deben ser identificados, analizados y abordados al estudiar el dominio del problema. ¿Estos son los requisitos? No, pero afectan directamente a su definición.

5.3.1. Restricciones

Desde el punto de vista de la gestión del proyecto, las restricciones son limitaciones a las opciones de ejecución. En el enfoque de la ingeniería de requisitos, la restricción es una limitación para las posibles soluciones del software en desarrollo. En este caso, la atención se centra en las limitaciones del producto, no en el proyecto. Ellos no representan directamente requisitos, pero inducen a la definición de requisitos relacionados. Hay dos tipos de restricciones: de negocio y técnicas. Ambos afectan al diseño, la construcción, las pruebas, la validación o el despliegue del software. Son aspectos de la situación actual o del futuro deseado que no pueden ser alterados. Es decir, se imponen; no se negocian.

5.3.1.1. Papel del ingeniero de requisitos

Muchas restricciones ya están definidas en la creación del proyecto; otras se descubren a lo largo del desarrollo de los requisitos. Sin embargo, es importante que toda restricción identificada sea validada, ya que a veces resulta falsa. Y esto puede derivar en una propuesta de solución que no sea la más adecuada. Por ejemplo, existe una exigencia de plazo para que se cumpla una determinación legal. Debido a su carácter a corto plazo, la solución propuesta puede construirse más rápidamente, aunque no sea la mejor para resolver el problema de forma permanente. Sin embargo, al evaluar el fundamento de dicha restricción, se descubre que, para cumplir con una cuestión legal en la fecha estipulada, no es necesario que todo el proyecto se haya completado; sólo se requiere que una de las características esté operativa en dicha fecha. En este caso, entonces, existe la posibilidad de desarrollar una solución más bien acabada con un plazo de entrega proporcionalmente más largo, pero teniendo en cuenta en el plan de proyecto una entrega intermedia para cumplir con la fecha crítica.

Cuando las restricciones no se identifican a tiempo, las soluciones que no deberían considerarse terminan por considerarse, lo que desperdicia tiempo y recursos del proyecto. A menudo son las restricciones las que guían el trabajo hacia un mayor o menor nivel de detalle de los requisitos de la solución y del nivel de calidad requerido. Por ejemplo, una fecha de entrega fija puede implicar concesiones en el alcance y la usabilidad del software.

5.3.1.3. Restricciones de negocio

Las restricciones de negocio reflejan límites sobre:

> **Recursos de presupuesto o de tiempo: Por ejemplo, la junta ha limitado el presupuesto de la solución a un máximo de un millón de dólares,** o la fecha de despliegue debe estar dentro de un mes antes de la próxima Navidad.

> **Disponibilidad de los interesados:** Por ejemplo, hay limitaciones de modo que sólo una persona de cada departamento esté implicada en el proyecto o que ciertas partes no estén afectadas por la solución.

> **Restricciones basadas en las habilidades del equipo y de los interesados:** Por ejemplo, la cultura es burocrática y la gente no tiene los conocimientos necesarios para utilizar enfoques ágiles en el desarrollo, de manera alineada con los requisitos del gobierno corporativo vigente.

> **Otras restricciones organizacionales:** Por ejemplo, el uso de la impresión digital no es posible para la autenticación de usuarios, ya que algunos trabajadores no tienen su huella dactilar nítida debido al trabajo manual que realizan.

5.3.1.4. Restricción técnica

Las decisiones de negocio en el mundo actual imponen diversas restricciones asociadas a la tecnología. Son restricciones establecidas en el dominio del problema y no deben cambiarse durante el desarrollo del software. Una restricción técnica puede incluir cualquier decisión previa de la arquitectura que puede afectar el diseño de la solución.

Ejemplos de restricciones técnicas:

> **Lenguaje de programación:** El software de la solución debe desarrollarse en Python. Es decir, incluso si hay un equipo con experiencia en Java y en bibliotecas de este lenguaje que pueden acelerar el trabajo, esta opción no es factible debido a la restricción.

> **Plataformas y productos específicos de software y hardware:** El proyecto se crea con la decisión de que la parte móvil de la aplicación utilizará el colector de la marca Symbol, versión 09, y que el software deberá funcionar en Internet

Explorer, versión 10.x, sin complementos. Es común que el cliente imponga restricciones en este sentido, especialmente considerando lo que ya está disponible en la organización.

➢ **Tamaño de los mensajes: Los mensajes XML enviados** a través de MessFlow no pueden superar los 20 KB. Este tipo de restricción puede surgir en función de la disponibilidad de ancho de banda de la red en la que operará el software.

➢ **El espacio ocupado por el software:** El tamaño del software que se ejecuta en la parte móvil no debe superar los 5 MB. Para el software que funciona embebido en dispositivos específicos, puede ser un tipo común de restricción.

➢ **Número máximo y espacio ocupado por los archivos de datos:** El número máximo de archivos abiertos en la parte móvil de la aplicación al mismo tiempo no debe exceder 50 y el espacio ocupado por cada archivo no debe exceder 1 MB. Igual que en el punto anterior y también común en software embebido.

➢ **Limitaciones en el uso del procesador o de la memoria: El software deberá ejecutarse en un procesador Intel Pentium.**

5.3.2. Supuestos (o Premisas)

Las premisas son suposiciones. Es información que se considera cierta; sin embargo, aún no está confirmada. Muchas veces, esas premisas son creadas por el propio ingeniero de requisitos para avanzar en la elaboración de los requisitos. Algunos ejemplos:

➢ El servicio de cálculo del valor residual del contrato estará disponible en el sistema de CFF en un plazo de 60 días. Esta hipótesis indica que el sistema proporcionará al CFF, en una fecha futura, la información necesaria para el sistema en desarrollo. Si esto no se confirma hasta el final de dicho período de sesenta días, el plazo del proyecto se verá afectado directamente.

➢ Los usuarios son fluentes en inglés y tienen acceso a Internet de banda ancha. Este supuesto conduce a la decisión de que el software no es multilingüe (solo en inglés), ya que ello reduce el costo. Y la interfaz de usuario puede funcionar con recursos multimedia (imágenes, vídeo y sonido) de alta calidad, ya que hay banda de red disponible. Si durante el proyecto se descubre que esta información no es verdadera, todo el diseño de la interfaz y la arquitectura tendrán que ser rediseñados para soportar más de un idioma y operar con recursos multimedia más sencillos.

➢ El acceso a las transacciones del software es sólo a través del navegador Mozilla Firefox. Este supuesto puede inducir al uso de características específicas de este navegador. Si en el futuro se descubre que habrá usuarios que accederán al sistema mediante otros navegadores, una parte significativa del trabajo requerirá ajustes.

➢ Todos los usuarios tienen un código de contribuyente. Este supuesto puede dar lugar a la decisión de utilizar el código como clave de acceso al sistema. Si más tarde se descubre que hay usuarios que no cuentan con este documento, una parte importante del proceso de autenticación deberá ajustarse.

Muchos supuestos están relacionados con dependencias que se van generando en el proyecto a partir del trabajo de otros equipos. En este caso, resulta más fácil identificar la premisa como una "promesa". Por ejemplo, el personal del sistema de CFF se comprometió a entregar el servicio de cálculo de equilibrio en un plazo de sesenta días para su uso en nuestro proyecto. Cuando se especifica el software, se asume que este servicio estará disponible. Sin embargo, ¿Qué ocurre si, al final de los sesenta días, el servicio prometido no está disponible?

5.3.2.1. ¿Cuál es la importancia?

Si los supuestos no se confirman, los riesgos se materializan. Por lo tanto, deben ser gestionados, es decir, documentados y comunicados a los responsables de la gestión de riesgos.

Hay supuestos que no guardan relación directa con el trabajo de requisitos, sino con otras cuestiones del proyecto. En tales casos, probablemente no habrá un ingeniero de requisitos que participe en su identificación. Por ejemplo, el patrocinador informó que el proyecto puede planificarse con la disponibilidad de recursos, a razón de cien mil dólares al mes para su ejecución, pero aún no ha sido aprobado por la dirección.

Un contraejemplo de premisa es cuando ya existe seguridad de que la información es verdadera; entonces ya no debe considerarse premisa. No hay más riesgo de que no se haya confirmado. Si es cierta la información de que todos los clientes tienen un código de contribuyente, entonces cualquier decisión puede tomarse con base en ella, sin riesgo de que el fundamento de la decisión se desacredite.

Tanto las premisas como las restricciones se definen en el dominio del problema, y la diferencia entre ellas es que la restricción refleja una decisión final ya tomada, mientras que la premisa es una decisión en primera instancia que puede o no puede confirmarse.

5.3.2.2. Papel del ingeniero de requisitos

La gestión del riesgo no es responsabilidad del ingeniero de requisitos. Sin embargo, durante el trabajo de requisitos, él debe estar atento a posibles premisas como tales o incluso a la necesidad de asumir premisas, para que el desarrollo de la solución pueda avanzar.

El responsable del trabajo de requisitos debe colaborar con el responsable de la gestión de riesgos, informándole de cada nueva premisa identificada o creada. Idealmente, se debe confirmar de inmediato toda la premisa, pero no siempre es posible o no está bajo el control del ingeniero de requisitos.

5.4. Interesados

El objetivo de esta sección es definir qué es un interesado para los fines específicos de la Ingeniería de Requisitos.

Isaac Asimov, uno de los autores de ciencia ficción más famosos de todos los tiempos, dijo: *"Las personas que piensan que lo saben todo son una gran molestia para nosotros que sabemos todo"*. Muchos pueden pensar que lo saben todo, o al menos se sienten así.

¿Esta visión del mundo es relevante para el ingeniero de requisitos? No, él no debe presentarse como el dueño de la verdad. Se debe reconocer que son los interesados quienes retienen el conocimiento y que a ellos se les debe facilitar el proceso de desarrollo y organización de dicho conocimiento.

5.4.1. El camino a partir de los requisitos de negocio

Una vez entendidos el dominio del problema y las necesidades de negocio, se inicia la exploración del dominio de la solución. En el dominio del problema, las necesidades del negocio establecen resultados que deben alcanzarse sin detallar ni especificar los pasos a seguir para su cumplimiento. La identificación de una necesidad, la decisión sobre qué camino tomar y la realización de la jornada correspondiente requieren una serie de pasos, como se ilustra en la Figura 5.4.

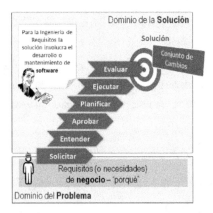

Figura 5.4: *Etapas de la identificación de las necesidades de negocio hacia la solución.*

➢ **Solicitar:** Las necesidades identificadas en el negocio originan solicitudes para su desarrollo, que tienen un proceso asociado.

➢ **Entender:** Las solicitudes deben ser comprendidas y contener alternativas asociadas desarrolladas para su consideración.

➢ **Aprobar:** Las alternativas deben ser evaluadas y la mejor solución debe enviarse para su desarrollo.

➢ **Planear** requiere movilizar recursos y definir metas en un plan de implementación para la alternativa elegida.

➢ **Ejecutar:** El plan debe ejecutarse; el progreso, supervisarse y ajustarse según su evolución.

➢ **Evaluar:** Los resultados entregados deben evaluarse para confirmar el cumplimiento de los objetivos propuestos y, de ser necesario, adoptar medidas correctivas.

Cuando se habla de satisfacer las necesidades, de soluciones alternativas y de los resultados posteriores, el objetivo es un conjunto de cambios en la situación actual. A ese conjunto de cambios se le denomina solución, que a menudo se implementa mediante software, tema central de este libro. Y estos cambios son impulsados por los proyectos.

El enfoque de esta sección es discutir los agentes que poseen el conocimiento necesario para avanzar en estos pasos a lo largo del desarrollo de los requisitos intermedios de la especificación de la solución, con base en las necesidades de negocio.

5.4.2. ¿Qué son?

Las necesidades de negocios suelen ser el resultado de una resolución colectiva que refleja los deseos de un área en análisis. El camino desde las necesidades del negocio hasta la solución requiere su desarrollo, así como el de las personas responsables de identificar y seleccionar la mejor opción entre los distintos caminos. Estos individuos son los interesados que pueden:

➢ Afectar la solución de algúna forma.
➢ Ser afectados de alguna forma por ella.

A pesar de que en el punto anterior la atención se centra en la solución, tenga en cuenta que, independientemente de esta, los interesados comparten las mismas necesidades de negocio.

5.4.3. Clientes y usuarios × interesados

Los términos "cliente" y "usuario" son comunes para referirse a las personas que deben participar en el trabajo de requisitos como fuentes de información. Y, de hecho, los clientes y usuarios son casos específicos de los interesados. Pero el concepto de interesado es más amplio. Cuando se habla de cliente, el sentido común lleva a imaginar que es quien paga el proyecto. Cuando se hace referencia al usuario, el sentido común conduce a imaginar a la persona que utilizará el software. Y estos entendimientos son bastante razonables. Sin embargo, en la mayoría de los proyectos se obtendrá una parte significativa de los requisitos de actores que no son clientes ni usuarios. Por lo tanto, a lo largo de este libro se utiliza el término "interesado" en lugar de "cliente" o "usuario". El modelo norteamericano de madurez CMMI para el desarrollo de software utiliza el término "proveedores de requisitos", que tiene el mismo significado que "interesado" en este libro.

5.4.4. Autoridad y responsabilidad

Los interesados son personas involucradas en el desarrollo de los requisitos. Por ejemplo, en el desarrollo de una nueva solución de cajero automático, se identifican inicialmente como interesados:

➢ Usuarios de servicios bancarios, ya sean clientes del banco o no
➢ Los operadores de suministro del cajero (Por ejemplo: suministro de dinero, recolección de sobres).

No siempre el interesado es una persona en particular, sino que se trata de una invitación a participar en el desarrollo de los requisitos. Por ejemplo, hay un grupo difuso de millones de personas que actúan como usuarios de los servicios bancarios, lo que impide que todos puedan ser entrevistados para conocer sus necesidades. Ellos son representados por una persona del banco, tal vez un analista de marketing, quien desempeñará el papel de este grupo de interesados.

Interactuar con todo el mundo no es factible; es fundamental designar a un representante (o muestra) seleccionado de este grupo con quien se interactuará para el levantamiento de requisitos.

Sea el interesado directamente involucrado o representado, debe contar con la autoridad y la responsabilidad compatibles con las decisiones necesarias de la Ingeniería de Requisitos.

5.4.5. ¿Cuál es su importancia?

La identificación de los interesados es un factor crítico para el éxito del trabajo de requisitos. Un interesado no identificado a tiempo traerá consigo nuevos requisitos descubiertos con retraso en el proyecto u omitidos, lo que generará mayor retrabajo o incluso el fracaso del proyecto.

Las siguientes preguntas son ejemplos de cuestiones que pueden ayudar a descubrir interesados:

- ¿Quién es el dueño, solicitante o patrocinador del proyecto?
- ¿Qué áreas de la empresa serán afectadas por el proyecto?
- ¿El proyecto va a impactar directamente a alguien fuera de la organización? ¿Quiénes son ellos? Por ejemplo: clientes, proveedores, socios, visitantes, aficionados.
- ¿Qué tareas o procesos del negocio serán afectados por el proyecto?
- ¿Hay necesidad de intercambiar información con algún otro sistema? ¿Cuáles? ¿Quiénes son sus responsables?
- ¿Este proyecto depende de algún otro?

5.5. Requisitos de los interesados

El papel de los interesados en el desarrollo de los requisitos consiste en proporcionar información y comentarios para su comprensión. A la presente información se le da el nombre de requisitos de los interesados. El objetivo de este tema es entender qué son estos requisitos y cuáles son sus características especiales.

Hay un comentario de Miles Davis que describe la importancia de comprender y saber cómo hacer frente a los requisitos de los interesados: "*Si usted entiende todo lo que dijo, debe ser yo*". A pesar de que son requisitos intermedios, a partir de ellos surgen oportunidades para identificar los conflictos que se resolverán y consolidar requisitos similares.

Los requisitos de los interesados son los resultados intermedios de la evolución de las necesidades de negocio hacia la especificación de la solución. Ellos:

> Se obtienen a partir de los interesados
> Describen sus necesidades de información para el desempeño de sus funciones
> Representan las opiniones de los interesados sobre su interacción con la solución
> Son producto de las actividades de levantamiento de requisitos (que se describen en el Capítulo 7)
> Son insumos de las actividades de análisis de requisitos (que se describen en el Capítulo 8)

Las siguientes preguntas son ejemplos de cuestiones que pueden ayudar a descubrir los requisitos de los interesados:

> ¿Qué necesitas que el sistema te haga? ¿Y para otros?
> ¿Qué información debe proporcionarle el sistema? ¿De dónde pueden obtenerse o derivarse?
> ¿Qué tareas el sistema debe ayudarle a cumplir?
> ¿Cuántas veces se demandarán estas tareas en el sistema? Ayuda a identificar posibles requisitos de rendimiento y de usabilidad.
> ¿Hay alguna característica deseada del sistema que no se encuentre en los sistemas que usted utiliza actualmente? Puede ayudar a identificar algún requisito no funcional.
> ¿Por qué estas cosas citadas son necesarias? Se evalúa si lo citado forma parte del alcance y guarda relación con algún requisito de negocio.
> ¿Hay alguna norma que el sistema debe cumplir?
> De todo lo que se ha citado, ¿cuáles son las cuestiones más importantes? Proporciona elementos para la priorización de requisitos.

5.5.1. ¿Dónde se registran?

Como resultado de las actividades de recopilación de información con los interesados y de la volatilidad de la memoria humana, se deben crear registros que documenten la información recopilada y las decisiones tomadas de maneras distintas. Estos registros pueden incluir:

> Grabaciones
> Notas
> Actas

Durante la ejecución del levantamiento, puede ser apropiado registrar:

a) Sólo los puntos clave en las notas.

b) La grabación de audio o video de todo el evento.

c) La preparación de un acta.

Explorar las condiciones de estas opciones será tema de discusión en cada técnica presentada en el Capítulo 7. El nivel de detalle de los requisitos del Capítulo 2 también es relevante en la descripción de los requisitos de los interesados.

En el ejemplo de la Figura 5.5 se muestra un documento con la memoria de levantamiento. A través de los capítulos 7 y 8, el lector recibirá una orientación práctica, sobre todo en la preparación de una agenda que servirá de guía para los temas abordados en las actividades de levantamiento de requisitos.

Figura 5.5: *Ejemplo de documento con los requisitos de los interesados.*

5.6. Requisitos de la solución

Los requisitos de los interesados contienen, originalmente, conflictos que deben resolverse, vacíos de información y oportunidades de racionalización; finalmente, contienen información no estructurada que debe organizarse en las especificaciones antes de ser utilizada en el desarrollo de software. Al producto de este trabajo de resolución de conflictos, la eliminación de las brechas de información y el aprovechamiento de las posibilidades de racionalización se le da el nombre de requisitos de la solución. Y estos requisitos están contenidos en una especificación de requisitos. Los requisitos de la solución son el resultado del análisis de requisitos, el cual se describe en el Capítulo 8.

Los requisitos de la solución describen sus características con el fin de cumplir con los requisitos del negocio y de los interesados. Y por esto es interesante mantener la trazabilidad entre los requisitos de la solución y los requisitos anteriores que la fundamentan; el Capítulo 9 explica el tema de la trazabilidad y guía su uso.

5.6.1. ¿Cuál es su importancia?

Las especificaciones de la solución, con sus requisitos, capturan todas las decisiones sobre el alcance y el comportamiento esperado del software en desarrollo de manera que no se pierdan ni se olviden. Si así fuera, habría retrabajo por parte de algún profesional de otra disciplina de la Ingeniería de Software para revisar asuntos ya discutidos y decididos.

El mismo proceso de elaboración de las especificaciones anticipa la necesidad de tomar nuevas decisiones respecto a los requisitos de los interesados en el desarrollo. Esto evita tomar suposiciones innecesarias en las actividades posteriores a la Ingeniería de Requisitos.

Con las especificaciones se puede validar el entendimiento de la solución entre los desarrolladores y otros interesados antes de que se genere trabajo innecesario y costoso. En este proceso se identifican las especificaciones incompletas, inconsistentes y aquellas que no cumplen con las necesidades del negocio. ¡Es mejor identificarlo en ese momento que en la prueba de aceptación de los usuarios!

5.6.2. Proceso general de desarrollo de requisitos

En pocas palabras, un proceso para el desarrollo de los requisitos consiste en tres pasos, ilustrados en la Figura 5.6:

➢ Organizar los requisitos de los interesados en un alcance de la solución. Se centran en la amplitud, sin profundidad.
➢ Desarrollar los requisitos de los interesados, resolver conflictos, eliminar redundancias, hacer frente a los vacíos de información para revisar el alcance y detallar los requisitos de la solución.
➢ Cerrar un conjunto de requisitos con la profundidad suficiente para actualizar la arquitectura, implementar y probar las unidades que componen el software y así sucesivamente.

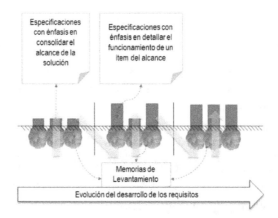

Figura 5.6: *Una visión general del desarrollo de los requisitos de los interesados (los globos de abajo) en relación con las especificaciones (los paralelepípedos de arriba).*

5.7. Requisitos de transición

Imagínese que, en la construcción de un edificio, es necesario construir un vestidor y un comedor para los trabajadores. Al final de la obra, el vestuario y el comedor serán desmontados, ya que no serán parte del edificio en sí — su uso era necesario sólo durante la construcción. En el caso de la ingeniería de requisitos, estos serían los requisitos de transición.

Juegan el papel de permitir que la nueva solución desarrollada entre en pleno funcionamiento, tal como lo desea el cliente. Estos requisitos no pueden definirse hasta que el diseño de la solución se finalice y se descarten tras la entrega completa de la solución. Su identificación y desarrollo requieren las mismas tareas y técnicas que los requisitos de la solución. También se materializan en una especificación de requisitos, fruto de las actividades de análisis de requisitos.

Ejemplos de requisitos de transición resultantes de este análisis.

No se limitan a software y pueden incluir elementos tales como:

➢ Datos de agentes de recolección y de clientes, con su respectivo historial, serán migrados hoy desde los archivadores actualmente mantenidos manualmente al nuevo sistema computarizado.

➢ Los agentes de recolección serán capacitados en el uso del nuevo sistema antes de su entrada en producción.

> ➢ Durante el primer mes de funcionamiento de la nueva solución en producción, la solución actual seguirá operando en paralelo y será discontinuada a partir de ese período.

> ➢ Los datos del contrato se migrarán desde el sistema legado al ERP, tras la filtración y los ajustes manuales.

De estos ejemplos, para enfocar el trabajo de la ingeniería de requisitos, se deben separar los que solo involucran el desarrollo de software de los que involucran actividades de otras áreas (por ejemplo, la gestión de proyectos).

Pero, en resumen, los ejemplos más comunes de requisitos de transición son las migraciones de datos del sistema antiguo al nuevo que se está desarrollando.

5.7.1. ¿Cuál es su importancia?

La motivación para describir la transición a la nueva solución es proporcionar la mejor organización posible de las especificaciones. Esta organización permite una mejor gestión del conocimiento, de la comunicación y de la medición funcional del proyecto de software.

La gestión del conocimiento (o al menos la retención) exige la segregación entre los requisitos de la solución, que seguirán siendo válidos después de la entrega, y los requisitos de transición, que tendrán vigencia durante el ciclo de vida del proyecto. Esta segregación también facilita la comprensión entre el equipo de desarrollo y los interesados.

En muchos casos, la mayor complejidad radica justamente en la transición y no en el producto que se va a construir. Imagínese una aerolínea que desea cambiar su sistema de venta de pasajes. ¿Sería aceptable la estrategia de implementar el nuevo sistema solicitando a los usuarios del departamento comercial que ingresen en él todos los pasajes vendidos en el sistema antiguo que aún no han sido procesados? ¿O que la venta de boletos se suspenda durante unas pocas horas mientras los datos del sistema antiguo se transfieren al nuevo? Probablemente no. Lo más probable es que el interesado quiera una transición en la que su operación de venta no se detenga ni por un instante. Entonces este tipo de transición deja de ser trivial.

5.7.2. Papel del ingeniero de requisitos

La identificación de los requisitos de transición debe ir precedida de la evaluación de dos escenarios: el escenario futuro (to-be), necesario para que la nueva solución funcione, y el escenario actual (*as-is*). A partir de la comparación de estos dos escenarios, se identifican ítems que deben cumplirse (*to-be*) para que la solución entre en pleno funcionamiento.

5.8. Requisitos de software: Solución + Transición

Los requisitos de software consisten en los requisitos de la solución (el producto a entregar) y, si los hay, en los de transición (si los hay). Ambos están compuestos por requisitos funcionales y no funcionales, como se ilustra en la Figura 5.7.

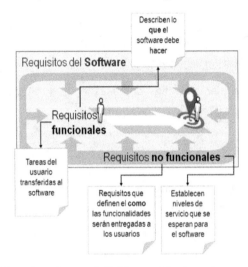

Figura 5.7: *Los requisitos de software definidos en términos de requisitos funcionales y no funcionales.*

Los requisitos funcionales describen el funcionamiento del software desde la perspectiva de las tareas y los servicios de sus usuarios. Los requisitos no funcionales describen cualidades que el producto de software debe cumplir para ser efectivo, así como limitaciones generales sobre el funcionamiento de los requisitos funcionales.

5.8.1. ¿Dónde son almacenados?

Los requisitos de software se almacenan en varios tipos de artefactos, los cuales varían según la metodología de desarrollo de software que utiliza la organización.

Por ejemplo:

➢ Documento de visión.
➢ Lista de requisitos.
➢ Historias de usuario.
➢ Casos de uso.
➢ Modelos.
➢ Diseño de pantallas e informes.
➢ Especificaciones funcionales.

> ➤ Especificaciones complementarias.
> ➤ Glosario.

5.9. Requisitos funcionales

Los requisitos funcionales describen el comportamiento que el software debe tener en términos de tareas y servicios para los usuarios. Esto se opone a la descripción del diseño de la arquitectura de la solución o de su implementación en una plataforma tecnológica mediante ciertos lenguajes de programación. Un requisito funcional no es una especificación de requisitos ni sustituye una especificación de requisitos. Se debe destacar que los requisitos funcionales no describen el diseño de la arquitectura de la solución, pero pueden verse profundamente afectados por ella.

No se debe suponer que el trabajo de la arquitectura comience sólo después del trabajo de requisitos. Las decisiones de arquitectura de alto riesgo deben tomarse tan pronto como sea posible y determinados requisitos funcionales en un escenario de arquitectura se convierten en requisitos no funcionales en otro. Por ejemplo, el control de acceso de los usuarios corporativos. Dependiendo de las decisiones de arquitectura tomadas al inicio del ciclo de vida, el control de acceso puede formar parte de la especificación funcional o de una infraestructura común que aborda requisitos no funcionales de seguridad.

El comportamiento esperado por el software y descrito en un requisito funcional se refiere al intercambio de información entre el usuario, el software y los medios de almacenamiento hasta alcanzar un objetivo específico. Este objetivo específico —la meta de un usuario— es completar la tarea bajo su responsabilidad, por lo que sus resultados pueden utilizarse como insumos en otras tareas para usuarios con otras responsabilidades o en otro momento —ya sea por un usuario que tenga las mismas responsabilidades o no. La Figura 5.8 ilustra la relación entre los requisitos funcionales.

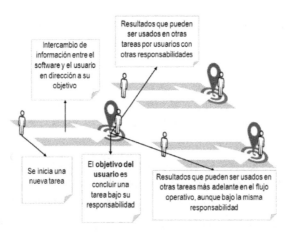

Figura 5.8: *Los requisitos funcionales y su interrelación.*

5.9.1. ¿Dónde son almacenados?

Los requisitos funcionales pueden estar presentes en varios artefactos, como el documento de visión, las historias de usuario, las especificaciones de casos de uso y los modelos de procesos. Este tipo de artefactos se describe en el capítulo 8. Para fines de simplificación, se denominará especificación funcional al documento que contenga los requisitos funcionales.

5.9.2. Papel del ingeniero de requisitos

Ejemplos de requisitos en especificaciones funcionales:

1. Gestionar cursos.
2. Emitir el certificado de participación de los estudiantes en el curso.
3. Garantizar que sólo los estudiantes con asistencia superior al 75% pueden emitir su certificado.

Todos estos son ejemplos de requisitos funcionales, pero sólo el segundo está específicamente asociado a una única tarea o servicio de usuario.

Esto es común. Gran parte del trabajo del ingeniero de requisitos consiste en refinar requisitos más amplios, como se muestra en el primer ejemplo, o en consolidar fragmentos, como en el tercer ejemplo, hasta alcanzar el nivel de detalle adecuado de la especificación.

Durante el desarrollo de los requisitos, se espera que las especificaciones funcionales incluyan elementos con distintos niveles de detalle o de granularidad. A continuación, se explica con mayor detalle qué es el nivel de granularidad de una especificación funcional.

103

5.9.3. Nivel de granularidad

El nivel de granularidad es la medida mayor o menor de la descripción del comportamiento esperado del software en una especificación funcional. Este alcance está relacionado con el tipo de objetivo asociado al requisito de dicha especificación. La Figura 5.9 ilustra la relación entre estos objetivos y el nivel de granularidad. Se usará una clasificación de tres niveles de granularidad propuesta por Cockburn (2000) para los casos de uso y generalizada por los autores para los requisitos funcionales.

5.9.4. Requisitos funcionales con objetivo de usuario

Si no se dice nada en contrario al referirse a un requisito de una especificación funcional, entonces se trata del requisito funcional con el objetivo de usuario. Y el requisito funcional especificado:

- ➢ El nivel de una sola tarea bajo la responsabilidad de un solo individuo.
- ➢ En un momento determinado, en el que el usuario tiene todo lo necesario para concluir la tarea hasta el límite de su responsabilidad en el flujo operativo en el que se encuentra insertado.
- ➢ Al final de la tarea, el usuario cumple su objetivo, queda satisfecho y no hay nada más que hacer. Una vez completado el requisito, todo lo que debía hacerse en respuesta a un evento externo ya se había realizado. Dicha tarea casi siempre forma parte de un proceso de negocio con un flujo más amplio y aún no ha sido completada por completo. Sin embargo, la perspectiva relevante en este caso no es la del proceso de negocio, sino la de la tarea.

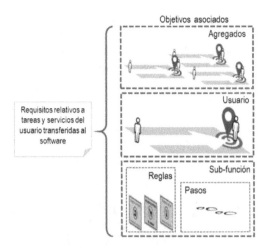

Figura 5.9: *Los diferentes niveles de granularidad de estos requisitos en una especificación funcional y su relación con los objetivos asociados.*

Si un trabajo implica a más de un individuo, es porque hay más de una tarea presente. Hay excepciones, como un retiro de una cuenta corriente realizado en una sucursal bancaria, en el que participan dos individuos: el cajero, que acciona e informa los datos del retiro, y el cliente, que proporciona la contraseña de su cuenta. En este caso hay dos actores realizando pasos en dirección al mismo objetivo: realizar el retiro.

Ejemplos de requisitos funcionales identificados en este nivel:

➢ Ingresar pedido.
➢ Enviar la carta de renovación del contrato.
➢ Emitir certificado de participación de los estudiantes del curso.

En todos los ejemplos, una vez cumplido el requisito establecido, todo lo que debía realizarse se llevó a cabo con éxito.

5.9.4.1. ¿Cuál es su importancia?

La importancia de identificar un requisito funcional en este nivel radica en su capacidad para delimitar el alcance del software de manera inequívoca. El alcance descrito por los requisitos funcionales en este nivel puede resultar más fácil de validar y comprender.

Este es el único nivel de descripción de procesos que puede estandarizarse y el que todos los métodos utilizan para medir el tamaño funcional estandarizado según la norma ISO/IEC 14143.

El requisito funcional especificado en este nivel puede verificarse de forma objetiva para comprobar el cumplimiento de las políticas de calidad previamente establecidas. Es el nivel en el que un caso de uso debe identificarse y elaborarse antes de ser empaquetado y enviado para su diseño e implementación. Lo mismo vale para una historia de usuario.

5.9.5. Requisitos funcionales con objetivo agregado

Son requisitos que agrupan varios objetivos de usuarios individuales en una única especificación de alto nivel. Cuanto más alto sea el nivel, más generales son sus objetivos – y para que un objetivo de mayor nivel se alcance, otros de menor nivel deben alcanzarse previamente.

Se refiere, por tanto, a objetivos más generales y se encuentran en un nivel de cobertura asociado a los objetivos de colaboración y a los procesos de negocio de alto nivel. No se refieren a una sola tarea o servicio; resumen un conjunto de tareas de uno o más usuarios.

La Figura 5.10 ilustra "Administrar cursos" como un conjunto de objetivos de nivel inferior subordinados.

Para simplificar, se utiliza el nombre "Requisitos agregados" para referirse a los elementos de la especificación de requisitos funcionales asociados a un objetivo agregado. Ejemplos de requisitos agregados:

➢ Controlar flujo de caja.
➢ Gestionar relaciones con los clientes.
➢ Administrar cursos.

¿Cuáles son específicamente las tareas asociadas a esos requisitos? Tal vez sea obvio para el lector de la especificación (y por eso no se detallan) o aún no son conocidas. Sin embargo, en este último caso, se sabe que hay tareas que deben explorarse respecto de ese requisito; ya se decidió que forman parte del alcance del software en desarrollo.

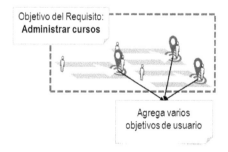

Figura 5.10: *Administrar cursos como un objetivo agregando varios objetivos subordinados.*

5.9.5.1. ¿Cuál es su importancia?

El propósito de describir un requisito agregado es resumir un conjunto de tareas del usuario en un solo ítem, cuando aún no se sabe exactamente cuál de ellas formará parte del alcance.

5.9.5.2. Papel del ingeniero de requisitos

En etapas preliminares del desarrollo, tal vez la mayor parte de los requisitos identificados para componer la especificación funcional se agregue. Esto se debe a que varias decisiones sobre el alcance final del software en desarrollo aún están pendientes. Es un elemento que se ajustará posteriormente y se etiquetará como "por definir" o "pendiente de definición".

Identificar requisitos agregados no es una estrategia de desarrollo. Los requisitos que están en el nivel adecuado para un requisito funcional deben identificarse y describirse independientemente del momento del ciclo de vida.

A lo largo del desarrollo de los requisitos, se deben refinar los requisitos en este nivel agregado, con el fin de identificarlos y describirlos con mayor precisión hasta alcanzar el nivel apropiado para un requisito funcional.

Sin embargo, algunos requisitos funcionales presentan un comportamiento estándar que elimina la necesidad de aumentar el nivel de detalle. Estos patrones proporcionan la información necesaria para identificar qué tareas específicas del usuario se esperan para el requisito. No es necesario especificar cada tarea como un requisito por separado. Un ejemplo son los requisitos para la administración de catálogos mediante formularios CRUD (*create, read, update y delete*).

5.9.5.3. Requisitos de negocio × requisitos agregados

Un cuidado al que se debe prestar atención es diferenciar entre un requisito agregado y una necesidad de negocio. La necesidad de negocio está en el dominio del problema con todo un universo de soluciones potenciales. Por otro lado, el requisito agregado pretende describir la solución elegida. Diferenciarlos es importante porque sus usos son distintos. De no hacerlo, significaría confundir la solución con el problema.

Para ilustrar ambos casos, considere los dos mostrados en la Figura 5.11: "Emitir recordatorios" y "Disminuir la tasa de incumplimiento de los estudiantes".

La descripción de "Emitir recordatorios" corresponde a un requisito agregado porque incluye varios objetivos en un mismo nivel de objetivo de usuario. Por ejemplo, hay más de un tipo de recordatorio que emitir. Y no hay ninguna pista de una oportunidad ni de un problema de negocio. Aunque el requisito deba ser refinado, ya está decidido que forma parte del dominio de la solución. Todavía hay una serie de decisiones por tomar para satisfacer las necesidades del negocio.

La descripción asociada a "*Disminuir la tasa de incumplimiento*" indica una necesidad de negocio, ya que describe un problema. Fue el punto de partida de una serie de decisiones que culminó con el objetivo de establecer la emisión de recordatorios como parte de la solución al problema de la alta tasa de incumplimiento.

Así que no hay que confundir el problema con la solución. Entregar un software al cliente es la parte más fácil del trabajo. Entregar un software que lo satisfaga es la cuestión clave. Y para ello es necesario tener una visión clara del problema.

Figura 5.11: *Comparación entre el requisito agregado y el requisito de negocio.*

5.9.6. Requisitos funcionales con objetivo de subfunción

Análogos a los requisitos agregados, pero a la inversa, son fragmentos que componen una especificación funcional en un nivel inferior al de los objetivos del usuario: pasos y reglas. Es decir, que por sí solo no atienden un objetivo de usuario. Esos fragmentos de requisitos se denominan especificaciones funcionales de subfunciones.

Los pasos describen el intercambio de datos en ambas direcciones entre el usuario y el software y entre este último y los requisitos de almacenamiento del software. Para un ejemplo de requisito de subfunción, consideremos un conjunto de pasos: la autenticación de un cliente en un cajero automático para realizar transacciones bancarias. Este es un excelente ejemplo de una secuencia de pasos que debe especificarse por separado de los requisitos funcionales que la engloban. No hay, en este escenario, una transacción que autentique al usuario y, una vez hecho esto, se pueden llevar a cabo transacciones para las que está autorizado. Cada tipo individual de transacción (retiro de la cuenta corriente, transferencia, pago de cuentas) requiere el mismo conjunto de pasos para la autenticación del cliente, que puede ser:

➢ Verificar la existencia de la tarjeta, que esté vigente y no esté bloqueada.
➢ Asegúrese de que la operación deseada sea compatible con el tipo de tarjeta.
➢ Verificar si la contraseña solicitada es correcta.
➢ Aumentar el número de intentos de contraseña si la contraseña suministrada es incorrecta.
➢ Poner cero en los errores de contraseña si la contraseña está proporcionada correctamente.

Aun cuando esa secuencia de pasos, por sí sola, no cumple con los objetivos del usuario, su especificación como requisito en el nivel secundario resulta apropiada.

Las reglas suelen estar vinculadas a las leyes que rigen las operaciones y describen, de forma complementaria, el funcionamiento de sus procesos – por eso, a menudo se denominan reglas de negocio. Estas describen las políticas corporativas, la legislación aplicable, las regulaciones gubernamentales y los estándares de la industria a la que la solución debe estar subordinada. No están específicamente relacionadas con la solución, pero sí con el dominio del problema. Existen independientemente del software. Las reglas de negocio también deben ser tratadas como un activo de la organización y no sólo como parte del proyecto o del producto de software. Por otra parte, el software puede tener reglas que no son del negocio, pero en cuanto a su modo de funcionamiento específico, están vinculadas al software en cuestión.

Ejemplos de reglas de negocio:

➢ Sólo los estudiantes con asistencia igual o superior al 75% pueden emitir su certificado.
➢ Sólo los clientes mayores de 18 años pueden ser titulares de cuentas.
➢ Sólo las compras superiores a $500,00 pueden tener pago a plazos.
➢ Los niños menores de 23 meses que se transporten en el regazo no pagarán pasaje.

5.9.6.1. ¿Cuál es su importancia?

En el caso de las reglas de negocio, es común que sean compartidas entre los distintos requisitos funcionales e incluso asignadas a distintos productos de software. Especificarlas de forma independiente de los requisitos funcionales a los que se aplican contribuye a una mejor gestión de los requisitos (facilidad para modificarlos y reutilizarlos).

En el caso de una secuencia de pasos, su especificación por separado se justifica únicamente cuando dicho comportamiento se comparte con otros requisitos funcionales.

Esto hace que los documentos de requisitos sean más fáciles de adaptar a los cambios, ya que reduce la redundancia de la información.

El ingeniero de requisitos, cuando obtiene la información de los interesados sobre subfunciones, debe ser capaz de identificarlas como tales para investigar en qué requisitos funcionales se inscriben dichas subfunciones. Por otro lado, cuando él es el autor de las especificaciones funcionales, debe identificar las oportunidades, como las descritas, para satisfacer mejor a la gestión de riesgos.

"¡Eso no es un requisito, es una regla de negocio!". Un comentario común es que un requisito en una especificación funcional no es un requisito, sino una regla de negocio.

El comentario es una mala interpretación. Al fin y al cabo, una regla de negocio es un requisito. La intención de este comentario es indicar que esa regla de negocio no es un requisito funcional en el nivel objetivo de usuario, como se describió antes, y, por lo tanto, es una subfunción.

5.10. Requisitos no funcionales

Los requisitos no funcionales describen las limitaciones de orden general de los requisitos funcionales y complementan la especificación del software. El software no solo debe funcionar, sino que debe hacerlo bien. Al describir lo que significa "funcionar bien", los requisitos no funcionales terminan por establecer los niveles de servicio esperados para el software.

Mientras que los requisitos funcionales se refieren específicamente a las tareas de usuario, los requisitos no funcionales indican las restricciones de orden general que abordan aspectos relativos a:

➢ **Medioambiente:** como la interoperabilidad, la seguridad, la privacidad y el secreto.
➢ **Organización:** Por ejemplo, los lugares para el funcionamiento, hardware de destino, la adhesión a las normas
➢ **Implementación:** como plataformas de software, hardware, lenguaje de programación
➢ **Calidad:** por ejemplo, la facilidad de uso, la fiabilidad, el desempeño, la portabilidad y la facilidad de mantenimiento.

Esta relación es sólo ilustrativa de algunos tipos de requisitos no funcionales y no pretende ser una lista completa.

La Figura 5.12 muestra el papel de los requisitos no funcionales en la definición de los niveles de servicio que determinan el diseño de la arquitectura que soporta las capas de software orientadas a cumplir los requisitos funcionales.

Figura 5.12: *Relación entre los requisitos no funcionales y los requisitos funcionales.*

Un aspecto que facilita la identificación de los requisitos no funcionales es que estos tienden a ser constantes entre los proyectos o a cambiar poco de un proyecto a otro dentro de una misma organización. Así que incluso en etapas tempranas se puede obtener una buena visibilidad de los aspectos no funcionales necesarios para el software.

Aunque no es una regla, una característica que suele diferenciar los requisitos funcionales de los no funcionales es que los no funcionales a menudo se manifiestan de manera general sobre el software, mientras que los funcionales, de forma específica. Por ejemplo, la facilidad de uso del software es un requisito no funcional. Una definición como esta, por lo general, se aplicará a todo el software. Los requisitos funcionales abordan tareas concretas que el software realiza; no se extienden a todo el producto.

Otra razón útil para esta distinción es que el requisito no funcional a menudo se atribuye a la parte de arquitectura del software que soportará las funcionalidades.

Para las organizaciones que tienen una metodología madura de desarrollo de software, la identificación de la mayoría de los requisitos no funcionales también se facilita, ya que muchos aspectos técnicos y de calidad están estandarizados por la metodología mediante guías específicas. Por ejemplo: guía de usabilidad, de seguridad y de portabilidad. Por lo tanto, los requisitos no funcionales a levantar en un proyecto tienden a ser menos numerosos que los requisitos funcionales, lo que facilita su gestión.

5.10.1. Requisitos no funcionales y restricciones técnicas

El requisito no funcional es el resultado de la elaboración (opciones) de una solución en particular entre varias posibles. Las restricciones técnicas son limitaciones impuestas externamente a las posibles soluciones. No es algo que se acostumbre a cambiar durante

111

el proyecto; no se negocia. El requisito no funcional puede cambiarse; las restricciones técnicas, no. La restricción técnica implica un requisito no funcional más específico. La restricción está en el dominio del problema y el requisito no funcional en el dominio de la solución.

Para aclarar las diferencias entre ambos:

➢ **Escenario 1:** La restricción indica que la interfaz del software con el usuario debe implementarse en la web. Una opción de interfaz al estilo de una aplicación de Windows queda descartada, pero hay otras posibles. El requisito no funcional establece que debemos definir qué navegadores soportará la aplicación. Si se selecciona Edge, las otras opciones como Chrome o Firefox serían válidas, pero quedan descartadas

➢ **Escenario 2:** La restricción requiere que el navegador admitido sea Chrome. Todas las demás opciones de navegadores quedan descartadas al seleccionar la solución. La posibilidad de elección para el requisito no funcional es más restringida en este caso y podría implicar qué versión del navegador se admitirá.

Se puede apreciar en estos escenarios que las restricciones técnicas también constituyen un subconjunto de los requisitos no funcionales, como se ilustra en la Figura 5.13.

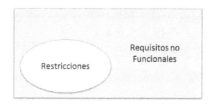

Figura 5.13: Restricciones como subconjunto de los requisitos no funcionales.

5.10.2. ¿Cuál es su importancia?

Varias decisiones de diseño también son resultado de los niveles de servicio definidos en los requisitos no funcionales y muchos proyectos fracasan por no tener en cuenta dichos requisitos.

Imagine un requisito funcional que describa una transacción de retiro de dinero en un autoservicio, con todos sus pasos y las reglas de negocio asociadas implementadas. Hay un evento que provoca la realización de este requisito funcional —por ejemplo, un cliente de un banco que necesita dinero— y un objetivo que se satisfará —actualizar el saldo y obtener el dinero.

Un usuario que intenta retirar dinero no puede interactuar con la máquina de autoservicio. Esta máquina parece estar lista para recibir transacciones, pero tiene pocos botones y no cuenta con pantalla táctil, por lo que se cambia de máquina. Se traslada a otra máquina con pantalla táctil y, en un primer intento, el usuario incumple una regla de negocio. Como resultado, recibe un mensaje de error: "ORA-1403".

De alguna manera, él intuye lo que eso significa (se dio cuenta de que había digitado la cuenta equivocada). Soluciona el problema e inicia una nueva transacción.

Después de tres horas, 24 minutos y 19 segundos, puede realizar el retiro.

Tenga en cuenta que incluso si se cumplen todos los requisitos funcionales, la solución:

➤ No es flexible respecto del tipo de máquina que debe tener una interfaz por toque.
➤ Los mensajes son confusos.
➤ El tiempo de respuesta es intolerable.

"Inflexible", "confuso", "intolerable" son juicios… ¿Cuál es la ley? ¿Considerar lo que es obvio? ¿Obvio para quién? Como no todos son profetas, es mejor no considerar lo que es "obvio".

La clasificación de los requisitos no funcionales en categorías facilita su identificación, desarrollo y validación. Sin embargo, tampoco hay consenso en la literatura sobre la clasificación de los distintos tipos de requisitos no funcionales. A continuación, se presentan dos ejemplos de cómo pueden clasificarse.

5.10.3. FURPS+

Una clasificación simple es referida por la sigla FURPS + que se refiere a:

➤ **Functionality (funcionalidad):** Se centra en los requisitos funcionales.
➤ **Usability (Usabilidad):** Se refiere a la facilidad de uso del software e incluye factores humanos, la estética, la coherencia de la interfaz de usuario, la ayuda en línea y contextual, el uso de asistentes, la documentación y el material de capacitación.
➤ **Reliability (fiabilidad):** Se trata de la integridad, el cumplimiento y la interoperabilidad de software. Incluye aspectos como la frecuencia y la gravedad de la falla, la capacidad de recuperación ante desastres, la previsibilidad, la precisión y el tiempo medio entre fallos.
➤ **Performance (rendimiento):** es la velocidad, la eficiencia, el tiempo de respuesta y el uso de los recursos.
➤ **Supportability (compatibilidad):** extensibilidad, adaptabilidad, capacidad de mantenimiento, compatibilidad, flexibilidad de configuración, escalabilidad, capacidad

de instalación, capacidad de localización (por ejemplo, internacionalización) y capacidad de prueba.

➤ **"+"** se refiere a:

✓ **Restricciones de diseño:** limitan aspectos del diseño de la arquitectura de software.

✓ **Restricciones de implementación:** limitan aspectos de la construcción del sistema.

✓ **Restricciones de interfaz:** restricciones de formato, de tiempo u otros factores que se aplican a dicha interacción.

✓ **Restricciones físicas:** limitaciones del hardware que debe soportar.

5.10.4. ISO/IEC 25010

Otra norma más completa es la ISO/IEC 25010, que define 31 subcategorías distribuidas en ocho categorías de calidad del producto de software/sistema (Figura 5.14). Las categorías son:

➤ **Adecuación funcional:** grado en que un producto ofrece características que satisfacen las necesidades especificadas e implícitas cuando se utiliza en determinadas condiciones.

➤ **Eficiencia de desempeño:** rendimiento de la cantidad de recursos utilizados bajo ciertas condiciones.

➤ **Compatibilidad:** El grado en que un producto, sistema o componente puede intercambiar información con otros productos, sistemas o componentes, o, como alternativa, realizar sus funciones necesarias mientras comparten el mismo entorno de hardware y software.

➤ **Usabilidad:** grado en que un producto o sistema puede ser utilizado por determinados usuarios para alcanzar objetivos específicos de manera eficaz, eficiente y satisfactoria en un contexto de uso determinado.

➤ **Fiabilidad:** grado en que un sistema, producto o componente realiza ciertas funciones bajo determinadas condiciones durante un período de tiempo.

➤ **Capacidad de mantenimiento:** grado de eficacia y eficiencia con el que un producto o sistema puede modificarse por las personas con esa intención.

➤ **Seguridad:** grado en que un producto o sistema protege la información y los datos, de modo que las personas o sistemas tengan el acceso apropiado a sus perfiles y niveles de autorización.

➤ **Portabilidad:** Grado de eficacia y eficiencia con el que un sistema, producto o componente puede ser transferido de un dispositivo, software o sistema operativo a otro.

Cada una de las ocho categorías relacionadas, a su vez, agrega una serie de subcategorías. Por ejemplo, se citó el tiempo de respuesta mencionado de 03:24:19. Un requisito no funcional que establezca que el tiempo medio de respuesta tolerable sea de diez segundos para transacciones interactivas, está incluido en la categoría **eficiencia de desempeño**, específicamente en la subcategoría **comportamiento en el tiempo**, que se define como el grado en el que el tiempo de respuesta y las tasas de procesamiento y flujo de un producto o sistema al realizar sus funciones, satisfacen sus necesidades.

Tenga en cuenta que la norma utiliza "grado". Por lo tanto, es posible establecer no solo el tiempo de respuesta promedio tolerable, sino también el deseable, por ejemplo, de cinco segundos. Con eso, es posible establecer una señal roja para escenarios en los que el tiempo promedio de respuesta sea mayor que diez segundos, una señal amarilla cuando sea mayor que cinco segundos, y una señal verde para escenarios en los que el tiempo promedio de respuesta sea menor o igual a cinco segundos.

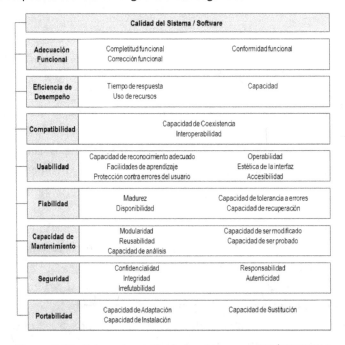

Figura 5.14: *Categorías definidas en la norma ISO/IEC 25010.*

Otra situación se ilustra en el ejemplo que se refiere al mensaje de error ORA-1403. Ciertamente, este tipo de comunicación entre el software y el usuario dificulta la operación. La subcategoría **facilidad de operación** sujeta a la categoría de la **usabilidad** y se describe como:

➢ Grado en que un producto o sistema posee atributos que facilitan su manejo y control.

Un ejemplo de especificación de requisitos no funcionales abordando esa subcategoría podría ser:

➢ El sistema debe mostrar mensajes de error orientados a la tarea, con sugerencias o instrucciones sencillas y constructivas para la corrección de errores, siempre que sea posible, posicionando el cursor en el campo objeto del mensaje y usando términos específicos y un vocabulario neutro.

➢ La información proporcionada por el usuario y que no se relaciona directamente con el problema indicado en el mensaje de error no debería requerir nueva digitación. El mensaje debe señalar el error cometido o la información que falta.

➢ En conjunto con el mensaje de error, el sistema debe presentar un código de error y un camino hacia la solución. No se debe mostrar sólo el código de error.

➢ Un determinado mensaje debe distinguir – con el uso de símbolos específicos para comunicar información al usuario - los siguientes tipos de mensajes:

    ✓ **Error de negocio:** mensajes de error que indican una violación de una regla de negocio.

    ✓ **Error de sistema:** mensajes de error del sistema que indican el estado de materialización en la capa de software antes de la aplicación (software de gestión de bases de datos, software de gestión de la interfaz con el usuario, sistema operativo, controladores de dispositivos).

    ✓ **Mensajes de confirmación**: mensajes con el propósito de protección proactiva que evitan errores en las operaciones críticas de los usuarios.

    ✓ **Mensajes de información:** Mensajes enviados a través de un procesamiento en curso y que no requieren específicamente la acción del usuario para resolver su problema.

Dentro del escenario utilizado como base para explorar los requisitos no funcionales, queda un tema que aún no ha sido tratado: el sistema sólo es compatible con determinados dispositivos (con pantalla táctil). Esa calidad se aborda en la subcategoría de interoperabilidad de la categoría de compatibilidad. Se define como:

➢ Grado en el que dos o más sistemas, productos o componentes puedan intercambiar información y utilizarla.

Un ejemplo común de requisitos no funcionales de ese tipo —**compatibilidad**— es el soporte para diferentes navegadores y versiones de un navegador web (uno de los clientes atendidos por la empresa de los autores llevó a cabo sistemáticamente el desarrollo y la prueba de 33 combinaciones diferentes de navegadores).

En este ejemplo, al igual que en los anteriores, resulta interesante ilustrar el significado de las "restricciones generales". Los tiempos de respuesta y los criterios para los mensajes de usuario no están restringidos a una tarea o un objetivo en particular del usuario, sino que se aplican a todas las transacciones interactivas.

5.10.5. Papel del ingeniero de requisitos

Tenga en cuenta que estos mismos objetivos pueden alcanzarse mediante la especificación del diseño de la arquitectura de la solución; sin embargo, este no es el trabajo del ingeniero de requisitos. Se deben especificar los objetivos que se deben alcanzar y dejar que los profesionales responsables del diseño e implementación tomen las decisiones para las que fueron entrenados, con el fin de lograrlos.

Las categorías presentes en la norma ISO/IEC 25010 y en FURPS+ se proponen para apoyar al ingeniero de requisitos en su actuación proactiva y para evitar problemas ajenos a lo obvio, como se ilustró al inicio de este tema.

En la práctica, es raro que una organización tenga que preocuparse por todas estas categorías de requisitos no funcionales. Por ejemplo, en una empresa se estandarizaron los proyectos de desarrollo de software en una sola plataforma y en un único lenguaje de programación: el IBM mainframe y COBOL. En este caso, la portabilidad ya no es una preocupación para esta empresa. Sin embargo, otra compañía se centra en el desarrollo de la plataforma móvil, por lo que la portabilidad se aborda con mayor prioridad en sus proyectos.

Los dos modelos anteriores pueden utilizarse como fuente de inspiración para que una organización defina las categorías de requisitos no funcionales relevantes para sus proyectos. Establecida la lista, que tendrá el rol de una lista de verificación, lo ideal es definir, para cada elemento, las cuestiones que hay que abordar durante el desarrollo de los requisitos, lo que facilita su levantamiento.

5.11. Requisitos inversos

Un requisito inverso es una declaración, como una proposición negativa, que indica lo que el sistema o el proyecto no hará ni implementará. Puede tener la siguiente forma:

➢ No debe <hacer algo>.

También se ha denominado "fuera del alcance", "sin alcance", "alcance negativo", "requisito negativo", "límites del proyecto" y "exclusiones del alcance". Los profesionales de pruebas no tienen simpatía por este tipo de requisitos porque no son verificables.

Después de todo, todo lo que está fuera de la aplicación es aquello que la aplicación no hace y no es posible probar.

5.11.1. ¿Cuál es su importancia?

La intención de introducir este tipo de requisitos como parte de la estructura de los requisitos de este libro se debe a su función en la clarificación del alcance. Imagínese la situación en la que se agrega un requisito funcional. No se sabe qué tareas se abarcan; sin embargo, se sabe que una en particular está fuera. Luego viene la exigencia inversa, sin el lado negativo destacado anteriormente, tras el cual el requisito agregado cumple la función de definir el requisito inverso, de modo que no se refiere a todo aquello que la aplicación no hace.

El requisito inverso ayuda a gestionar las expectativas de los interesados y evitar crear expectativas poco realistas y, por tanto, posibles reclamaciones futuras.

Aunque los requisitos inversos ayudan a comprender los requisitos del proyecto, siempre se debe priorizar y declarar explícitamente lo que la aplicación hace. El uso de requisitos inversos debe hacerse con moderación. Es decir, la mayor atención debe estar en la especificación del alcance y no en la del no alcance.

5.12. Requisitos de proyecto y requisitos de calidad

La clasificación de requisitos presentada hasta el momento se ajusta a las propuestas de PMBOK® y BABOK®. Sin embargo, vale la pena mencionar que la Guía PMBOK ® cita otros dos requisitos: los de calidad y los de diseño. La definición dada para estos tipos es relevante sólo para el trabajo de gestión de proyectos y no para el de Ingeniería de Requisitos. Sin embargo, es interesante describirlos.

Los requisitos del proyecto indican actividades, procesos u otras condiciones que deben cumplirse. Ellos tienen su foco en los aspectos de la ejecución del proyecto.

Por ejemplo:

➢ Seguir la Metodología de Gestión de Proyectos del SISP (MGP-SISP).
➢ Formar al equipo con al menos el 10% de personas con discapacidad.
➢ Involucrar al departamento de compras en todas las adquisiciones.

Los requisitos de calidad describen la calidad de una entrega del proyecto y no la del producto de software asociado. Por ejemplo, un cronograma puede ser aceptado si cada actividad incluida en su marco analítico cuenta con al menos un responsable. Es decir, los requisitos de calidad se relacionan con los criterios de aceptación de los entregables de la gestión de proyectos.

5.13. Ejercicio

1. A partir de la documentación aportada en el caso de estudio (Anexo I), identificar posibles:
    - ✓ Requisitos de negocio (problemas y/o oportunidades a enfrentar).
    - ✓ Restricciones de negocio.
    - ✓ Limitaciones técnicas.
    - ✓ Supuestos.

2. Marque la opción que menos representa la documentación de requisitos de los interesados:
    a) Acta de la reunión.
    b) Grabación de audio de la entrevista.
    c) Especificación de caso de uso.
    d) Grabación de vídeo de la ejecución de una tarea de negocio.
    e) Fotos con las anotaciones realizadas durante la reunión.

3. Seleccionar la opción que menos representa la documentación de un requisito de la solución.
    a) Acta de la reunión.
    b) Modelo de casos de uso.
    c) Especificación de caso de uso.
    d) Documento de visión.
    e) Diagrama de contexto.

4. Marque la opción que no representa un requisito de la solución ni de la transición.
    a) El sistema emitirá un informe diario de ventas por región.
    b) Las facturas del sistema antiguo deben migrarse al nuevo sistema comercial.
    c) Cuando se registra a un cliente, su identificación debe validarse en el sistema CRM.
    d) El sistema deberá reducir el tiempo de procesamiento del reembolso de los gastos a 2 días hábiles.
    e) El sistema debe ser compatible con los idiomas inglés y español.

5. Seleccione la opción que mejor represente un requisito funcional:
    a) El sistema tiene como objetivo reducir en un 20% el costo del trámite de procesamiento.
    b) Todas las transacciones del sistema deben responder al usuario en un máximo de 1 segundo.
    c) El sistema debe contar con una interfaz de usuario responsiva para dispositivos móviles.

d) El gerente de compras elige la oferta más ventajosa para la adquisición.

e) La emisión del certificado sólo se autorizará a los empleados con permisos de nivel jefe.

6. ¿Cuáles son los tres niveles de granularidad en los que se puede encontrar un requisito funcional?

   a) Segregador, usuario y subfunción.

   b) Transición, funcional y no funcional.

   c) Usuario, agregado y subfunción.

   d) No usuario, funcional y agregado.

   e) Usuario, funcional y agregado.

7. ¿Qué es correcto afirmar acerca del requisito funcional del objetivo de subfunción?

   a) Está en el nivel de procesos de negocio.

   b) Cubre los pasos y los requisitos de negocio.

   c) Puede representar un conjunto de pasos.

   d) Se relaciona con una única tarea de usuario.

   e) Debe ser completo y no requerir una etapa anterior ni una posterior para que un usuario alcance su objetivo.

8. ¿Qué no es correcto decir acerca del requisito funcional del objetivo de usuario?

   a) Satisface al usuario en su término.

   b) Representa una regla de negocio.

   c) Está a cargo de un solo individuo.

   d) Describe una historia de intercambio de información entre el usuario y la solución para alcanzar un objetivo específico.

   e) Permite evaluar objetivamente el alcance en términos de tareas que se automatizarán, a diferencia de los requisitos descritos en el nivel agregado, que no permiten identificar con claridad cuáles de sus partes se automatizarán o no.

9. Los requisitos que se describen a continuación están relacionados con un sistema de seguridad de puertos cuyo objetivo es controlar la entrada y salida de personas y vehículos en la zona portuaria. Este sistema es necesario para cumplir con el Código Internacional de Seguridad de Buques e Instalaciones Portuarias (ISPS, por sus siglas en inglés, *International Ship and Port Facility Security Code*). El Código ISPS establece ciertas reglas que hacen que los buques y las instalaciones portuarias sean más seguros. Es un estándar estadounidense que exige la trazabilidad en la zona portuaria para prevenir ataques terroristas. Entre las medidas adoptadas, podemos destacar:

   ➢ El establecimiento de un mayor control de la entrada y salida de personas y vehículos en la instalación portuaria.

   ➢ Delimitación de los límites del puerto.

➢ Instalación del sistema de vigilancia de los límites del perímetro del puerto y del muelle.

➢ Necesidad de registro de personas y vehículos que ingresan a la instalación portuaria.

También prescribe el código que un buque informará sobre los últimos diez puertos visitados antes de llegar al puerto. Si alguno no está certificado conforme al Código, se podrán adoptar medidas de seguridad adicionales, tales como la inspección de la nave o su colocación en cuarentena, lo que provocará retrasos en el funcionamiento del buque y graves daños financieros. Dado que el comercio marítimo internacional es una industria altamente competitiva, los buques que operan en él evitarían los puertos que no están certificados conforme al Código ISPS.

Para cada requisito funcional se describe a continuación el sistema de seguridad portuaria; seleccione la correspondiente clasificación en cuanto a su nivel de granularidad:

➢ **Objetivo agregado:** procesos de negocio o conjunto de tareas.

➢ **Objetivo de usuario:** una tarea específica.

➢ **Objetivo de subfunción:** reglas o pasos para realizar una tarea.

Requisito	Granularidad
1. Controlar la entrada y la salida de personas y vehículos en la instalación portuaria.	
2. Programar la liberación de la entrada de un visitante.	
3. Comandar la liberación del torniquete para la entrada de un visitante.	
4. Proporcionar informes de gestión de incidentes.	
5. Sólo los administradores pueden registrar un incidente con un retraso superior a 15 días.	
6. Al registrar la entrada de un vehículo, validar si la placa es válida.	
7. Gestionar el registro de puertos certificados conforme a la norma ISPS.	

10. Clasifique cada requisito del sistema de seguridad portuaria en:

➢ **Requisito de negocio (NEG):** metas y objetivos de la organización, motivación del proyecto (problemas u oportunidades a aprovechar).

➢ **Requisito funcional de la solución (RF):** Tareas y servicios que ofrece el sistema (lo que hace el sistema).

- ➤ **Requisito funcional no funcional de la solución (RNF): Aspectos de calidad, técnicos, ambientales y normativos (cómo se entregarán las funciones).**
- ➤ **Requisito de transición (RT):** Permite que la nueva solución entre en plena operación.

Requisito	Tipo
1. Los funcionarios solo acceden a la zona portuaria durante su horario de trabajo.	
2. La identificación de visitantes y empleados para el acceso se realiza mediante biometría (huella digital).	
3. El tiempo para liberar el torniquete no debe exceder 2 segundos.	
4. Los datos de los visitantes ya registrados se migrarán al nuevo sistema.	
5. La empresa debe cumplir con la norma de seguridad ISPS.	
6. Cada vez que un visitante ingrese a la zona portuaria, el sistema debe enviar un correo electrónico al responsable de la visita. El correo electrónico debe incluir el nombre del visitante, la fecha y la hora de entrada.	
7. El periodo máximo de inactividad del sistema es de diez minutos por día.	
8. El sistema debe minimizar la posibilidad de incurrir en multas por parte de la Autoridad Portuaria por no informar de inmediato de los incidentes.	
9. El sistema debe ofrecer una interfaz de usuario compatible con los idiomas: inglés y español.	
10. Los informes del sistema deben estar disponibles en los formatos PDF y HTML.	

6. Actividades de la Ingeniería de Requisitos

"La luz precede a cada transición. Sea la luz al final del túnel, a través de las
rendijas de las puertas o en el resplandor de una idea que siempre está ahí,
anunciando un nuevo comienzo."
Teresa Tsalaky (El Testigo de transición)

En este capítulo se describe una visión de la Ingeniería de Requisitos a partir de la división del trabajo en tareas que comparten un conjunto común de habilidades y responsabilidades. No se aborda la ingeniería de requisitos en el ámbito de un proceso o de una metodología específica. Se utiliza un proceso genérico definido en términos de diferentes propósitos de información asociados a los hitos que delimitan sus fases. Por lo tanto, la información no se presenta necesariamente limitada a una metodología, un enfoque o un proceso de desarrollo en particular.

Presenta las actividades de gestión, de elicitación y de análisis de requisitos, y cómo interactúan entre sí. Destacando el análisis de factibilidad, realizado antes del inicio del proyecto, y que cumple el rol de puente para el trabajo y las actividades de ingeniería de requisitos, ordenados en una espiral de construcción del conocimiento para aumentar el nivel de información disponible. Cada espiral tiene su origen en un punto determinado. En este capítulo se le presentarán las técnicas de análisis útiles para alcanzar este fin.

6.1. Un único tema, diferentes puntos de vista

La producción de la Ingeniería de Requisitos puede describirse desde diferentes perspectivas. Una de ellas es la visión colaborativa, presentada en el Capítulo 1, que se utiliza para describir los procesos de desarrollo. En ella se hace hincapié en la descripción de un proceso de referencia general que ordena las actividades para que el trabajo pueda subdividirse entre los distintos profesionales o entre los mismos profesionales en distintos momentos.

El profesional que desempeña una de esas actividades de Ingeniería de Requisitos produce resultados que deben ser objeto de evaluación de la calidad, tanto en aspectos internos como en externos, incluso de forma preliminar. Se trata de identificar los errores tempranos para evitar su propagación e intensificar los efectos negativos a medida que avanza el trabajo. Una vez aceptados, los resultados sirven como entradas para otras actividades.

El desarrollo de software termina cuando se alcanza el objetivo del proceso: se entrega un producto de software completo, totalmente operativo y que cumple con éxito las necesidades del negocio que motivaron el cambio. Si el desarrollo se ha completado en la primera versión del producto, se establece su base de referencia y se inicia su mantenimiento. Si el desarrollo se ha referido al mantenimiento de un producto con una línea de base previa, entonces se establece una nueva línea de base.

El proceso debe contar con una guía que describa los insumos necesarios, los pasos a seguir, las reglas aplicables y los productos entregados. Esta guía debe ser lo suficientemente flexible como para que el trabajo total pueda subdividirse en partes más pequeñas, abordando ciclos de desarrollo que reciben nombres como iteraciones, olas, ciclos o sprints. La Figura 6.1 ilustra un hito (basado en Kanban) que aporta visibilidad sobre los avances en la observación de un procedimiento de referencia.

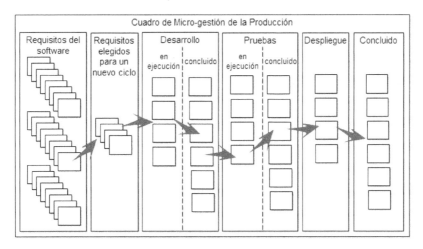

Figura 6.1: *Ejemplo de cuadro Kanban que permite visualizar el progreso del desarrollo a lo largo del proceso.*

Los desafíos para describir la producción de la Ingeniería de Requisitos desde esta perspectiva son dos. La primera es la complejidad requerida para que la definición de este proceso sea lo suficientemente amplia como para ser aplicable a una gama de casos individuales. Su descripción corre el riesgo de convertirse en algo tan general que deja de ser directamente aplicable a los casos particulares y requiere una actividad previa para establecer el proceso en sí, como el Proceso Unificado.

El segundo desafío se refiere a la mayor o menor orientación del proceso hacia la planificación o hacia el cambio. Según el "espíritu de los tiempos", hay momentos en que los objetivos definidos a inicios del desarrollo buscan mayor orientación al planeamiento, de modo que se alcanzan niveles más altos de predictibilidad. Ya en otras ocasiones, lo que se busca es la velocidad para responder a los cambios durante el desarrollo. El cambio entre estas dos tendencias es cíclico. Oscila entre estas dos polaridades en una secuencia de flujo que busca adoptar medidas en una dirección y, a la vez, contraflujos que promueven el movimiento en la otra.

Estas tendencias no se limitan a una moda de un determinado momento, sino que también se relacionan con el grado de complejidad técnica y de gestión asociado al desarrollo, lo que puede promover una mayor orientación hacia la planificación o el cambio. Esto afecta, sin duda, a la forma en que se definen y se utilizan los procesos de desarrollo (incluso a la Ingeniería de Requisitos).

Describir las actividades de Ingeniería de Requisitos desde una perspectiva desvinculada de un proceso en específico y poner énfasis en las mejores prácticas facilita la asimilación del tema. El interesado se amolda de manera más concreta debido a la composición del desempeño en una tarea específica. Por otro lado, no ve dónde encajan los resultados intermedios en una secuencia más amplia que ofrezca un valor final para el negocio, lo que puede propiciar la pérdida de interés.

Para mitigar este riesgo, el sujeto se expondrá al uso de un proceso genérico, que no está destinado a cumplir específicamente el papel de una metodología de desarrollo completa, sino, más bien, a servir como referencia general al hablar de una actividad dentro de la Ingeniería de Requisitos.

Para ello se utiliza el mapeo basado en el COCOMO II, resultado de la compatibilidad entre distintos tipos de estrategias de desarrollo. No se pueden ignorar las repercusiones del manifiesto ágil en el mercado actual. Por lo tanto, esta asignación debe incluir también el posicionamiento de esta lógica ágil. Se utiliza el SCRUM como referencia, ya que es una de las metodologías ágiles más utilizadas.

La Figura 6.2 muestra esta correspondencia entre sus fases y los objetivos generales de la información a su fin y hace hincapié en los momentos de mayor actividad de la Ingeniería de Requisitos en comparación con los de otras disciplinas de Ingeniería de Software.

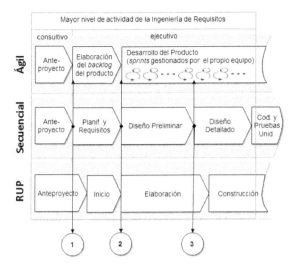

Figura 6.2: *Compatibilidad entre diferentes estrategias, basada en los resultados obtenidos a lo largo del tiempo, como un modelo general de referencia para el proceso.*

Este mapeo destaca tres etapas, que se describen mejor en el capítulo, y su posición en relación con los diferentes procesos o estrategias de desarrollo ilustrados. Le damos nombres a los mismos para facilitar su referencia en el texto:

1. Hito de definición de las necesidades.
2. Hito de consenso sobre el alcance.
3. Hito de detalle de los requisitos.

En el proceso general utilizado, las primeras etapas de las actividades de ingeniería de requisitos tienen carácter consultivo, dado que la responsabilidad en este punto se asocia con la función de planificación y no específicamente con el desarrollo. Estas actividades adquieren una connotación ejecutiva una vez que se entra en el desarrollo efectivo.

6.2. Primer hito: Definición de las necesidades

Desde el punto de vista de la adquisición de todo el desarrollo, el trabajo previo a la definición de las necesidades consiste en preparar una propuesta.

Independientemente del enfoque en la contratación o en el desarrollo interno, esta primera fase consiste en preparar un proyecto o un estudio de factibilidad. El caso de negocio también es un producto típico.

A pesar de que son diferentes documentos, capturan en común:

a) Requisitos de negocio - los objetivos que el software debe lograr cuando entra en operación
b) Interesados clave
c) Alcance para el desarrollo del software y un concepto de operación definido y aprobado.

Este último elemento debe establecer la segregación: lo que será manual, lo que será responsabilidad del software y, finalmente, lo que será destinado al hardware.

En esta etapa, los gerentes de empresas, a menudo apoyados por profesionales de la tecnología de la información, analizan las situaciones de negocio e identifican los problemas que deben resolverse o las oportunidades que deben aprovechar. Todo desarrollo de software debería empezar únicamente después de un estudio de factibilidad, para que la inversión esté alineada con las decisiones de los administradores de la organización.

Cuando se elabora apropiadamente el estudio de factibilidad, se proporciona información que facilita el trabajo de la ingeniería de requisitos, principalmente el resultado de cuatro tareas principales:

➤ Establecer las necesidades del negocio.
➤ Identificar a los interesados.
➤ Definir los casos de negocio.
➤ Definir el alcance de la solución.

La primera es **definir las necesidades de negocio**. Se identifican y definen los requisitos de negocio, tratados en el Capítulo 5.

La segunda consiste en **identificar a los interesados**. Se trata de identificar, incluso de forma preliminar, las partes que se verán afectadas o que afectan al proyecto. En este caso, lo que interesa es identificar un subconjunto de la lista: los que influyen en los requisitos del software.

La tercera tarea consiste en **definir los casos de negocio**. Se declaran los objetivos y las medidas de éxito de un proyecto. También determina si la solución propuesta justifica la inversión. Abordan:

➤ Beneficios cuantitativos y cualitativos (financieros o de otro tipo)
➤ Métodos racionales para cuantificar los beneficios y los costos.
➤ Presupuesto y flujo de efectivo esperado
➤ El tiempo de retribución y el beneficio esperado
➤ Oportunidades y amenazas (riesgos)

➢ Las restricciones y supuestos.

Por último, la cuarta tarea es **definir el alcance de la solución**, de manera detallada suficiente, para que los interesados comprendan las nuevas capacidades de la empresa y las versiones que se entregarán en cada iteración del proyecto. Se debe organizar la información en relación con las principales características y funciones que deben incluirse y las interacciones que la solución propuesta tendrá con personas y otros sistemas:

➢ Las principales dependencias técnicas y de negocio.
➢ Las unidades de negocio que participarán.
➢ Los procesos de negocio que se mejorarán (o rediseñarán) y sus propietarios.
➢ Los sistemas de información y otras tecnologías son propensos a sufrir afectaciones.

Cuando se toman esas decisiones y la información está organizada en documentos que permiten una visión compartida entre los interesados, se alcanza el hito de definir las necesidades.

Es posible iniciar el desarrollo incluso sin haber alcanzado este hito; sin embargo, no es lo deseable. La falta de comprensión de la organización de los objetivos del producto y del desarrollo simultáneo de los procedimientos operativos reducirá la productividad del desarrollo de software. Estos efectos son exponenciales y, cuanto mayor sea el tamaño del desarrollo, mayor será el impacto de la falta de estas decisiones e información sobre la velocidad de desarrollo. En caso de que sea inevitable, deberá considerarse un esfuerzo adicional en el presupuesto.

6.2.1. Las actividades de la Ingeniería de Requisitos

A partir del hito de definición de las necesidades de negocio descrito anteriormente, se inicia el desarrollo. A lo largo de su extensión, la Ingeniería de Requisitos añade tres grupos de actividades contextualizadas en la Figura 6.3. Son ellos:

➢ Gestión de Requisitos.
➢ Elicitación de requisitos.
➢ Análisis de Requisitos.

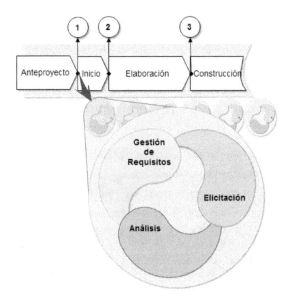

Figura 6.3: Tareas de la Ingeniería de Requisitos.

Las actividades de gestión de requisitos (tratadas en el Capítulo 9) tienen como objetivos principales:

a) Determinar la mejor manera de comunicar los requisitos y retener el conocimiento adquirido para su uso futuro.
b) Administrar conflictos, problemas y cambios con el fin de asegurar un acuerdo sobre el alcance de la solución.
c) Priorizar requisitos.

Las actividades de elicitación de requisitos abarcan la selección de técnicas de recolección de información, la identificación y comprensión del dominio, los requisitos de negocio, los interesados y sus necesidades, la solución y los requisitos de transición. Va más allá de la simple recopilación de requisitos, ya que identifica proactivamente los requisitos adicionales no previstos expresamente que afectan al desarrollo del producto final y de diversos productos intermedios. Genera las memorias de levantamiento como resultado. El capítulo 7 explora en profundidad la elicitación de requisitos.

Los resultados de las actividades de elicitación aún esconden conflictos que deben resolverse, como optimizaciones por explotar y la necesidad de un análisis más detallado, una vez obtenida tal información.

Este trabajo es el objeto de análisis de requisitos, cuyo cumplimiento promueve la documentación, la organización, el modelado, la clasificación de la información en grupos coherentes, así como la verificación y la validación de los requisitos. El capítulo 8 analiza en detalle estas actividades.

6.3. Segundo hito: Consenso sobre el alcance

El objetivo principal de realizar actividades de Ingeniería de Requisitos al inicio del desarrollo es comprender el problema a resolver.

Además, elabora información a partir de la búsqueda de un consenso sobre el conjunto adecuado de requisitos. Esto requiere el establecimiento de una visión compartida y el registro de las conclusiones sobre dicha visión, de modo que puedan ser confirmadas tanto por las partes como por el poder legítimo para tal fin.

Evaluar si el hito del **consenso del alcance** en el proceso general de referencia fue satisfecho, requiere que se definan:

➢ Las necesidades de negocio, en términos específicos y mensurables, en relación con las principales restricciones y supuestos.
➢ Las entidades más importantes que interactúan con el sistema (de manera activa o pasiva) y el punto de partida para la identificación son típicamente los interesados y los sistemas de información propensos a ser afectados por el desarrollo.
➢ Los eventos más importantes para los que el sistema debe responder. Deben describirse en una a tres líneas. Los considerados de alta prioridad por los clientes o de alto riesgo por el equipo de desarrollo deben incluir una descripción paso a paso del flujo básico de la información asociada a cada uno de ellos. Se recomienda aplicar la regla 80/20 para determinar cuáles son los elementos más importantes de la lista anterior. Esta regla, también conocida como principio de Pareto, establece que el 80% de las consecuencias provienen del 20% de las causas.
➢ Los términos importantes en un glosario. Cuando existen relaciones específicas entre los conceptos clave cuya captura es esencial, estas deben documentarse y analizarse en un modelo de dominio complementario al glosario.

6.4. Tercer hito: Requisitos detallados

A partir del hito de consenso sobre el alcance, el principal objetivo es crear una arquitectura que sirva como punto de referencia para todo el desarrollo. Este no es el objeto de la Ingeniería de Requisitos. Sin embargo, para desarrollar esta arquitectura, se requiere un análisis de los requisitos más significativos (los que tienen un gran impacto en la arquitectura del sistema) y una evaluación de los riesgos asociados.

El hito de requisitos detallados se alcanza cuando la visión y los requisitos del producto son estables. Se identifican todos los eventos para los cuales el producto debe proporcionar respuestas, así como todas las entidades que interactúan con ellos. Las especificaciones —que describen en detalle el comportamiento esperado del producto— han completado aproximadamente el 80% y el 20% restante se encuentra en desarrollo. Los niveles de servicio que el producto debe ofrecer están definidos. Hay un acuerdo entre los interesados sobre la adecuación de este y los fines que debe cumplir el producto.

6.5. Técnicas para obtener consenso en el alcance

A continuación, se presentan las técnicas útiles para alcanzar el consenso sobre el alcance.

6.5.1. Técnica: Declaración del problema

El lienzo de modelo de negocio (*Business Model Canvas*) es una herramienta estratégica que permite describir, diseñar, registrar, inventar e impulsar un modelo de negocio en una sola página. Desde entonces, la idea de crear un esquema para estructurar las ideas ha proliferado tanto en la gestión de proyectos como en el desarrollo de sistemas.

La declaración de problema cumple el papel de proveer un esquema genérico para apoyar a la organización y validar el trabajo de refinamiento de las declaraciones genéricas, que comúnmente describen las necesidades de negocio. A diferencia de cuando se parte de una página en blanco, hay orientación práctica y criterios de calidad asociados a la estructura del enunciado del problema.

Un uso equivocado común de esta técnica es cuando se rellena el modelo como un fin en sí mismo y simplemente se transcribe la información de la petición original con las necesidades del negocio, sin que se alinee con los objetivos antes mencionados — que definitivamente no son generar otra hoja de papel.

La declaración de problema establece la necesidad de negocio con el objetivo de cumplir con los criterios de calidad SMART descritos en el Capítulo 5. En él se identifican los principales interesados y se describe brevemente el impacto de las necesidades de negocio en ellos.

La declaración de problema ayuda a estructurar la "charla del cliente". Un ejemplo se muestra en la Tabla 6.1.

El problema	La planificación y control del atendimiento ambulatorio en las clínicas médicas son hechos manualmente y de manera ineficiente.
Afecta	Clientes, médicos y recepcionistas.
El impacto	Los clientes esperan más tiempo del necesario y con frecuencia sus consultas son canceladas al tener citas marcadas en paralelo con un determinado médico. Este tiene su tiempo subutilizado y el flujo de caja es perjudicado por problemas operativos en la facturación con los planes de salud.
Una solución para ser exitosa debe	Impedir la sobrexposición de agendas; apuntar la identificación de horarios disponibles en tiempo hábil para buscar eliminarlos y en acuerdo a un plan general de atendimiento definido para cada profesional; Proponer agendas alternativas para uso de la disponibilidad de manera proactiva por parte del recepcionista. Reducir los errores en la documentación enviada para facturación a las empresas de planes de salud al límite de 10% del volumen total de servicios facturados.

Tabla 6.1: Ejemplo de información sobre el dominio del problema expresado como una declaración de problema.

➢ **Problema:** La descripción del problema, aunque tenga ese nombre, no necesariamente se refiere a una cuestión por resolver. También puede indicar una oportunidad para aprovechar. Se debe tratar de extraer toda la información accesible y describir con precisión el problema que motivó el proyecto.

➢ **Afecta:** Una de las principales preocupaciones en la ingeniería de requisitos es identificar a las personas adecuadas. A continuación, se deben levantar estas cuestiones que tienen un dominio formal o informal. Un excelente primer paso es identificar las funciones de negocio que sufren el impacto del problema o que tienen interés en aprovechar la oportunidad de estudiar. **Impacto:** En este espacio se describen los efectos de no resolver el problema o de no aprovechar la oportunidad declarada al inicio.

➢ **Una solución exitosa debe describir lo necesario para que sea efectiva, o sea, para cumplir** su propósito. Por lo tanto, se puede comparar lo que se ofrece en términos de resultados con los beneficios clave descritos.

Estos son los criterios de éxito para evaluar los resultados de la entrega. El interés es describir los beneficios que se deben alcanzar con el cambio; no los medios para alcanzarlos. Éstos últimos son el resultado de las decisiones tomadas durante su desarrollo. Limitar las opciones cuando el propósito es mapear las necesidades de negocio no aporta ningún beneficio.

6.5.2. Técnica: Modelado del Alcance (modelado ambiental)

El propósito del modelado de alcance es identificar los límites apropiados del sistema en fase de desarrollo. Estos límites son, básicamente, lo que es interno y lo que es externo al sistema. Los medios más comunes para este propósito son:

➤ Diagrama de contexto.
➤ Diagrama de casos de uso.
➤ Modelo de proceso de negocio.

6.5.3. Técnica: Diagrama de Contexto

El diagrama de contexto (que se muestra en la Figura 6.4) modela el entorno en el que se integra el sistema y lo representa como un único proceso. Indica los elementos externos con los que interactúa el sistema. La naturaleza de esta interacción es el intercambio de información, consumida o producida; no es el flujo de materiales ni el de orden físico. El diagrama de contexto no contempla el procesamiento asociado a los flujos de datos.

Permite identificar las relaciones del sistema con otros procesos, áreas funcionales, clientes y proveedores. El diagrama delimita, a grandes rasgos, lo que forma parte del ámbito del sistema y lo que está bajo la responsabilidad de otros sistemas. No se pretende describir específicamente qué transacciones deben llevarse a cabo. Esta información todavía debe ser revelada a partir de los límites del modelado del ambiente.

Es un diagrama de flujo de datos (DFD) desarrollado en su nivel más alto de abstracción. El propósito del DFD en este texto es modelar el medio ambiente tal como se describe anteriormente. No es el punto de partida para la descomposición funcional con el fin de elaborar la especificación de requisitos.

Sus elementos son:

a) Las entidades externas
b) Los depósitos de datos externos también
c) Flujos de datos que indican el intercambio entre el sistema y los dos últimos.

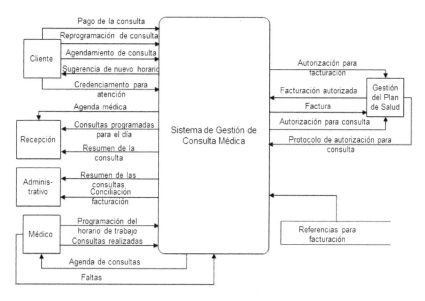

Figura 6.4: *Diagrama de flujo de datos de nivel cero, similar al diagrama de contexto.*

6.5.3.1. Entidades externas

Las entidades externas deben tener su propio comportamiento desde la perspectiva del responsable del proceso. Este comportamiento culminará con un estímulo de la entidad externa para que el sistema haga algo o con la respuesta de la entidad externa a un estímulo originado por el sistema. Es el comportamiento de:

➢ Personas.
➢ Representantes de las organizaciones, de los procesos de negocio o de las áreas funcionales.
➢ Otros sistemas de información.
➢ Dispositivos.

Las entidades externas, al interactuar con el sistema, desempeñan un papel. El término equivalente a la entidad externa en la UML se llama "actor". El comportamiento asociado a entidades externas no debe estar vinculado a un requisito de almacenamiento.

Las entidades externas tienen el propósito de clasificar un grupo de personas u objetos que interactúan con el sistema. Los clasificados como tal comparten:

➢ La división del trabajo en diferentes roles.
➢ Un conjunto específico de habilidades y conocimientos.
➢ Algunas responsabilidades y relaciones.

Uno de los objetivos al realizar las actividades de elicitación en esta etapa del desarrollo es generar conocimiento sobre las entidades externas. De hecho, esto es necesario para alcanzar el consenso sobre el alcance.

Al elaborar el diagrama de contexto es posible identificar brechas de información y nuevas actividades de elicitación que deben llevarse a cabo con el fin de superar estas deficiencias. El resultado de este trabajo facilita el ejercicio de la ingeniería de requisitos a lo largo de todo el desarrollo.

6.5.3.2. Depósitos de datos

Los depósitos de datos (o archivos) en el diagrama de contexto se supone que representan los requisitos de almacenamiento en conceptos de negocio mantenidos externamente que sólo son referenciados por el sistema en análisis. Si hay una actualización de datos por parte del sistema, dichos datos serían considerados internos del mismo.

Cabe destacar que el término "archivo" en esta definición no se refiere a soluciones de tecnología de la información que implementan requisitos de almacenamiento externos en un medio físico, como tablas de bases de datos o archivos XML/JSON. El término se refiere a un concepto de negocio en el que el sistema debe recuperar los datos. El concepto de negocio da cohesión a un conjunto de datos relacionados entre sí, que describen:

a) Su estructura.
b) Su comportamiento.
c) Sus interrelaciones.

La fuerza que proporciona la cohesión de este conjunto de datos en torno a un concepto de negocio se denomina dependencia funcional.

Los propósitos de un almacén de datos en un diagrama de contexto son:

➤ Datos suplementarios manipulados por el sistema que requieren referencias externas para su calificación.
➤ Validar los datos retenidos por el sistema con base en los datos obtenidos externamente.
➤ La subvención de los cálculos y de la evaluación de las condiciones procesadas a partir de la recuperación de datos externos.
➤ Organizar los datos necesarios para el procesamiento del sistema en unidades cohesivas, conforme a los criterios establecidos externamente.

6.5.3.3. Conclusión

El propósito del diagrama de contexto es representar el entorno en el que se desenvuelve el software y sus principales flujos de datos, sin considerar su procesamiento interno. Una vez que se obtuvo el consenso entre los interesados en el contexto representado en el diagrama, es poco probable que deba actualizarlo posteriormente.

La aparición de un nuevo actor o de algún flujo de datos crítico que indique un nuevo macroproceso hasta ahora fuera del sistema implica un cambio en los supuestos básicos establecidos. Como parte del tratamiento de este cambio, la actualización del diagrama de contexto se justifica como medio para facilitar el nuevo consenso.

A partir del diagrama de contexto, se puede identificar más fácilmente a los interesados para levantar requisitos y validar el ámbito del sistema, basado en el procesamiento de información entre el ambiente interno del sistema y los usuarios externos.

No es necesario seguir estrictamente el vocabulario gráfico del DFD en cualquiera de los ámbitos más conocidos (GANE-Sarson, 1979; DEMARCO, 1979). De hecho, los autores de este libro consideran que el uso más eficaz son las representaciones como la de la Figura 6.5, donde no hay tanto énfasis en los detalles de los flujos de datos y la intención principal es poner de relieve los macroprocesos incluidos en el ámbito del desarrollo.

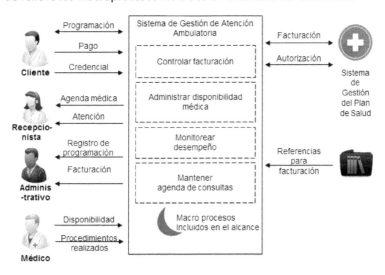

Figura 6.5: *Un diagrama de contexto estilizado, con menos énfasis en los flujos de datos específicos, para ilustrar los macroprocesos del ámbito de aplicación.*

6.5.4. Técnica: Diagrama de Casos de Uso

En este tema, la intención es discutir el papel de un diagrama de casos de uso para modelar el alcance en la etapa inicial del desarrollo; no se pretende abordarlo de forma exhaustiva, como se hace en el Capítulo 8.

El objetivo de un diagrama de casos de uso es describir quién hace qué en el sistema. Representa visualmente:

➢ Los eventos para los cuales el sistema debe proporcionar una respuesta se realizan mediante la identificación, por un actor, de los casos de uso del sistema, cada uno asociado a una tarea bajo su responsabilidad y que se beneficia de los resultados entregados por el sistema.
➢ Las entidades externas con las que el sistema debe interactuar: actores en los casos de uso del sistema.
➢ La relación entre estos dos elementos.

El diagrama de casos de uso no entra en detalles acerca de:

a) Las secuencias de pasos necesarios o posibles para proporcionar una respuesta al evento que lo motivó.
b) Las reglas de negocio aplicables.
c) La secuencia de los casos de uso que deben realizarse para cumplir con un proceso de negocio.

La Figura 6.6 ilustra un diagrama de casos de uso.

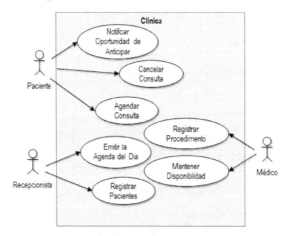

Figura 6.6: Recorte de un diagrama de casos de uso para una clínica médica.

En paralelo al diagrama de contexto, la Figura 6.5 ilustra que ambas herramientas tienen el mismo propósito: indicar quiénes son los actores con los que debe interactuar el sistema. Por un lado, el diagrama de contexto muestra las principales características del sistema a través de flujos de datos; por otro, el diagrama de casos de uso lo hace con base en la identificación de los casos de uso del sistema por parte de un actor. La diferencia se debe a que el diagrama de casos de uso no representa los requisitos de almacenamiento externos al sistema.

En su etapa final, cerca del hito de **detalle de requisitos**, la mayoría de los casos de uso del sistema se encuentran en la granularidad de una tarea o de un servicio para el que el actor es responsable. Es un nivel de detalle del alcance con el que se puede apuntar específicamente en qué tareas el actor debe contar con un caso de uso del sistema.

Lo más probable es que, en la transición del hito de definición de necesidades al de consenso del alcance, los casos de uso identificados sean macroprocesos que añaden objetivos de colaboración e incluyen diversas tareas cuyo contenido específico no se conoce con certeza, ya que estarán fuera del ámbito de aplicación. Entonces, en términos de propósito, los casos de uso del sistema identificados en este punto del desarrollo de los requisitos tienen el mismo propósito que los flujos de datos en un diagrama de contexto.

Si el diagrama de casos de uso se utiliza para modelar el medioambiente en una etapa temprana del desarrollo, entonces reflejará una imagen que aún no especifica en qué tareas del actor debe incluirse un caso de uso del sistema. Por lo tanto, este asume distintos estados de evolución. Su calidad debe evaluarse según el momento en que se produce o se actualiza y según los objetivos asociados a los distintos momentos del ciclo de vida del software. Se debe actualizar en la medida en que se tomen decisiones sobre qué tareas serán objeto de automatización y, en consecuencia, se identifiquen nuevos casos de uso.

La intención no es recomendar que el trabajo de elicitación siga una lógica de descomposición funcional. La intención es destacar la necesidad de actualizar los diagramas de caso de uso a medida que evoluciona el desarrollo de los requisitos.

6.5.5. Técnica: Modelo de Proceso de Negocio

Esta explicación se limita a los fines del modelo de proceso de negocio en el contexto de la iniciación del desarrollo, como medio para modelar el entorno en el que el software formará parte y para ayudar a identificar a los interesados en la elicitación de requisitos.

Un modelo de proceso de negocio implica representar el estado del negocio (actual o futuro) y los recursos involucrados, como las personas, la información, las instalaciones, la automatización, las finanzas y la energía. Como se utiliza para representar con mayor precisión el funcionamiento de lo que se está modelando, se requieren más datos sobre el proceso y los factores que afectan su comportamiento. La Figura 6.7 ilustra un modelo de procesos de negocio.

Es un modelo de alto nivel para los procesos de negocio. Se dice de alto nivel porque no pretende describir el paso a paso de cada tarea. Su análisis permite identificar qué actores asumen qué tareas y cómo se relacionan entre sí para alcanzar los objetivos del proceso de negocio. No se limitan a representar solo las tareas que incluyen los casos de uso del sistema por parte del actor; también incluyen tareas manuales. En el vocabulario del modelado de negocios, una tarea manual es aquella que no es ejecutada ni gestionada por un sistema de información automatizado que implementa un proceso de negocio.

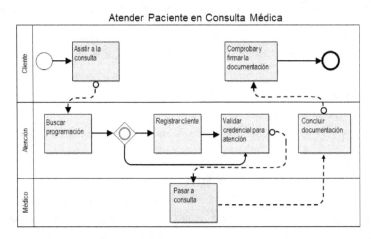

Figura 6.7: *Ejemplo de modelado de procesos de negocio.*

El modelo de proceso de negocio también es un modelo ambiental e integra diversas áreas funcionales, sistemas e incluso otras organizaciones que interactúan con el proceso. En él se identifican las responsabilidades de estos distintos elementos.

Los tres tipos de elementos básicos del modelado que merecen mayor énfasis en etapas tempranas del desarrollo son:

➤ **Actividad:** es el trabajo realizado en algún momento del proceso.
➤ **Flujo:** es la secuencia de actividades desde el principio hasta la finalización del proceso.
➤ **Partición**: Es quien se encarga de las actividades de esta etapa del proceso.

6.6. Cómo saber con quién hablar

La identificación preliminar de los interesados se realiza en el anteproyecto y su refinamiento es una de las primeras actividades del desarrollo. La Ingeniería de Requisitos se aprovecha de esta información para identificar el subconjunto de interesados más relevante para sus objetivos.

Al elaborar o analizar una declaración de problema como en la Tabla 6.1, se debe prestar atención a cualquier persona que se vea afectada por el problema o la oportunidad. En la declaración del problema se presenta una función general, no un individuo en particular. Por tanto, se debe averiguar, a través de los interesados clave, quiénes tienen la autoridad y pueden dar cuenta de este papel en el desarrollo de los requisitos. Esta investigación no debe limitarse a las funciones destacadas en la sección sobre el impacto; también debería examinar las demás secciones con el mismo objetivo.

Todos los demás modelos que se presentan en este capítulo también proporcionan elementos para orientar la investigación sobre quiénes deben ser entrevistados u otros documentos que deben analizarse para el mejor cumplimiento de los requisitos. En los diagramas de contexto hay entidades externas; en los diagramas de casos de uso, actores; y en los modelos de procesos de negocio, particiones.

El alcance descrito en la etapa de iniciación del desarrollo no contempla una serie de decisiones que aún deben tomarse para contar con la especificidad necesaria para el desarrollo. Sin embargo, saber que no se tiene conocimiento de algo es un buen punto de partida para cambiar esta situación.

Todos estos modelos permiten identificar las áreas de proceso que el sistema en desarrollo debe abordar. También incorporan las decisiones que deben tomarse en un ámbito más específico, en el nivel de tareas y de reglas de negocio, así como los detalles sobre cómo el sistema debe comportarse en dichas tareas. Este es el comienzo del viaje en el que se inicia el ejercicio de las actividades de ingeniería de requisitos, exploradas en detalle en los capítulos 7, 8 y 9.

6.7. Ejercicios

1. ¿Qué grupo de tareas no pertenece a la Ingeniería de Requisitos?
   a) Elicitación de requisitos.
   b) Pruebas de aceptación del usuario.
   c) Gestión de requisitos.
   d) Análisis de requisitos.
2. ¿Qué caracteriza a la elicitación de los requisitos?
   a) Evaluar el impacto de los cambios.
   b) Resuelve los conflictos.
   c) Especificar los requisitos.

       d)   Levanta las necesidades de los interesados.

3.   ¿Qué caracteriza el análisis de requisitos?

       a)   Administra los problemas que surgen durante el desarrollo de los requisitos.

       b)   Organiza y documenta requisitos.

       c)   Busca comprender mejor el dominio del problema.

       d)   Identifica a los interesados.

4.   ¿Qué no caracteriza la gestión de requisitos?

       a)   Busca la aprobación de los requisitos.

       b)   Contempla solicitudes de cambio.

       c)   Genera modelos del estado futuro.

       d)   Prioriza requisitos.

5.   ¿Por qué el estudio de factibilidad puede facilitar el trabajo inicial de Ingeniería de Requisitos?

6.   A partir de la especificación del caso de estudio del anexo, identifique a los posibles interesados que participarán en el trabajo de requisitos. Suponga que usted es el ingeniero de requisitos de la empresa contratada para ejecutar el proyecto.

7.   A partir de la especificación preliminar del caso de estudio anexo, elabore un borrador de diagrama de contexto. Considérelo como borrador, ya que se deben identificar preguntas que requieran respuesta antes de considerar el modelo terminado. Apunte esas dudas y evalúe en qué medida el proceso de redacción del diagrama ayudó a identificarlas.

7. Elicitación de Requisitos

"Lo obvio, Lóri, es la verdad más difícil de ver."
Clarice Lispector (Un aprendizaje o el libro de los placeres)
"Sólo los profetas ven lo obvio."
Nelson Rodrigues

Este capítulo aborda la elicitación de requisitos, su definición, las tareas involucradas y cómo estas interactúan entre sí. El objetivo es destacar el carácter proactivo que se requiere del ingeniero y su alcance en la materia. Además, presenta de forma práctica varias técnicas útiles para la elicitación, mostrando sus fortalezas, debilidades y consideraciones para su uso.

7.1. Definiendo la elicitación de requisitos

El término "elicitación de requisitos" es un anglicismo que se ha consolidado con el tiempo entre las personas involucradas en la disciplina de requisitos. Sin embargo, muchas personas prefieren el término «levantamiento de requisitos». Otros autores utilizan nombres como recolección de requisitos, descubrimiento de requisitos, extracción de requisitos, recopilación de requisitos, captura de requisitos o adquisición de requisitos.

Tenga en cuenta que estos términos pueden tener una interpretación un poco diferente de lo que se describe en este capítulo como trabajo. Recoger los requisitos puede verse como si estuvieran listos para ser levantados. Rara vez corresponde a la realidad. Adquirir requisitos puede darnos una idea de lo que implica una negociación. Extraer requisitos transmite la idea de minar la información. Descubrir los requisitos pasa por la idea de investigación. Todas estas premisas tienen sentido; por lo tanto, para agruparlas en este libro se optó por utilizar la palabra "elicitación".

Entonces, ¿Qué es la elicitación? Es un proceso de adquisición de conocimiento en el que se aplican técnicas para comprender mejor el negocio afectado por el proyecto, identificar a los interesados y definir con mayor precisión los tipos de requisitos presentados en el Capítulo 5.

Este proceso implica necesariamente la proactividad del responsable de su ejecución. No se puede resumir la elicitación simplemente preguntando a un interesado por su necesidad y registrándola como un ítem a tratar. Recuerde que muchos interesados no saben lo que quieren. O saben, pero no saben expresarlo correctamente.

Una situación que ilustra esto ocurrió con un cliente de los autores. Esta organización estaba involucrada en el desarrollo de un sistema que afectaría a varias áreas y reemplazaría a uno legado. El proyecto ya estaba retrasado, por lo que se decidió reducir el alcance para finalizarlo cuanto antes. El representante del área A insistió en que el nuevo sistema debería proporcionar un conjunto de informes que ya existen en el legado. Alguien del equipo tuvo el ingenio de investigar por qué los informes eran tan importantes. El representante informó que era una exigencia del área B y que, periódicamente, era necesario encaminarlos a dicha área. Al investigar con el área B sobre lo que se hacía con los informes, se descubrió que se recibían y se archivaban. Es decir, eran inútiles. En el pasado tal vez hayan tenido alguna utilidad, pero no más en ese momento.

¿Cuál es el producto generado por el trabajo de elicitación? Son las memorias de levantamiento, que documentan el conocimiento adquirido y cuyo formato varía según las técnicas de elicitación empleadas. Ejemplos: notas de entrevista, respuestas al cuestionario, notas de reuniones, grabaciones de audio y vídeo.

Estas memorias de levantamiento contienen información no estructurada. Es necesario que la información pase por un proceso de refinamiento para poder utilizarse en el desarrollo de software. Esto implica: organizar, sintetizar, eliminar redundancias, descubrir errores y omisiones. El tratamiento de esa información se denomina análisis de requisitos y será objeto del siguiente capítulo. En resumen, reunir todas las memorias de levantamiento (por ejemplo, actas de entrevista) y entregarlas al equipo de desarrollo de software no resultará eficaz.

Es el análisis de requisitos que permite evaluar si hubo calidad en la elicitación. En la práctica, es difícil que la elicitación se complete en una única fase del proyecto. Lo más razonable es que, después de algunas sesiones de elicitación con información suficiente, ya se comience el análisis de requisitos. Y este trabajo guiará sobre qué información debe investigarse, lo que provocará un nuevo ciclo de elicitación-análisis.

7.2. Actividades de la elicitación

Sea cual sea la técnica utilizada en la elicitación de requisitos, podemos destacar cuatro actividades clave:

➢ Preparación (o planeamiento).
➢ Ejecución.
➢ Documentación.
➢ Confirmación.

7.2.1. Preparación para la elicitación

El objetivo de la preparación para la elicitación es asegurar que todos los recursos necesarios estén organizados y reservados para su realización. Se deben entender los recursos como la agenda de las personas involucradas, la disponibilidad de las instalaciones, la planificación de viajes (si es necesario) y, en general, las cuestiones logísticas.

La preparación es fundamental para asegurar un buen resultado en la elicitación. Esto significa satisfacer los objetivos de información del momento del proyecto, sin desperdiciar recursos.

Según Jones (2007), los resultados iniciales de la elicitación aún están lejos de esos objetivos. Su trabajo indica que rara vez los requisitos iniciales son del 50% o más completos y que el tiempo empleado en las reuniones y discusiones ocupa el cuarto lugar entre las actividades que más consumen recursos en un proyecto de software. Los objetivos de información citados se pueden resumir en tres grupos de acuerdo con el tiempo e información:

➢ Llegar a un acuerdo sobre el problema a resolver (o la oportunidad a aprovechar), los grupos de interés identificados inicialmente, las restricciones existentes y la propuesta, todavía en un nivel alto, para una posible solución, y cuáles son sus características.

➢ Refinar los requisitos a un nivel de granularidad de tareas del usuario, incluso en la toma de decisiones sobre requisitos no funcionales. Esto requiere bajar de procesos más amplios a tareas más específicas y, en sentido contrario, subir desde trozos de información. Los objetivos buscan llegar a conclusiones como las declaraciones a continuación:
  ✓ "Los datos de los fiscales podrán consultarse en los servicios en línea."
  ✓ "Quiero mantener el registro de los fiscales en el sistema."
  ✓ "Quiero un informe de las obras sin responsable técnico."
  ✓ "Quiero un informe de obras sin placas."

➢ Establecer el consenso mediante un entendimiento profundo de la funcionalidad del sistema y de sus requisitos no funcionales. Cuando se busca la profundidad de un requisito determinado, el énfasis recae en la visión del interesado sobre el comportamiento que se espera de la solución y sus restricciones. Es como si los resultados de la elicitación contaran una historia en la que, al final, se satisface el objetivo de los interesados.

Este es el momento en que deben elegirse las técnicas de elicitación. Varios factores influyen en esta decisión: dominio del negocio, cultura corporativa, habilidades del equipo y recursos disponibles. No existe una técnica de elicitación absolutamente mejor. En una determinada situación, una técnica puede encajar mejor que otra.

En la práctica, a menudo la elicitación se produce mediante el uso de más de una técnica. Lo importante es que el ingeniero esté familiarizado con diversas técnicas para utilizar la más apropiada en una situación determinada. La idea es formar una "caja de herramientas" y sacar el mejor provecho de cada una en los momentos oportunos.

Por ejemplo, la preparación de la elicitación referente a la primera categoría de objetivos mencionados puede dar lugar a la siguiente táctica:

➢ Los documentos con información sobre la creación del proyecto deben ser entendidos, aunque generen más preguntas que respuestas. La técnica de análisis del documento se utiliza para ese propósito.
➢ La inteligencia construida a partir del análisis de documentos genera una pauta que debe utilizarse en la búsqueda de respuestas mediante la técnica de entrevista.
➢ Los términos del dominio del problema presentes en los documentos y en las entrevistas son insumos para la técnica del glosario.
➢ Las expectativas de los usuarios respecto de la solución propuesta se miden mejor mediante la técnica de la encuesta.

Para cualquier necesidad de información se debe mantener siempre en perspectiva al preparar la elicitación:

➢ **Los requisitos del negocio y el alcance de la solución guían al ingeniero de requisitos sobre** la información que se levantará.
➢ **Lista de los interesados con roles y responsabilidades:** Se utiliza para identificar qué actores participarán en las actividades de elicitación (con quién interactuar).

7.2.2. Ejecución de la elicitación

Al realizar las actividades de elicitación, el objetivo es recabar la información de manera proactiva con los interesados, mediante la técnica seleccionada durante la preparación. Cada técnica tiene su propia metodología. Los próximos temas presentan las técnicas más comunes de elicitación y cómo aplicarlas.

Importante para la aplicación de cualquiera de ellos es evitar la desviación del alcance. Al interactuar con un interesado para levantar sus necesidades, es probable que este exponga todos los problemas que enfrenta. El proyecto no siempre tiene como objetivo resolver todos estos problemas. Por lo tanto, en esta interacción es importante hacer públicos los objetivos del proyecto. Aun así, es posible que se expongan necesidades que no se ajusten a estos objetivos. En este caso, usted puede replicar: "Comprendí su necesidad. ¿Podría aclararme, por favor, qué vínculo existe con los objetivos del proyecto?".

Si no hay conexión, resulta más fácil orientarlo hacia el proyecto adecuado o reflexionar sobre la viabilidad de crear uno que satisfaga la necesidad planteada. Esta es la importancia de una definición clara de los requisitos del negocio. La trazabilidad de los requisitos de los interesados con los del negocio garantiza que el alcance no se desvíe.

A lo largo de la elicitación, también tenga cuidado de capturar los atributos de los requisitos. El plan de gestión de requisitos debe definir qué atributos deben capturarse. Este plan es elaborado por el director del proyecto y ya forma parte de la definición del proceso de desarrollo que utiliza la empresa. Ejemplos de atributos de requisitos pueden ser: origen, prioridad, autor, propietario, estado, riesgo. Tema que se explorará en el capítulo 9.

Y al capturar los requisitos y sus atributos, no se debe fiar únicamente de la memoria; es necesario utilizar un mecanismo de registro de la información (por ejemplo, papel o una grabadora). Recuerde solicitar previamente el consentimiento de los interesados.

Uno de los grandes y frecuentes errores en el trabajo de elicitación es no identificar los requisitos. Si esto ocurre en una fase avanzada del proyecto, conlleva graves consecuencias. Se les llama "requisitos implícitos". Son deseos no manifiestos por el interesado, al suponer que el ingeniero ya es consciente de ellos y, por lo tanto, no se mencionan. O ser un deseo subconsciente que sólo toma conciencia cuando se ve el producto terminado. En ambos modos, la omisión de los requisitos constituye un error grave en el trabajo de elicitación.

La pregunta que surge en este escenario es: ¿Cómo identificaré estos requisitos si el interesado no los menciona?

No se debe esperar que los interesados digan todo lo que se necesita de manera voluntaria. Si es así, el papel del ingeniero de requisitos podría ser suprimido y sustituido por el de un mero tomador de notas. El valor del ingeniero de requisitos se revela precisamente en estas situaciones. Él debe ser capaz de identificar lo obvio y no necesitar decirlo ni anticipar el deseo de que no se haya dado cuenta. Esto impide una gran cantidad de retrabajo más adelante en el proyecto.

¿Y hay alguna técnica para descubrir estos puntos no dichos? La respuesta es sí y, en consecuencia, hay dos vías complementarias. La primera es profundizar en el conocimiento del negocio del interesado.

Incluso si el responsable de la elicitación es un analista funcional, no se puede esperar que ambos estén en el mismo nivel de conocimiento durante la interacción con los interesados. Siempre existe un desnivel que permite al ingeniero de requisitos no darse cuenta de lo "obvio" o de lo "inconsciente". Sin duda, confiar en un profesional con más conocimientos sobre el dominio del problema disminuye el riesgo de que se encuentren ocultos requisitos. Sin embargo, adquirir este conocimiento puede requerir años de capacitación y experiencia.

Las restricciones de tiempo y costo en un proyecto no permiten que una inversión similar se realice hasta que el conocimiento del ingeniero de requisitos se alinee con el del interesado. Sin embargo, debe haber tiempo y recursos para mejorar el conocimiento en el negocio.

De ahí la importancia del segundo camino: organizar las porciones de información recopiladas desde distintos puntos de vista para determinar las deficiencias. Esto forma parte de los objetivos de las actividades de análisis de requisitos.

Mientras que el ingeniero de requisitos interactúa con el interesado con un gran desnivel de conocimiento, será difícil para él comprender lo "obvio" o lo "inconsciente". Al mejorar su conocimiento del negocio del interesado, se obtiene una visión más amplia y clara de las necesidades. Lo obvio de los interesados también resulta evidente para el ingeniero de requisitos.

7.2.3. Documentación de los resultados de la elicitación

Las técnicas utilizadas durante la elicitación determinan el tipo de documentación que se genera. Hay enfoques en los que los productos de la elicitación son los resultados finales, como las historias de usuario empleadas en metodologías ágiles. Teniendo en cuenta los enfoques en los que los productos de la elicitación son requisitos intermedios, cuya finalidad es registrar las decisiones tomadas sobre cuestiones pendientes, estos se denominan memoria de levantamiento. Estos documentos pueden ser: actas de reunión, informes, grabaciones de audio o de vídeo, cuadros con anotaciones.

El propósito de documentar los resultados intermedios y no ir directamente al análisis de requisitos se debe:

➢ A no perder la información — la memoria de la gente es falible.
➢ Compartir el conocimiento adquirido con otros miembros del equipo.
➢ A que otra persona pueda dar continuidad al análisis de requisitos.

➢ A fin de que se confirme, a través de esta documentación, su comprensión con los interesados. Recuerde que las dificultades de comunicación representan la mayor parte de los problemas en la Ingeniería de Requisitos.

Además de documentar la información de la elicitación, es importante tener en cuenta las preguntas y las dudas abiertas que hayan surgido durante estos eventos y que no hayan podido resolverse, para dar seguimiento a su resolución. Este es el objetivo de la técnica de control de preguntas, discutida en el capítulo 9.

Es común entre algunos profesionales la idea de que registrar el resultado de una interacción con el interesado para el levantamiento de información constituye un proceso burocrático. Muchos adoptan la norma de no registrar nada, confiando en que la información permanecerá en la memoria hasta que sea utilizada, ya sea para generar una especificación o para el programa directamente. Y puede que esto funcione bien en algunos contextos, pero, sin duda, no va a funcionar para todo el mundo. El tema del Capítulo 2, "nivel de detalle de la especificación", pone de relieve los factores que pueden favorecer una comunicación informal y exclusivamente verbal.

La información transmitida verbalmente puede perderse y estar sujeta al ruido. El registro de la información es una estrategia de gestión del conocimiento.

¿Qué diferencia hay entre la historia y la prehistoria? ¡La aparición de la escritura! En tiempos prehistóricos, la única forma de compartir y perpetuar el conocimiento era por vía oral. La escritura aceleró la evolución de los pueblos que la dominaban.

Desarrollar los requisitos sin registrar ninguna información implica trabajar con el método prehistórico. Lo cual resulta irónico, dado que el software sería una de las últimas manifestaciones del avance tecnológico de la humanidad.

Durante los eventos de levantamiento, es posible que la discusión de los temas sea fragmentada y que el mismo tema se revise varias veces. Aun así, al documentar, se debe organizar el registro de las decisiones y de la información pertinente recopilada por tema. Ya que su objetivo es garantizar la comprensión común de los puntos tratados y no desempeñar el papel de registro de la sesión del jurado.

Incluso cuando el registro es a través de grabación de vídeo o de audio, es fundamental compilar estos puntos en un documento de entendimiento con información sobre:

➢ Aspectos más destacados de los temas tratados.
➢ Decisiones tomadas.
➢ Problemas no resueltos.
➢ Acciones y plazos límite.

> ➤ Personas responsables de cada acción.
> ➤ Fecha de la próxima reunión, en caso de que haya.

7.2.4. Confirmación de los resultados de la elicitación

Uno de los autores salió a cenar con su esposa un día. En el restaurante, fueron atendidos por una mesera que, después de presentar el menú, escuchó el pedido y se fue. Después de un tiempo, ella solo llevó uno de los platos a la mesa. La pareja esperó, pensando que el segundo plato llegaría después. Después de un largo retraso, la pareja llamó a la mesera para preguntar cuándo traerían el segundo plato. Ella respondió:

— ¡Vaya, me olvidé de pedir la orden!

Es posible que haya tenido una experiencia similar o haya recibido algo distinto de lo solicitado. Por eso, en los restaurantes organizados, cada mesero sigue un protocolo simple: escribir cada artículo del pedido y confirmar el pedido completo antes de abandonar la mesa.

Sin este protocolo, pueden surgir varios errores. A menudo, cuando se atiende una mesa, más de una persona habla con el mesero. También es común que una persona haga un pedido y luego cambie de opinión y pida algo diferente. Sin la confirmación final del pedido, los artículos pueden quedar olvidados o reemplazados. Durante el trayecto desde la mesa hasta la cocina para entregar el pedido, el mesero probablemente recibirá solicitudes de atención en otras mesas. Si no se anota cada pedido, hay que tener una memoria prodigiosa para no olvidar ninguna solicitud de ninguna mesa ni intercambiar pedidos.

El problema es similar al de un ingeniero de requisitos. Supongamos que él va a realizar entrevistas de elicitación. Durante la entrevista recibirá una gran cantidad de información. Si esta información no está documentada durante o al final de la entrevista, el riesgo de pérdida de información es alto (suponiendo que no se requiere memoria prodigiosa para trabajar en Ingeniería de Requisitos). E incluso que se documente todo; siempre hay algo de ruido entre la emisión de la información y su comprensión por la otra parte. Documentar un entendimiento incorrecto de lo que la otra parte dijo no tiene valor alguno. Hay ahí la necesidad de confirmar lo levantado.

Los problemas de comunicación también se presentan en otras actividades humanas. En varios de ellos, las consecuencias de los errores de comunicación pueden ser más graves. Errores de comunicación entre un control de tráfico aéreo y un piloto de una aerolínea pueden causar grandes tragedias (y ya sucedió).

A medida que aumenta el carácter crítico de ciertas profesiones, se desarrollan estrategias y protocolos de comunicación más elaborados para minimizar estos errores, como en la aviación. Para el trabajo con los requisitos, no se necesita nada tan elaborado. El protocolo para la elicitación se llama "Protocolo del mesero" y se muestra en la Figura 7.1, donde se muestra cómo recibir la información, documentarla y confirmarla; es sencillo y eficaz.

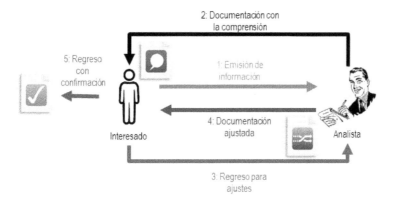

Figura 7.1: *Protocolo del mesero, método simple para filtrar fallas de comunicación en la elicitación.*

En una primera versión de la documentación hay problemas de entendimiento y el documento retorna sin confirmación, indicando los puntos erróneos o ausentes. Después de hacer los ajustes, se envía una nueva versión a los interesados. Esta dinámica se repite hasta que los interesados confirmen la información abordada en los eventos de levantamiento y devuelvan el documento para utilizarlo como representación formal de sus necesidades.

Si la información capturada en la elicitación fue malinterpretada, entonces, sin confirmación, su documentación también será incorrecta. Esa memoria de levantamiento defectuosa se utilizará en el análisis de requisitos y dará lugar a requisitos incorrectos que serán especificados, modelados e implementados.

La confirmación es sencilla y rápida de hacer y ayuda a prevenir que esos defectos de información contaminen la elicitación. Aun así, a menudo los documentos enviados para su confirmación pueden seguir sin respuesta por parte de la otra parte. Una solución es fijar una fecha límite para la recepción de observaciones complementarias o para la rectificación de la información contenida en la memoria de levantamiento. Esto significa establecer en las políticas de comunicación la plena eficacia de la aceptación del contenido completo de la información enviada, para confirmar si las rectificaciones de comunicación no se efectúan dentro de un plazo determinado de días.

7.3. Técnica: Análisis de documentos

La dificultad para acceder a los interesados es uno de los problemas más frecuentemente reportados por los participantes de los cursos impartidos por los autores. El reflejo de esta dificultad condujo a la identificación de factores que van más allá de la falta de disponibilidad de la agenda de los interesados.

Durante las capacitaciones se utilizan casos reales para diversos ejercicios. En un primer momento, se percibe un interés limitado por parte de algunos participantes en el análisis de la documentación que materializa las necesidades del negocio. Para estos participantes, esta es una actividad tediosa que parece ofrecer pocos resultados. Y esa percepción no se restringe a la sala de aula; también se presenta en el día a día de varios profesionales asignados al trabajo de requisitos. La justificación radica en la falta de respuestas en los documentos (mal) analizados.

¿Será que, al menos en un primer momento, lo más importante son las respuestas? En la obra de Douglas Adams, " Guía del autoestopista galáctico", se solicita a una computadora llamada 'Pensamiento Profundo', diseñada para responder a cualquier pregunta, la respuesta a la pregunta fundamental de la vida, el universo y todo lo demás. Después de siete millones de años, responde: 42. ¿Cuál es el valor de esa respuesta sin saber cuál es la pregunta?

Por lo tanto, se pierde una oportunidad importante para adquirir conocimiento sobre el contexto analizado, ampliar la información sobre el dominio del problema y sus posibles soluciones, e identificar los temas a tratar con los interesados. Siempre hay algo documentado que se debe analizar primero y luego utilizar otras técnicas de elicitación. Y eso enriquece el proceso de elicitación de requisitos.

Por supuesto, no se espera que el ingeniero de requisitos necesariamente se convierta en un analista funcional con experiencia en un campo particular del dominio o del proceso de negocio, pero entre este extremo y el otro, en el que no se utiliza la documentación disponible para apoyar el proceso de elicitación de requisitos, hay una enorme brecha.

En este tema se trata del análisis de documentos y de cómo debe utilizarse para cerrar esta brecha en distintos momentos del proceso de desarrollo de los requisitos.

7.3.1. ¿Qué es el análisis de documentos?

El análisis de documentos es un medio para elicitar requisitos mediante el estudio de la documentación disponible sobre una solución existente, a fin de identificar información relevante para el desarrollo de una nueva solución.

El término "documentación" en este caso debe tener un significado más amplio que las especificaciones de los requisitos de la solución, y debe incluir documentos sobre el dominio del problema que permitan conocer al negocio y:

➢ Identificar los requisitos del negocio (para aprovechar las oportunidades, resolver problemas, alcanzar los objetivos y cumplir las métricas de éxito).
➢ Identificar inicialmente a los interesados clave y luego a los demás.

Sommerville (2006) cita una herramienta para ayudar a identificar requisitos: la interacción con los interesados mediante entrevistas y observaciones, que puede incluir escenarios y prototipos. Pressman (2014) no entra en detalles, citando únicamente a Sommerville. La razón puede ser que el significado de requisito en estas obras importantes se limita a la especificación de la solución y no a un uso de una estructura de requisitos más amplia, en la que se presentan requisitos de negocio y de los interesados.

Al describir el proceso de recolección de requisitos, la Guía del PMBOK incluye el análisis de documentos como una de las herramientas de gestión del alcance del proyecto. Este proceso se presenta como un medio para obtener los requisitos mediante el análisis de los datos existentes, identificando la información relevante para dichos requisitos.

Estableciendo que existe una amplia gama de documentos que pueden ser analizados, pero no limitados a: planes de negocio, literatura de marketing, acuerdos, solicitudes de propuestas (RFP), flujos de proceso actual, modelos lógicos de datos, repositorios de reglas de negocio, documentación de software, procesos de negocio, informes, manuales, memorándums, documentación de la interfaz, casos de uso, otras especificaciones de requisitos, registros de problemas o preguntas abiertas, políticas, procedimientos y normas leyes, códigos o comandos.

7.3.2. Cómo realizar el análisis de documentos

7.3.2.1. Preparación

Inicialmente, se deben determinar las necesidades de información a las que esta técnica responderá. Estos objetivos dependen del momento en que se encuentre el proyecto en su ciclo de vida. Por ejemplo:

➢ **Momentos preliminares, cuando el principal interés es comprender mejor el dominio del problema y hacer más específicas las necesidades de negocio:** los objetivos se relacionan para identificar y entender los flujos operativos y la organización de la empresa. Todavía tiene que transformar necesidades vagas y generales de modo que su éxito pueda ser validado.

➢ **Explorar el alcance de la solución**: relacionar los objetivos con las tareas; o, si no hay suficiente información para ello, identificar qué macroprocesos deben explorarse con mayor profundidad.

➢ **Detallar el alcance para lograr una mayor comprensión de una tarea en particular: los objetivos están relacionados con el descubrimiento de qué** reglas de negocio se aplican, qué datos debe introducir el usuario, qué información debe proporcionar el software, qué datos deben almacenarse y cuáles deben recuperarse.

A partir de la determinación de esas necesidades de información, las cuestiones deben desarrollarse de manera que satisfagan dichas necesidades, así como evaluar los documentos más apropiados para el análisis y su disponibilidad.

Recuerde que no todos los documentos a analizar están identificados al inicio del proyecto. A lo largo del trabajo, otros documentos pueden identificarse como objeto de ese análisis.

7.3.2.2. Ejecución

El análisis de documentos es el estudio de la documentación seleccionada con el fin de responder a las preguntas planteadas inicialmente. Durante este proceso, pueden surgir nuevas preguntas que quizá no puedan contestarse en él. También es posible que no se encuentren respuestas a todas las preguntas planteadas inicialmente. En este caso, estas cuestiones deben incorporarse al control de cuestiones para su tratamiento y, finalmente, ser respondidas mediante otras técnicas de elicitación.

7.3.2.3. Finalización

Las respuestas a las preguntas iniciales deben documentarse en una memoria de levantamiento (un informe que consolida el análisis realizado), que debe presentarse a los interesados y expertos en la materia, quienes tienen autoridad para confirmar su validez. Necesariamente, esta memoria de levantamiento debe mencionar las referencias a los documentos examinados. Si las preguntas iniciales se registran en el control de cuestiones, se deben asociar los elementos respondidos a la memoria de levantamiento para mantener la trazabilidad.

En un proyecto, el volumen de documentos analizados puede ser considerable. Por ejemplo, todos los documentos utilizados para fundamentar las respuestas a las preguntas inicialmente deben ser almacenados en el repositorio del proyecto, probablemente porque serán necesarias otras consultas. Estos documentos recogidos deben organizarse de modo que puedan recuperarse más fácilmente, como se muestra en la Tabla 7.1. En este caso, el tipo indica la clasificación del documento que se utiliza en el análisis, tales como la solicitud de propuesta, el manual de procedimientos o el organigrama. La ubicación indica dónde el documento puede recuperarse (preferentemente en formato digital). El nombre permite calificar específicamente a qué se refiere esa memoria de levantamiento del documento.

Tipo	Ubicación
RFP	(svn)/proyectos/2014/0120/CREASP
Nombre	
Solicitud de propuesta de la convocatoria 018/2009	
Memoria de levantamiento	
ML.01 – Resumen del análisis de la RFP	

Tabla 7.1: *Resumen del análisis de documentos.*

7.3.3. Ventajas

La principal ventaja del análisis de documentos es que no se trata de un trabajo iniciado desde cero, ya que se aprovecha el material existente para descubrir o validar requisitos. Es una de las primeras técnicas de elicitación que deben aplicarse. También complementa o ayuda a planificar otras actividades de elicitación mediante técnicas adicionales (por ejemplo, entrevistas). E incluso cuando un área de negocio afirma que no hay nada documentado para analizar, una búsqueda en Internet ya facilita bastante una nivelación preliminar del dominio del problema. También es un enfoque útil cuando no hay un experto disponible para entrevistas. Además, hay situaciones en las que la información se encuentra únicamente en los documentos y ningún miembro del público objetivo de la elicitación puede acceder a ella. Por último, la información documentada tiende a ser más objetiva que la que se obtiene de la gente. No es que la información subjetiva sea menos importante, pero la objetiva resulta más fácil de interpretar.

7.3.4. Desventajas

Para los nuevos procesos, resulta más difícil contar con la documentación disponible. No hay duda de que puede haber documentación sobre una visión de futuro. Sin embargo, hay que atentar a que el documento en cuestión no se limite a la perspectiva del estado actual de las cosas.

Es común en muchas empresas que los niveles de madurez de la gestión del conocimiento sean bajos y que la documentación existente se vuelva obsoleta o no refleje información válida. En este caso, el análisis de la documentación resulta menos útil o puede introducir información errónea sobre los requisitos.

También hay que valorar el coste-beneficio del análisis con documentación extensa si las necesidades de información son específicas. Puede llevar tiempo o resultar demasiado tedioso. En este caso, otra técnica de elicitación puede cumplir el objetivo de manera más eficiente.

7.3.5. Conclusión

El análisis de documentos es una técnica fundamental para adquirir conocimientos sobre el negocio que abordará el software y es uno de los primeros pasos de preparación para las actividades de elicitación junto con otras técnicas.

7.4. Técnica: Glosario

El glosario es una herramienta importante y reconocida para la gestión del conocimiento y un recurso valioso para el desarrollo de software. Además de su uso como producto final, el proceso de desarrollo contribuye significativamente a la elucubración de requisitos. La importancia del glosario se abordará en dos dimensiones: producto y proceso.

7.4.1. Introducción

A continuación, una experiencia de uno de los autores.

Hace unos años, mi coordinador me pidió a última hora para participar en una reunión:

— Sus compañeros están reunidos en el segundo piso discutiendo la adopción del CVV2. Quiero que los acompañe para conocer el impacto que esto puede tener en nuestros sistemas. La reunión acaba de empezar. Diríjase hacia allá.

Entré en la sala en silencio y me senté en la silla más cercana a la entrada. Estaban presentes alrededor de ocho personas. La conversación era intensa y el término CVV2 se mencionaba constantemente. Pero no tenía ni idea de lo que era. Yo sabía qué era el CVV, pero no el CVV2. Traté de seguir la conversación durante unos minutos, hasta que me di cuenta de que no conseguía entender. Me daba vergüenza interrumpir la discusión para hacer esta pregunta tan banal. Así que aproveché un momento en el que la conversación se centró en una esquina de la mesa y le pregunté en voz baja al oído de un colega:

— Adriano, ¿qué es CVV2?

A lo que me respondió con timidez:

— ¡Tampoco lo sé!

A continuación, los dos nos reímos y él tomó la iniciativa para detener la reunión para hacer la pregunta fatídica:

— ¿Qué es el CVV2?

Imagínese ejecutar un proyecto sin que todos los involucrados puedan entender el vocabulario empleado. O imagínese que algunas personas tengan distintas interpretaciones de los términos empleados. ¿Piensa que es difícil que eso ocurra? Piense, por ejemplo, en el término "proceso". Dentro de la misma empresa, percibirán significados distintos según el área tratada. En el ámbito jurídico, en el ámbito de la calidad, en TI y en el ámbito administrativo, todos usan este término, pero con significados distintos.

¡Problema a la vista! Por eso es importante usar una herramienta para compartir este conocimiento sobre los términos y unificar entendimientos. El glosario cumple bien esta función.

Como producto final, el glosario es algo simple: una lista alfabética de términos de un campo particular del conocimiento, con sus definiciones. Aunque simple, es una poderosa herramienta para la difusión de conocimiento entre todos los involucrados.

7.4.2. ¿Qué es el glosario?

El glosario identifica y define los términos clave del dominio del problema, capturando el vocabulario común de los interesados. Este libro posee al final un glosario de términos de la Ingeniería de Requisitos y sus breves definiciones. Le invitamos a consultar ahora sus definiciones o conceptos y a percibir cuántos términos no conocía o ya conocía, pero que a veces tenían un significado diferente.

Antes de convertirse en un producto específico de la Ingeniería de Requisitos, el glosario es un activo de gestión del conocimiento. La gestión del conocimiento es un proceso de negocio que formaliza el manejo y el uso de los activos intelectuales de una organización. Promueve un enfoque de colaboración e integración para la creación, captura, organización, acceso y uso de los activos de información, incluido el conocimiento tácito que no fue capturado por las personas. Teniendo en cuenta la importancia del glosario, su uso debe ser obligatorio para todos los proyectos y ser accesible para todo el equipo de desarrollo e interesados.

7.4.3. ¿Dónde encontrarlo?

Muchas áreas de negocio tienen sus propios glosarios, lo cual es excelente, ya que puede facilitar en gran medida el trabajo de elicitación de requisitos. Sin embargo, aunque haya un glosario disponible, evalúe desarrollar uno específico para el proyecto, por dos razones:

a) Potenciales usuarios de información de distintos públicos.
b) Proceso de actualización y los derechos asociados.

Yendo más allá del proyecto, cada sistema debe contar con un glosario propio. Además de complementar, por ejemplo, el manual del usuario (si existe), facilita el mantenimiento de los sistemas. En este caso, puede que no sea necesario crear un glosario para el proyecto; se utiliza el del sistema o se aprovecha de los términos que puedan ser necesarios para el glosario del proyecto.

7.4.4. ¿Cuándo comenzar?

La elaboración del glosario debe comenzar con las actividades de elicitación, en las que se analiza el dominio del problema y las necesidades de negocio. Cuanto antes ocurra, mejor. Y tiene que actualizarse continuamente a medida que se exploran los requisitos de los interesados y de la solución.

A medida que las actividades de elicitación y análisis avanzan, se deben identificar nuevos términos candidatos para componer el glosario, definirlos y, junto con los interesados, validar las definiciones redactadas, con la autoridad correspondiente. Posiblemente, también se ajusten definiciones ya hechas. Para que esto funcione, es necesario que el glosario cuente con un propietario responsable de su mantenimiento.

7.4.5. ¿Cómo elaborar un glosario?

Para identificar los términos candidatos al glosario, preste atención a los términos:

> - Únicos para el dominio.
> - Con más de una definición.
> - Con una definición local distinta del sentido común.
> - Con potencial para causar dificultades de comprensión.
> - Técnico del negocio.
> - Abreviaturas y siglas.
> - Sinónimos y antónimos.

Esté atento a los comentarios del equipo: si alguien, a lo largo del trabajo, tiene alguna pregunta acerca de un término (o incluso si lo desconoce), entonces es un indicio de que dicho término debe componer el glosario (o sea, mejor explicado si ya tiene una definición).

La estructura organizacional de una empresa, con sus departamentos, divisiones y directorios, suele abreviarse mediante siglas (p. ej., GITI, DEREH, GEFIN, DIMAP, SUPOPE). Estos son buenos candidatos para el glosario, considerando un escenario en el que el desarrollo de software se realiza externamente. Otra situación en la que las siglas son frecuentes son los nombres de los sistemas corporativos (p. ej., HCH, SBT, GOT, SISREL,

DCO), por lo que los sistemas que interactúan con el sistema en desarrollo también son buenos candidatos para el glosario.

Términos de sentido común no tienen por qué figurar en el glosario, bajo el riesgo de sobrecargarlo. Sea consciente de que lo ideal es elaborar algo práctico y fácil de consultar. El objetivo no es componer un diccionario masivo de términos.

El glosario debe actualizarse a medida que se avanza en el desarrollo de los requisitos. Inicialmente, a partir de las necesidades de negocio y del dominio del problema; a continuación, estableciendo consenso sobre el alcance de la solución; y, después, explorando los detalles asociados a dicho alcance.

Para facilitar su uso, haga la correlación entre los términos utilizando referencias cruzadas simples ("ver", solo se hace referencia a la expresión que contiene la definición de los sinónimos) y las referencias cruzadas ("véase también", se refiere a otros términos relacionados que pueden ser de interés del usuario).

7.4.6. Importancia como producto

El uso del glosario mejora la comunicación interna (dentro del equipo) y externa (con el cliente), puesto que reduce el riesgo de divergencias en la interpretación de los términos utilizados a lo largo del desarrollo, lo que podría causar serios problemas de comunicación.

Por ejemplo, el desarrollo de otras actividades de elicitación será más productivo y eficaz cuando se conoce el vocabulario del interesado. No es necesario interrumpir en todo momento al hablar de un tema para explicar un término que ya se define en el glosario.

Por otra parte, se simplifica el desarrollo y el mantenimiento de otros documentos de requisitos porque la definición de los términos utilizados no necesita (ni debe) estar presente en ellos. Esto hace que la especificación de requisitos sea más ligera y fácil de mantener.

7.4.7. Importancia como proceso

Los beneficios del glosario no se limitan sólo al producto final. Su proceso de desarrollo es importante para identificar y levantar diversas cuestiones, lo que ayuda a organizar las respuestas. La idea es encontrar las preguntas y las personas que puedan proporcionar las respuestas; a menudo es más importante que las encuentre dentro del horizonte limitado de cuestiones conocidas.

El filósofo Ludwig Wittgenstein dijo que los límites de nuestro lenguaje son los límites de nuestro mundo (Moura, 2014). Si se restringen los límites de su lenguaje, el ingeniero de requisitos corre un serio riesgo de fracasar en su misión de capturar y entender las necesidades del negocio y de desarrollar un conjunto de requisitos que proporcionen una solución para ellas.

Por ejemplo, cuando se estudia un documento con las necesidades del negocio, hay términos cuyo significado preciso trasciende la comprensión del ingeniero de requisitos. Observe esta parte del caso de estudio al final del libro:

El alcance del sistema Registro de Responsabilidad de Obras de mediano y grande porte debe comprender los siguientes requisitos generales:

1. Obras con registros pendientes
2. Formulario en línea del registro de responsabilidad
3. Informes para la fiscalización
4. Informes de gestión de fiscalización

El lector puede saber lo que significan "registro", "fiscalización" y "gestión", pero ¿este significado general es suficiente para comprender plenamente su sentido en el dominio del problema?

En este simple ejemplo surgen al menos cinco términos cuyos significados deben explorarse más a fondo, con el fin de obtener (y confirmar) una mejor comprensión del dominio del problema. Ellos son:

➢ Registro de responsabilidad.
➢ Obras medianas y grandes.
➢ Obras pendientes de registro.
➢ Fiscalización.
➢ Gestión de fiscalización.

Posiblemente no se obtendrán respuestas sobre qué significa específicamente cada uno de estos términos en el análisis de documentos. Pero ese será el punto de partida para la identificación de términos candidatos y una fuente (lo que se quiere subrayar) para otras actividades de elicitación.

Organizar un glosario puede verse predominantemente como una actividad de análisis, si bien el análisis y la elicitación siempre caminan juntos. El producto del tipo de trabajo realimenta al otro en un proceso evolutivo en el que se descubren los requisitos. Por su importancia en la generación de temas para otras actividades de elicitación, también puede decirse que constituye un beneficio del proceso de elaboración del glosario. Y esto siempre debe ir asociado a la identificación de oportunidades para ampliar el lenguaje de los involucrados en el desarrollo de la solución, de modo que no se queden innecesariamente limitados por él.

7.4.8. Conclusión

El glosario es un documento importante no sólo para el desarrollo de software. Toda organización preocupada por la gestión del conocimiento debe contar con uno o más glosarios sobre su negocio para permitir, por ejemplo, que un nuevo empleado tenga más facilidad para ponerse en contexto, lo que reduce la necesidad de capacitación y seguimiento. La existencia de un glosario facilita la elicitación y el análisis de requisitos.

7.5. Técnica: Observación (etnografía)

No todos los interesados son capaces de articular con claridad en una entrevista sobre el trabajo de quienes son responsables. Esto puede ocurrir incluso cuando el entrevistador actúa de manera proactiva y está bien preparado. Son limitaciones de comunicación de muchas personas. En estas ocasiones, ¿Por qué no ver el trabajo realizado por la persona en lugar de preguntar al respecto? Este es el propósito de la observación de campo o etnografía.

7.5.1. ¿Qué es la observación?

El origen de esta técnica se remonta a la antropología; sin embargo, se ha utilizado cada vez más en ámbitos fuera de ese dominio. Son las áreas en las que se reconoce la importancia de comprender las interacciones entre las personas, las instituciones, las máquinas y los sistemas (software) o su entorno. La comprensión de estas interacciones requiere asimilar lo que la gente conoce y cómo se crea, se transmite, se distribuye y se aplica el conocimiento (Bharwani, 2006); es decir, es exactamente el objetivo que se pretende con la elicitación de los requisitos del software en desarrollo.

La observación puede utilizarse para comprender los requisitos sociales y organizativos. El observador se sumerge en el ambiente de trabajo en el que se utilizará la solución, con la intención de observar el trabajo diario y tomar notas sobre las tareas que se ejecutan y sobre cómo los interesados se involucran.

Es un medio para cumplir los requisitos mediante la evaluación del entorno de trabajo de los interesados pertinentes en la catalogación de los detalles de un proceso existente o cuando se tiene la intención de mejorar o modificar un proceso actual (IIBA, 2009).

Una variación de esta técnica es el enfoque aprendiz. En este caso, el ingeniero de requisitos actúa como alguien nuevo que se integra al equipo que realiza el trabajo observado, con el fin de aprender a ejecutarlo. Según el filósofo Aristóteles, "lo que tenemos que aprender, lo aprendemos haciendo".

Un punto positivo de esta variación es que no existe un conocimiento implícito de "aprendiz" en las personas que realizan el trabajo: todo tiene que explicarse para que puedan realizarlo correctamente.

Una precaución para tomar es que la observación de un fenómeno lo afecta. Si la interferencia es significativa, incluso si los participantes no se expresan en este sentido, evalúe detenerla, ya sea porque está obstaculizando el trabajo de los observados o porque se está realizando de manera diferente a lo habitual, lo cual frustra los objetivos de la observación.

7.5.2. Cómo realizar la observación

7.5.2.1. Preparación

Siempre se deben establecer los objetivos de la observación. A partir de esto, se selecciona el grupo de personas a observar y el tiempo apropiado. La selección se realiza con base en la compatibilidad entre el tipo de necesidades de información y las responsabilidades de los grupos en evaluación o en las ventanas de tiempo disponibles. Para los fines de la elicitación de requisitos funcionales, el uso de la observación de campo está asociado con dos tipos de necesidad de información:

➢ **Alcance:** Identificar todas las tareas y servicios existentes de los usuarios que se pretenden sistematizar, pero sabiendo que el alcance todavía estará abierto a decisiones sobre qué será tratado por el software.

➢ **Profundidad:** Describir el comportamiento de la solución en su interacción con el responsable de una tarea y con las reglas aplicables.

Con estos objetivos definidos, evalúe la documentación disponible, como el organigrama o la información sobre el flujo operativo, para identificar quiénes tienen las responsabilidades y las competencias necesarias para supervisar su trabajo. Por último, se debe determinar:

➢ Las cuestiones que deben responderse durante o después de la observación. La experiencia de observación permite identificar cuestiones que inicialmente no se consideraban relevantes.

➢ Usuarios cuyo trabajo debe tenerse en cuenta, por ejemplo, expertos y principiantes.

➢ Actividades por observar.

➢ Momentos para llevar a cabo la observación. Hay eventos esperados, al azar, de temporada, esporádicos. Trate de establecer un período de observación lo más rico en información posible para recopilar.

También debe definir el tipo de postura que el observador asumirá:

- ➤ **Pasiva (o invisible):** El ingeniero de requisitos observa el trabajo de los interesados, tomando notas, pero sin interferir en su rutina. Espera a que todo el proceso se haya completado antes de hacer cualquier pregunta.
- ➤ **Activo (o visible):** Mientras el ingeniero de requisitos observa el proceso actual y toma notas, puede hablar con el interesado. Cuando hay una pregunta (¿por qué no se hace algo de cierta manera?), él pregunta de inmediato, aunque interrumpa la rutina del observado.

Lo ideal es observar el proceso más de una vez para asegurarse de que entiende cómo funciona y por qué funciona de esa manera.

Cada observación también es una oportunidad para mejorar el proceso de análisis. Si su única preocupación es el mapeo de un proceso de trabajo para llevarlo a su especificación, corre el riesgo de automatizar un proceso ineficiente o defectuoso. En este caso, el desarrollo corre el riesgo de ofrecer una solución más eficiente para hacer las cosas mal.

7.5.2.2. Ejecución

Para el desarrollo de la observación, el observador:

- ➤ Se presenta a quienes serán observados.
- ➤ Garantiza a estas personas que su trabajo no será criticado. Aclara que la información resultante servirá como entrada para el análisis de requisitos del software. La idea es obtener la aceptación de los observados.
- ➤ Anuncia que su presencia es sólo para estudiar sus procesos y evitar la discusión de soluciones a los problemas que puedan surgir.
- ➤ Puede sugerir que el observado "piense en voz alta" mientras trabaja, como una manera de compartir sus intenciones, retos y preocupaciones.

Una vez hecho esto, se inician la observación y la toma de notas detalladas. Si se elige el enfoque de observación activa, hay que hacer preguntas exploratorias sobre por qué ciertos procesos y tareas se ejecutan de la forma observada.

7.5.2.3. Finalización

Para finalizar, es necesario obtener las respuestas a las preguntas originalmente formuladas o a las surgidas durante la observación. Se debe elaborar una memoria de levantamiento documentando los hallazgos y proporcionársela a los participantes tan pronto como sea posible para su revisión y cualquier aclaración.

Cuando se observa a varias personas, se deben compilar las notas en intervalos regulares para identificar los puntos de vista comunes y los diferentes entre ellas. Hay que revisar los resultados con todo el grupo para asegurarse de que los detalles finales sean representativos del conjunto.

7.5.3. Ventajas

La observación puede ser la mejor solución para obtener una visión práctica y realista del negocio, pues identifica los flujos informales de información y la forma en que las personas realmente trabajan. Es importante, ya que ayuda a identificar requisitos implícitos (Sommerville, 2006).

Algunas personas tienen dificultades para expresarse, lo que conduce a una entrevista infructuosa. También hay personas que no tienen la disponibilidad de tiempo adecuada para las entrevistas. En tales casos, la observación puede ser una alternativa interesante para la elicitación.

Cuando se combina con otras técnicas de elicitación, la observación permite confirmar, complementar y contrastar los datos recogidos, así como planear actividades de elicitación junto con dichas técnicas.

También es una gran opción para identificar los requisitos de usabilidad (BIAS 2005). La forma en que se realizan las tareas, la intensidad con que se realizan y qué pasos son más lentos o más rápidos facilitan proponer una solución con una interfaz más amigable, considerando la realidad laboral de los interesados.

Otro punto importante es que el uso de la observación requiere una mayor atención al problema del cliente, ya que el ingeniero de requisitos está en el entorno del cliente. El cliente se dará cuenta de que el equipo está observando en vivo los problemas que enfrentan, de cuál es la importancia y el carácter crítico del trabajo, y de la solución que mejor se ajusta a esta realidad.

7.5.4. Desventajas

El uso de la observación se limita a los procesos existentes. Cuando el proyecto implica implementar un nuevo proceso de negocio o un producto totalmente nuevo, no hay mucho que observar.

Para los trabajos que implican un alto nivel de actividad intelectual, la observación resulta más difícil. Estos son procesos no fácilmente observables. Incluso si usted decide utilizar la observación en estos casos, el enfoque debe ser la observación activa, lo que puede resultar en algo cercano a una entrevista.

En comparación con otras técnicas de elicitación, la observación resulta costosa. Por ejemplo, mientras que una entrevista puede realizarse en una o dos horas y revelar una gran cantidad de información útil, en el mismo tiempo de observación no se producirá la misma cantidad de información.

Al igual que la observación opera en un lapso determinado, las situaciones críticas y las excepciones no pueden ocurrir durante las sesiones de observación. Por ejemplo, la devolución de un producto puede ocurrir esporádicamente y con baja frecuencia. Se trata de un evento aleatorio y sólo la suerte puede hacer que surja durante la sesión de observación. Es decir, para observar de manera completa se requiere un tiempo considerable, que no está disponible.

Por último, no todo el mundo se siente cómodo al ser observado; puede resultar vergonzoso. Es importante que, al abrir la sesión de observación, se preste especial atención a la comunicación adecuada con el grupo sobre lo que se hará, cómo se hará y cuáles son los objetivos. Al comunicarse con claridad con el grupo, se puede disminuir la resistencia a la observación. Sin embargo, si la resistencia persiste, se debe buscar otra técnica.

7.5.5. Conclusión

A pesar de ser costosa en términos de tiempo, es la técnica que logra con mayor fiabilidad el contexto del negocio. Aunque el proyecto no cuente con disponibilidad de tiempo para un uso más intenso de esta técnica, se recomienda al menos incluir algunas sesiones de observación en los procesos de negocio más críticos afectados por el software.

7.6. Técnica: Entrevista

Uno de los autores tuvo su primera experiencia en la conducción de una entrevista aun en la universidad. Participó en un proyecto de investigación junto a otros dos colegas. El trabajo implicó el diagnóstico de un problema logístico y los estudiantes serían responsables de recopilar la información mediante entrevistas a varias personas de la empresa. Nunca habían hecho este trabajo antes, lo que aumentó la preocupación por cómo prepararse para realizarlo correctamente. Así que fueron en busca de algún material que pudiera ayudar. No existía Google en aquel momento, pero encontraron un libro que les ayudó (Kendall, 1992). En este libro, la entrevista fue una sección de un capítulo, con un enfoque didáctico y varios consejos prácticos (que también se discutirán más adelante).

Un consejo que marcó fue: "Cuando el entrevistado empieza a hablar, no baje la cabeza ni empiece a escribir rápidamente". La intención era preservar el contacto visual con el entrevistado. Bueno, después de haber estudiado el asunto, se determinó que los tres irían juntos a las entrevistas (¡qué intimidante debió de ser para el entrevistado!), cada uno con una copia de la agenda de preguntas. Mientras uno preguntaba, los otros tomaban notas.

Todos podrían hacer preguntas. ¿Qué sucedió en la primera pregunta de la primera entrevista? Cuando el entrevistado respondió, ¡los tres inclinaron la cabeza al mismo tiempo para intentar escribir todo lo que empezó a decir!

A pesar de la inexperiencia, el trabajo se realizó bien. Se llevaron a cabo varias entrevistas y, poco a poco, se identificaron los aspectos que debían mejorarse.

Algo que pudieron hacer correctamente y que es fundamental para la entrevista es preparar un guion de preguntas. Descubrieron que el uso de la grabadora evitaba la preocupación por las notas; sin embargo, ello acarreaba un gran trabajo en la elaboración del acta. Al escuchar la grabación para hacer las actas después, se dieron cuenta de que el diálogo a menudo es ilógico y fuera de contexto, ¡pero no siempre se percibe así cuando usted está en medio de la conversación! Un ejemplo: una pregunta fue sobre la flota de la compañía, y la respuesta que la persona dio fue algo como esto: "(…) también tenemos una combi, que tiene una capacidad de carga de 1.000 kg. Solo que está un poco vieja, entonces llevamos sólo 1.500 kg". Ninguno de los entrevistadores se dio cuenta de esta respuesta incongruente durante la entrevista, tal vez porque estaban demasiado preocupados por las anotaciones…

7.6.1. ¿Qué es la entrevista?

Es una forma de diálogo, formal o informal, entre dos o más personas, en la que el entrevistador busca respuestas a una serie de preguntas previamente planificadas y los entrevistados se presentan como fuentes de información. Un reto importante para el entrevistador es crear un ambiente de confianza y armonía con el entrevistado, para que la comunicación fluya bien.

El término "entrevista" tiene un sentido amplio, pero el enfoque aquí difiere del de las entrevistas realizadas en los programas de entretenimiento de la televisión. El objetivo del programa es entretener y muchas veces el entrevistador asume el papel de protagonista, dejando al entrevistado en un papel secundario. Si el resultado fue divertido, entonces se cumplió el objetivo del programa.

Para proyectos de software, el objetivo es diferente: el entrevistado debe tener el papel principal y el entrevistador debe ser un facilitador de la conversación para que fluya y así cumplir con los puntos previstos. Sin embargo, no piense que el trabajo del entrevistador sea fácil. Él debe tener una habilidad de comunicación interpersonal bien desarrollada para hacer frente a las diferentes personalidades de los entrevistados y lograr una conversación fluida y objetiva.

En general, los entrevistados son cooperativos y tienen interés en el éxito del proyecto, ya que disfrutarán de sus beneficios. Por lo tanto, el entrevistador suele comenzar la entrevista a su favor. Y debería trabajar para mantener siempre ese ambiente favorable. Pero mucha gente desperdicia esta valiosa ventaja.

7.6.2. La primera impresión es la que vale

Cuando el proyecto involucra a los interesados ya conocidos o con quienes ya hubo interacción en otros proyectos, resulta más fácil prepararse para el enfoque que debe adoptarse en las entrevistas. Asimismo, si la experiencia anterior fue positiva, sin duda las próximas entrevistas serán más fáciles de manejar.

Sin embargo, es frecuente tener que lidiar con interesados que son personas desconocidas. En este caso, hay que tener cuidado en el primer contacto para no dar un paso en falso (una palabra mal colocada, un comentario inapropiado) ni causar una mala impresión ni desechar el espíritu de colaboración con el que llegó el entrevistado.

Esta vez, cuando dos extraños se reúnen para un diálogo, es como un coqueteo. Lo que funciona para uno casi siempre funciona para otro. Lo que perturba en una parte también perturba en la otra. El propósito de ambos es similar: establecer rápidamente una armonía entre sí. Lo que viene después de eso es bastante diferente.

En los cursos impartidos por los autores, suele realizarse una reflexión con los participantes sobre los factores que causan la inhibición del interesado, basada en las experiencias personales de los alumnos. Veamos la lista de algunos de estos artículos (sin ningún orden en particular):

➢ Juzgar o criticar la información proporcionada por el entrevistado.
➢ Interrumpir o completar las frases del entrevistado.
➢ Ser arrogante o dar la impresión de saber más que los demás sobre el tema
➢ Corregir al entrevistado, ya sea en la información o en la gramática.
➢ No mostrar interés por la información recibida.
➢ Proponer una solución antes de escuchar el problema.
➢ Falta de cortesía, amabilidad, puntualidad o contacto visual.
➢ Lugar, tiempo o duración inapropiados.
➢ Cometer un error (broma o comentario inapropiado).
➢ Errores en la presentación personal (higiene personal, formalidad/informalidad).
➢ Lenguaje inapropiado (técnico, formal o informal; uso de jerga o de groserías).
➢ Mostrar falta de preparación sobre el tema a tratar.

Es casi imposible completar esta lista, ya que la capacidad de los seres humanos para cometer errores es prácticamente ilimitada. El entrevistador debe tener tacto en el trato con las personas para no crear obstáculos indebidos para el entrevistado.

7.6.3. Directrices para el entrevistador

A continuación, se presentan algunas pautas prácticas para apoyar al entrevistador en la conducción de la entrevista:

➢ Sea un buen oyente.
➢ Vaya con el corazón abierto (deshacerse de los prejuicios).
➢ Busque hechos, pero también opiniones.

7.6.3.1. Sea un buen oyente

El entrevistado debe hablar más que el entrevistador. Parece trivial, pero lo contrario también ocurre a menudo. Si se habla más que el entrevistado, eso significa que usted está poniendo barreras al flujo de la información. Desarrolle su *escucha activa*. Esto significa demostrar disposición e interés por lo que el entrevistado dice. Estos son algunos consejos:

➢ Demostrar al entrevistado que lo está escuchando, por ejemplo, mediante contacto visual, pequeños gestos con las manos o la cabeza, una postura que refleje interés y expresiones como "ejem", "bueno", "claro", "comprendí".
➢ Solicitar explicaciones sobre los puntos que no comprendió.
➢ Resumir: "(...) si entiendo lo que usted ha dicho, el proceso comienza así y termina así, ¿verdad?".
➢ Interpretar el comportamiento verbal y no verbal del otro.
➢ Desarrollar una sintonía entre ambos.
➢ Generar un clima emocional cálido.
➢ Respetar los silencios naturales en una conversación, ser paciente y respetar los tiempos.

7.6.3.2. Vaya con el corazón abierto, libre de prejuicios

La misión de la entrevista es recopilar información para apoyar el proyecto y no necesariamente confirmar la opinión del entrevistador. El peor pecado es que el entrevistador vaya a la entrevista pensando que ya conoce las respuestas. Invariablemente, la entrevista termina confirmando lo que él le gustaría confirmar, a menudo no porque la información sea correcta, sino porque el entrevistador dirige (quizás inconscientemente) al entrevistado para que responda lo que le conviene.

Despojado de prejuicios, se logra una mejor comprensión de la información que proviene de la otra parte y con frecuencia esto lleva a revisar pensamientos ya consolidados. El perjuicio dirige la atención hacia los datos que corroboran el pensamiento del entrevistador y desvía la atención de lo contrario. A menudo, esto también conduce a que hagan preguntas sesgadas que bloquean la respuesta, con un principio de descontento hacia el entrevistador.

7.6.3.3. Busque hechos, pero también opiniones

A la gente le gusta participar en la resolución de un problema. Una opinión puede revelar el problema principal. Sólo que a menudo el entrevistador desprecia las opiniones y presta atención sólo a los hechos. Y muchas veces alguien ya pensó en la solución y sólo está esperando la oportunidad de compartirla. Los que sufren los problemas que motivan el proyecto seguramente tienen ideas interesantes para su solución.

Veamos un ejemplo. El entrevistador habla con alguien del área de fiscalización de obras para comprender el proceso de fiscalización: qué es, por qué es necesario, quiénes están involucrados, cómo se realiza, cuántas obras se inspeccionan al mes y cuánto es el tiempo medio de fiscalización. De todos modos, se puede hacer frente a una serie de preguntas sobre hechos relacionados con la fiscalización de obras. Sin embargo, si se le permitiera al entrevistado expresar su opinión, podría encontrar las cosas más importantes, como: "Bueno, ya que preguntas por mi opinión, creo que no tiene por qué existir este proceso. Ya hay otro equipo que recoge los mismos datos".

7.6.4. Cómo realizar la entrevista

7.6.4.1. Preparación

El primer paso es definir con claridad el propósito de la entrevista y qué información se necesita obtener. A continuación, se identifican las personas adecuadas para ser entrevistadas. Este punto es importante: si se selecciona a la persona equivocada, la entrevista estará perdida.

A menudo, el entrevistador no toma en cuenta la definición de la persona que será entrevistada. Por ejemplo, su objetivo es comprender el proceso de negocio de un departamento. A medida que el jefe del departamento está ocupado, designa a otra persona para que la entreviste. Durante el procedimiento, el entrevistador se da cuenta de que no es la persona ideal, ya que en muchas ocasiones las respuestas son como:

— Ah, eso no lo sé.

— Sobre ese tema, es mejor hablar con fulano.

— Quién sabe más de eso es el ciclano.

Para evitar estas situaciones, busque participar en la toma de decisiones sobre la designación de las personas para la entrevista. Curiosamente, según los autores, una de las dificultades con requisitos frecuentemente informadas por sus alumnos es la designación de personas con un conocimiento insuficiente del asunto para participar en las entrevistas.

Evalúe entrevistar a personas en diversos niveles de la organización que serán afectadas por el proyecto, por ejemplo, un gerente y un analista. La visión que cada uno tiene del mismo proceso de negocio puede ser diferente y revelar información importante para hacer frente a las necesidades.

Tratar de entrevistar a varias personas a la vez puede resultar improductivo. Una sola persona puede tomar la voz del grupo e inhibir otras opiniones. Por ejemplo, un subordinado puede sentir vergüenza al estar en desacuerdo o al responder a un superior.

Estudiar bien el tema a tratar. Analizar la documentación existente, hablar con otros miembros del equipo que puedan tener mayor conocimiento sobre el tema y realizar una búsqueda en Internet. Una pregunta tonta puede arruinar toda la credibilidad ante el entrevistado. Entonces será difícil conseguir su cooperación en otras entrevistas. Como una pregunta inteligente que puede llevar a ganar la admiración de la persona entrevistada.

Al estudiar el tema de la entrevista, se debe familiarizarse con el vocabulario de negocios y usarlo durante la entrevista. Esto ayudará a lograr una sintonía más rápida con el entrevistado. El glosario es útil en este sentido.

Establecer la duración de la entrevista. A veces, la definición del tiempo de disponibilidad del entrevistado no está bajo el control del entrevistador. En este caso, la entrevista se adapta para priorizar los problemas y optimizar el rendimiento en el tiempo limitado. Si hay libertad para definir la duración de la entrevista, se debe evitar que dure más de dos horas, ya que resulta agotador y provoca un descenso del nivel de atención. Si hay muchos temas por tratar y se requiere un tiempo considerable, se divide la entrevista en varias sesiones más breves.

Debe prestarse atención a la definición de la ubicación de la entrevista. Si fuera el local del entrevistado, evalúe antes si hay posibilidad de interrupciones y si la conversación se realizará en un ambiente reservado o compartido. Si la entrevista se realiza por videoconferencia, asegúrese de que toda la infraestructura esté lista y disponible para ambas partes.

Por último, se debe asegurar de que la persona sea informada sobre la entrevista, su propósito y los temas a tratar, así como de cualquier otra información que necesite para llevarla a cabo.

7.6.4.2. Preparación del guion de preguntas

La lista de preguntas es esencial para obtener mejores resultados en la entrevista. No necesariamente el guion dictará la secuencia; eso depende del formato seleccionado. Incluso si la entrevista se lleva a cabo en un orden diferente al del guion, esto sigue siendo útil, pues al momento del cierre el entrevistador puede verificar si se abordó todo lo que debía.

Tan importante como guiar al entrevistador, la elaboración de la guía de preguntas también es una manera de prepararse. Pensar en la selección ideal de cuestiones; imaginar posibles respuestas; algunas respuestas pueden requerir más preguntas; tratar de anticiparse a ellas.

Algunas de las preguntas que formarán parte del guion ya son de conocimiento previo del entrevistador. Estas son preguntas que han surgido en otras ocasiones, tal vez en entrevistas con otras personas, y ahora serán mejor analizadas. En este caso, el control de cuestiones es una herramienta valiosa para el desarrollo del guion. El entrevistador puede evaluar todas las cuestiones detectadas y aún por responder. Algunas de ellas pueden ser ideales para abordar en la entrevista que se está preparando.

La técnica del 5W+2H ayuda a recordar cualquier aspecto relevante del asunto. Su nombre deriva de las siglas de las preguntas en inglés: "*What?*" (¿Qué?), "*Who?*" (¿Quién?) "*When?*" (¿Cuándo?), "*Where?*" (¿Dónde?), "*Why?*" (¿Por qué?), "*How?*" (¿Cómo?) y "*How much?*" (¿Cuánto?). Imagine que el interés sea conocer mejor un proceso de negocio — por ejemplo, el reembolso de los gastos de viaje. Si en la entrevista se obtuvieron respuestas a todas las dimensiones del tema tratadas mediante el 5W+2H, se evita olvidar algo relevante.

Evitar preguntas largas o complejas. En una pregunta larga, es probable que el entrevistado sólo responda a una parte de ella (no recordará toda la pregunta). En una pregunta compleja, él puede responder de manera incompleta, sólo responder la parte que logró entender. O tener una mala interpretación de la pregunta. Así que hacer una pregunta como la siguiente es contraproducente: "¿Por qué esto es así, desde cuándo esto sucede, quién determinó el cambio y qué pérdidas causó?". Es mejor dividirla y simplificarla. Incluso si una pregunta ya ha sido tratada en una entrevista, es posible que también resulte interesante plantearla a otro entrevistado. Las respuestas divergentes ayudan a anticipar la identificación de conflictos o errores en la información proporcionada por el entrevistado. Por ejemplo: no siempre lo que el jefe dice sobre un proceso es lo que realmente ocurre cuando los subordinados lo realizan.

7.6.4.2.1. Tipos de preguntas

Las preguntas pueden clasificarse en dos tipos: abiertas y cerradas.

Las preguntas abiertas no tienen respuestas "correctas". La respuesta es libre. Son ideales para recoger opiniones o para situaciones exploratorias. Ejemplos: ¿Cómo funciona el proceso de reembolso de los gastos? En su opinión, ¿Cuáles son los problemas de este proceso?

Entre sus ventajas se encuentran:

➢ Son más interesantes para el entrevistado y él se queda más cómodo.
➢ Permiten al entrevistador adaptarse al vocabulario del entrevistado.
➢ Proporcionan mayor nivel de detalle.
➢ Permiten mayor espontaneidad del entrevistado.

Desventajas:

➢ Algunas respuestas pueden dar como resultado detalles innecesarios.
➢ Posibilidad de pérdida del control durante la entrevista. El entrevistado puede hablar mucho y desviar el tema hacia asuntos de interés ajeno.
➢ Puede dar la impresión de que el entrevistador no está preparado.
➢ Puede dificultar la comparación e interpretación de los resultados de distintas entrevistas.
➢ Consumen más tiempo.

Las preguntas cerradas inducen respuestas breves y directas. Tienen respuestas "fáciles". No hay espacio para que el entrevistado haga una digresión. Ejemplos: ¿Cuántas solicitudes de reembolso de gastos pueden presentarse en un mes? ¿Cuál es el tiempo promedio durante todo el proceso? ¿Quién es responsable de las aprobaciones?

Sus ventajas son:

➢ Ahorran tiempo.
➢ Permiten comparar más fácilmente las respuestas de distintas entrevistas.
➢ Facilita al entrevistador mantener el control de la entrevista.

Las desventajas de las preguntas cerradas son:

➢ Puede resultar aburrido para el entrevistado.
➢ Se pierde la riqueza de detalles en la respuesta.

La entrevista puede ser formal o informal. La entrevista informal puede ocurrir cuando el entrevistador y el entrevistado tienen más intimidad y el acceso al entrevistado resulta más fácil. Las entrevistas se llevan a cabo sin necesidad de un ritual previo de contacto y pueden realizarse en horarios y lugares más flexibles. Este es el caso del desarrollo interno del proyecto, en el que el equipo y los clientes son compañeros de trabajo, a menudo trabajan en el mismo lugar y ya son conocidos en otros proyectos.

Además, se puede esperar que la entrevista se lleve a cabo de manera estructurada o no. En la no estructurada no existe una definición del orden en que se abordarán las cuestiones. Con el curso de la entrevista, se evalúan posibles caminos y se establece la secuencia. El guion es un apoyo para el entrevistador, pero no define el orden de las preguntas. En este caso, la entrevista se convierte en un diálogo más natural. Sin embargo, se requiere más experiencia por parte del entrevistador para dirigirla adecuadamente y evitar perder el control. Es destacable que, si bien no se define a priori la secuencia de preguntas, las cuestiones deben definirse con antelación. Es decir, se requiere planificación. ¡No estructurada, no significa no planeada!

Figura 7.2: *En las entrevistas no estructuradas, el guion es sólo una guía para el entrevistador, pero no requiere seguir la secuencia previa de preguntas.*

La entrevista estructurada se lleva a cabo según la secuencia prevista en el guion. Es más apropiada cuando el entrevistador no tiene experiencia o cuando se quiere asegurar de que se hagan las mismas preguntas a todos los entrevistados.

Figura 7.3: *En las entrevistas estructuradas, un guion define la secuencia de preguntas.*

Hay tres tipos básicos de estructuras para una entrevista (véase la Figura 7.4):

- ➢ **Piramidal:** Comience con preguntas cerradas y, a medida que avance la entrevista, se planteen preguntas abiertas. Útil para situaciones en las que el entrevistado se muestra reticente al abordar un tema en particular y así "romper el hielo".

- ➢ **Embudo:** Comience con preguntas abiertas. A medida que avanza la entrevista, se les presentan las preguntas cerradas. Ofrece una forma no amenazante de iniciar la entrevista. Útil para situaciones en las que el demandado necesita "explayarse" o simplemente quiere ir directo al punto.

- ➢ **Diamante:** combinación de los anteriores. Comienza con preguntas cerradas, luego con preguntas abiertas y se cierra la entrevista con preguntas cerradas. Es la mejor manera de estructurar la entrevista. Sin embargo, suele ser más extensa.

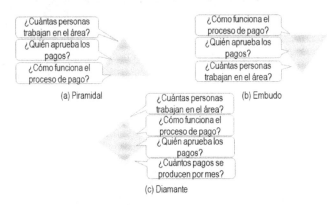

Figura 7.4: *Tres tipos básicos de estructuras para entrevistas.*

7.6.4.4. Forma de registro

Durante la entrevista, los aspectos importantes deben registrarse para no perderlos. Este registro es importante no sólo para evitar que el entrevistador olvide lo que se habló, sino también para compartir el conocimiento adquirido en la entrevista con el resto del equipo. La decisión sobre qué herramienta utilizar para el registro depende del entrevistado y del uso que se hará de estos datos después de la entrevista.

Papel y lápiz a menudo son las herramientas más eficaces y de mejor relación costo-beneficio. El costo es insignificante y la batería no se agota, como puede ocurrir con un laptop o una tableta. Una atención de este enfoque provoca la interrupción del contacto visual y del ritmo del diálogo con el entrevistado. Incluso si el entrevistador tiene la capacidad de escribir sin mirar el papel, manteniendo la mirada en el entrevistado, su atención a la conversación no es la misma, ni la velocidad de escritura es tan rápida como el discurso del otro. Esto se puede remediar con la ayuda de un secretario, una persona distinta del entrevistador, responsable de tomar notas, lo que libera al entrevistador para que la conversación fluya mejor con el entrevistado.

El uso de una grabadora o cámara tiene la ventaja de no interrumpir el diálogo ni el contacto visual y de proporcionar un registro preciso y completo de lo que dijo el entrevistado. La grabación también puede ser útil para que otro miembro del equipo se prepare para entrevistar a la misma persona más adelante, si es necesario.

Sin embargo, el uso de la grabadora o de la cámara para grabar la entrevista puede inhibir al entrevistado. La decisión de utilizar esta herramienta debe contar con el consentimiento de la parte demandada y algunos optan por no utilizarla. Otro riesgo es la dispersión del entrevistador en las respuestas. En este caso, se perderá la oportunidad de explorar nuevas cuestiones que se presenten de inmediato. De lo contrario, sólo se dará cuenta luego de escuchar la grabación, pero ya no tendrá a la persona frente a sí para subsanar la duda.

Por último, basar el registro únicamente en la grabación resultará en una elaboración costosa del acta de la entrevista. Por ejemplo, si la entrevista duró una hora, se necesita más tiempo que este para escuchar la grabación en partes y documentar a medida que se escucha.

Suponiendo que la grabación fue autorizada, ¿Es innecesario tomar notas? ¡Claro que no! La grabadora no graba todo. Mientras la persona habla, el entrevistador procesa la información en su mente, establece relaciones con otra información y recuerda temas que deben ser tratados con otras personas. La mente imagina y la grabadora no graba tales ideas. Varias de las preguntas que surgen en la mente durante la entrevista deben registrarse para que no se olviden, aunque no necesariamente se hable de ellas.

Lo ideal, entonces, es tomar notas de los puntos importantes a lo largo de la conversación, lo que acelera la elaboración del acta posteriormente. La grabación puede utilizarse más bien como una copia de seguridad para escuchar sin demora la parte de la entrevista en la que perdió detalles o hubo alguna confusión en la comprensión.

7.6.5. Ejecución

Cuando se realice la entrevista, sea puntual al inicio y al cierre — una recomendación que no debería ser banal, pero que en la cultura latina a menudo no se valora. El escritor brasileño Millôr Fernandes lo resumió así: *"Puntual es quien decidió esperar mucho"*.

Para abrir la entrevista, no asuma que la otra parte ya sabe quién es y cuál es su meta. Es necesario presentarse y explicar cómo se llevará a cabo la sesión, su duración, su propósito y qué se hará con la información recogida. Si se hizo una buena preparación, el entrevistado recibirá esta información en la invitación. Pero aun así, cuesta poco revisar al inicio de la sesión.

Durante la entrevista:

➢ Escuchar más que preguntar.
➢ Mantener el contacto visual y la atención al lenguaje corporal del entrevistado, así como la propia atención. El mensaje no verbal puede contradecir el discurso del entrevistado.
➢ Mantener el foco en los objetivos y en las preguntas predefinidas. El guion ayudará con esto.
➢ Registrar los temas que no fueron analizados y surgieron durante la entrevista. Añadirlos después al control de cuestiones.
➢ Cabe asegurarse de que la pregunta se haya respondido por completo.
➢ Confirmar lo entendido a partir de la información proporcionada.

Para finalizar la sesión de entrevista:

➢ Revisar el guion para verificar que todos los puntos hayan sido abordados.
➢ Comprobar con el entrevistado si alguna cuestión relevante no fue abordada y si conoce a otra persona que pueda aportar a lo que se discutió. Es una cuestión de rutina. Si se hizo una buena preparación, la respuesta casi siempre será que no hay nada que añadir. Sin embargo, esto puede ser una posibilidad de que el entrevistado tenga la esperanza de abordar algo relevante y que no se detectó en la planificación.
➢ Resumir la sesión.
➢ Recordar la próxima sesión, si es el caso, y dar directrices sobre lo que se tratará.
➢ Agradecer al entrevistado.

7.6.6. Finalización

Tras el cierre de la entrevista, resuma tan pronto como sea posible un informe del acta, preferiblemente inmediatamente después de su cierre. Este es el documento que se utilizará para compartir la información obtenida en la entrevista con el resto del equipo y para validar con el interesado si hubo algún error en la comprensión de la información transmitida. Sólo la grabación de audio no cumple con este papel.

El retraso reduce la calidad de los datos documentados. Recuerde que la mente estaba rebosante de ideas durante la entrevista. Estas ideas se pierden si no se documentan.

Para acelerar la documentación, se puede dejar previamente preparado un modelo de acta que se produce de tal manera que basta con pasar a limpio las notas tomadas.

La información debe organizarse lógicamente, no necesariamente en el orden en que se abordó en la entrevista, y centrarse en los puntos relevantes para el proyecto. La documentación no tiene como objetivo ser una transcripción literal de la conversación.

Después de finalizar el documento, enviarlo al entrevistado para su revisión y obtener su "acuerdo".

7.6.7. Ventajas

➢ Incentiva a establecer una relación más próxima con los interesados.
➢ Permite observar el comportamiento no verbal.
➢ Permite verificar la información.
➢ Permite expresar opiniones de forma privada.
➢ Nuevas preguntas pueden abordarse de inmediato cuando surjan.
➢ Permite discusiones amplias y explicaciones sobre las preguntas y respuestas.
➢ Si el entrevistador es astuto, descubrirá requisitos que están en el subconsciente del entrevistado.

7.6.8. Desventajas

➢ No es una herramienta ideal para llegar a un consenso sobre los requisitos entre los interesados.
➢ Puede resultar costoso aplicarlo a una amplia gama de interesados.
➢ Una considerable inversión de tiempo y de participación.
➢ Las entrevistas no estructuradas requieren un entrevistador experimentado.
➢ Hay riesgo de conducir las respuestas sin darse cuenta del entrevistado.

7.6.9. Conclusión

Debido a su simplicidad y practicidad, la entrevista es una de las técnicas de elicitación más utilizadas. La mayor atención debe centrarse en que el entrevistador se prepare adecuadamente y mantenga la concentración durante la sesión; de lo contrario, la sesión se convierte en una reunión. Y las reuniones suelen ser el principal foco de pérdida de tiempo en las empresas.

7.7. Técnica: Encuesta

Es posible que usted ya haya participado o, al menos, haya sido invitado a participar en alguna encuesta sobre la satisfacción con una empresa con la que ha adquirido productos o servicios. Puede ser un hotel en el que se ha alojado, una aerolínea en la que ha viajado, un banco en el que tiene una cuenta.

Básicamente, estas encuestas de satisfacción consisten en responder a un cuestionario de evaluación del producto o servicio adquirido. A veces, el cuestionario se proporciona en papel. Pero más a menudo, puede responderse en línea.

El objetivo es recoger información sobre su experiencia como consumidor de la empresa. Esto podría hacerse mediante una entrevista con alguien de la empresa para usted. Pero imagine el costo para una empresa que realiza miles de transacciones al día, con muchas personas distintas. Sería prohibitivo. La entrevista podría ser aún más eficaz para proporcionar esta información, pero el costo-beneficio de aplicarla a todos los clientes no resulta ventajoso.

Aunque la encuesta sea común en muchas empresas, ¿Cuántas veces has ignorado estos cuestionarios? Si usted tuviera alguna insatisfacción con la empresa, es muy probable que haya tenido la oportunidad de presentar su reclamo. Pero si todo salió satisfactoriamente, su deseo de responder a ella puede ser menor.

Ese es un punto interesante: si la mayoría de los clientes no responde a la encuesta, el objetivo de obtener retroalimentación termina perjudicándose. Consciente de ello, algunas empresas crean incentivos para que el cliente responda, como un regalo, el derecho a participar en un sorteo o puntos del programa de fidelización. Esto aumenta enormemente el interés por participar en la encuesta.

Cierta vez, uno de los autores fue invitado por una empresa a participar en una encuesta y, para fomentar la participación, se ofreció un sorteo para ganar un fin de semana en un hotel de lujo. La primera página del formulario solicitaba datos de calificación como cliente; estos fueron completados sin problemas y rápidamente se pasó a la siguiente página. Sin embargo, de sorpresa surge un mensaje como este: "Lamentablemente, su perfil no encaja con el público objetivo de esta investigación" y se interrumpe de inmediato. Esto creó una cierta irritación. Si el perfil no estaba en el foco de la encuesta, ¿por qué la invitación? Es evidente que no se hizo un cuidado en la selección de la audiencia a la que se dirigía la encuesta.

En otra ocasión, uno de los autores participó en una encuesta, pero esta vez para un trabajo de maestría. Había una pregunta de la encuesta, con múltiples opciones, en la que ninguna se ajustaba a la realidad del autor (ni siquiera se aproximaba), y no había opción "otros" para anotar. Dado que la pregunta era obligatoria, se contestó cualquier cosa para poder seguir adelante. Al igual que a uno de los autores, es posible que esto les haya sucedido a otros que también participaron. Por lo tanto, ahora se puede imaginar que la investigación realizada sobre estas respuestas carecería de validez.

7.7.1. ¿Qué es la encuesta?

La encuesta consiste en aplicar un cuestionario a los interesados y analizar posteriormente las respuestas. Se diferencia de la entrevista porque no hay interacción con los encuestados durante la respuesta. Sin embargo, ayuda tanto a complementar como a preparar una entrevista.

Es una técnica que permite obtener rápidamente información cuantitativa y cualitativa de un público objetivo numeroso. Cuando se aplica a una muestra representativa de la población, puede reflejar los puntos de vista de toda la población.

También resulta interesante aplicarla cuando los interesados no se encuentran en una única ubicación física. Imagínese un proyecto mundial que afecta a personas de varios países. Realizar entrevistas cara a cara implicaría gastos de viaje importantes. El uso de la videoconferencia sería una alternativa más económica. ¿Pero qué hacer con el huso horario? Entrevistar a personas que se encuentran en una zona de 10 o 12 horas de diferencia horaria implica que alguien tenga que trabajar en un horario incómodo. El uso de cuestionarios minimiza, en este caso, la necesidad de entrevistas.

7.7.2. ¿Cómo aplicar la encuesta?

7.7.2.1. Preparación

Hay aspectos comunes en la preparación de una entrevista y de una encuesta. La primera definición debe estar en el objetivo que se persigue: qué información se desea obtener y, luego, seleccionar la audiencia apropiada.

Si selecciona un público más amplio de lo necesario, puede resultar en el desperdicio de recursos. Y quizás lo peor es que implica obtener respuestas de personas que no deben considerarse en este análisis.

Si selecciona un público más pequeño de lo necesario, tal vez no se recoja información importante de las personas indicadas para ser encuestadas. Esto puede dar lugar a requisitos faltantes o erróneos.

Si no está seguro del ámbito adecuado para el público objetivo, mejor errar por la alta dosis e incluir una audiencia más amplia. Añada preguntas al cuestionario que le permitan identificar mejor a este público y, después, elimine las respuestas de quienes no pertenecen a ese público objetivo.

La preparación del cuestionario es similar a la del guion de preguntas de la entrevista. Por cierto, ¡el guion de la entrevista es un cuestionario! Una preocupación adicional es formular las preguntas lo más claramente posible y, si es necesario, las instrucciones para que la gente responda al cuestionario. Durante una entrevista, si la pregunta no se entiende, el entrevistador puede reformularla o explicarla al entrevistado para que pueda responder de forma más apropiada. En una encuesta, si la pregunta no se entiende bien, obtendrá algunas respuestas sin valor.

Otro cuidado es la forma y el orden en que se presentan las preguntas, para no influir en el entrevistado. Es decir, debe utilizar un lenguaje neutro y una organización que no induzca a una persona a dar una respuesta "deseada".

El cuestionario puede contener dos tipos de preguntas:

➢ **Preguntas con respuestas limitadas**: Cada pregunta ofrece un conjunto de posibles respuestas. Útil cuando las respuestas se entienden bien de antemano. Son eficaces para la recopilación de datos cuantitativos destinados al análisis estadístico. Ejemplo: ¿Cuál es el canal de comunicación con la empresa que más utilizas?

> a) Intranet
> b) E-mail
> c) Teléfono
> d) Redes sociales.

➢ **Preguntas con respuestas libres**: El encuestado puede responderlas como desee. Las respuestas pueden proporcionar más detalle y mayor variación en el rango posible de respuestas. Hay una mayor dificultad para consolidar las respuestas. El ejemplo puede ser la misma pregunta: "¿Cuál es el canal de comunicación con la empresa que más utilizas?". Con la diferencia de que la respuesta puede ser libre; no hay intención; tampoco es posible predecir los valores posibles de las respuestas.

Incluso con todo el cuidado en la preparación del cuestionario, es importante que este sea probado antes de su distribución. Aplicarlo a algunas personas del público y observar cómo responden al cuestionario. Evaluar las dificultades y dudas que la gente percibe y reformular lo necesario.

Sin embargo, de nada sirve tener un cuestionario bien diseñado si no llega al público objetivo. A continuación, establezca los medios de distribución más apropiados. ¿Por qué no por correo electrónico? Tal vez esto sea, sin duda, la mejor opción en la mayoría de los casos, pero no siempre. ¿Cuenta con las direcciones de correo electrónico de todos los miembros de su público objetivo? ¿Estas direcciones están al día? ¿Cuántos recibirán el mensaje en su caja de correo basura?

Es difícil lograr que el 100% del público objetivo responda a la encuesta. Entonces, evalúe cuál es la tasa de respuesta necesaria para cumplir los objetivos de la investigación. Este será el objetivo que se busca al realizar la encuesta.

Para lograr mejores tasas de respuesta, se debe evaluar ofrecer una recompensa a quienes responden o, tal vez, una pena a quienes no responden.

Por último, se debe establecer una fecha límite para la recepción de los cuestionarios completados, a fin de realizar el análisis de las respuestas.

7.7.2.2. Ejecución

Si la planificación fue bien hecha, la ejecución es la parte más fácil del trabajo. Distribuir el cuestionario con instrucciones para el público objetivo y realizar un seguimiento de su recepción. Esto es importante para identificar y corregir los fallos en la distribución. La evolución de la tasa de respuesta también debe observarse y se le indicará si es necesaria alguna acción para mejorarla. Por ejemplo: una nueva declaración para reforzar la solicitud de responder a la encuesta y aplazar la fecha de finalización.

7.7.2.3. Finalización

Finalizado el período de ejecución de la encuesta, proceder al análisis y a la consolidación de las respuestas. Esto conduce a un informe con los resultados pertinentes, que debe ser validado por cualquier interesado con la autoridad necesaria. A partir de entonces, el informe puede utilizarse para el análisis de requisitos.

7.7.3. Ventajas

➢ Técnica relativamente rápida y barata de ejecutar.
➢ Permite obtener información de una gran audiencia con mayor facilidad.
➢ No demanda tanto tiempo de los encuestados como una entrevista.
➢ Útil cuando el público objetivo está geográficamente disperso.
➢ Cuando se aplica a una muestra representativa de los interesados, permite reflejar los puntos de vista de toda la población.
➢ Las preguntas con respuestas limitadas resultan eficaces para la generación de datos cuantitativos destinados al análisis estadístico.

7.7.4. Desventajas

➢ Si la tasa de respuesta es baja, el resultado puede no ser estadísticamente significativo.
➢ Errores en el diseño del cuestionario pueden conducir a respuestas en blanco o incorrectas, o a distintas interpretaciones de la misma pregunta, lo que puede derivar en errores en los requisitos.
➢ El uso de preguntas con respuestas ilimitadas exige más esfuerzo de análisis cuando el público es numeroso.

7.7.5. Conclusión

La encuesta es una herramienta interesante para la caja de herramientas de elicitación. A pesar de ser rápida y barata, necesita estar bien planificada y ejecutada, ya que la disposición de la gente a responder cuestionarios es escasa. Por lo tanto, es difícil repetir la encuesta a lo largo de todo el proyecto y obtener una alta tasa de respuesta.

7.8. Ejercicios

1. ¿Por qué es importante documentar el resultado de la elicitación? ¿Por qué no ir directamente al análisis de requisitos?
2. En el caso de estudio (Anexo I), procure destacar qué términos serían candidatos para componer el glosario del proyecto, de modo que alinee el conocimiento del negocio entre el equipo y el cliente.
3. Con base en su experiencia con entrevistas anteriores, enumere los tres factores principales que provocaron la inhibición del entrevistado. Si no ha realizado ninguna entrevista, tenga en cuenta las entrevistas realizadas por otros colegas de las cuales usted ha sido testigo.
4. Prepare una entrevista con el dueño del proyecto del caso de estudio anexo. El objetivo es detallar el alcance de la especificación preliminar. Asuma que él es una persona ocupada.

   Directrices y consejos:
   - La sesión de la entrevista no puede exceder de sesenta minutos.
   - Trate de enumerar hasta diez preguntas (no será posible abordar más de eso en el tiempo propuesto).
   - Para cada pregunta elaborada, procure imaginar qué respuestas podrían darse y formule preguntas para profundizar en la respuesta a la primera.
   - Organizar las preguntas de la entrevista por temas.
   - Evaluar si hay preguntas que se abordarán sobre los requisitos de negocio.
   - Evitar preguntas que un subordinado podría responder para optimizar su tiempo.

8. Análisis de Requisitos

*"La noche bien amada. Por la noche, la razón duerme y las cosas son
simplemente. Las que verdaderamente importan recobran su forma, sobreviven
a las destrucciones de los análisis del día. El hombre reconstruye sus pedazos y
vuelve a ser un árbol tranquilo."*
Antoine de Saint-Exupéry (Piloto de Guerra)

En este capítulo se describe el análisis de requisitos, sus objetivos, las actividades que lo componen y su interrelación con otros procesos de la Ingeniería de Requisitos.

Las entradas al análisis de requisitos son los resultados de la elicitación y los productos son los requisitos de la solución y de la transición. Estos productos se presentan en forma de especificaciones con los requisitos funcionales y no funcionales, de modo que estén listos para organizarlos en paquetes de unidades conexas para el desarrollo de software.

La identificación de las brechas de información, las oportunidades de racionalización y los conflictos también es un resultado colateral del análisis de requisitos. Los dos primeros, a su vez, retroalimentan nuevas actividades de elicitación. Los conflictos que no pueden resolverse con la información disponible deben impulsar actividades en el ámbito de la gestión de requisitos.

El análisis de requisitos se presenta no solo con el objetivo de organizarlos, sino también como una herramienta para identificar requisitos implícitos y ocultos, cuyo descubrimiento tardío puede hacer fracasar el proyecto y anular los resultados de las inversiones ya realizadas.

8.1. Problema: descubrir tardíamente que aún falta mucho

Una de las experiencias más frustrantes para los interesados es descubrir que el software no cumple con las necesidades del negocio. A menudo, su sorpresa ocurre sólo cuando se realiza la prueba de aceptación de usuarios o al intentar la transición a producción.

Ello conlleva graves consecuencias tanto para el proyecto, al ser cancelado por no ser más factible, como para el negocio, al invertir valiosos recursos y ver su necesidad insatisfecha.

Este es un fenómeno más común en proyectos de lo que uno podría imaginar: estar cerca de la mitad del camino cuando se cree que está casi terminado. No necesariamente. Este fenómeno se debe a un cambio en el alcance original, como podría pensarse al principio.

En realidad, el alcance original debe definirse en términos de áreas funcionales, organizaciones y macroprocesos de negocio que limiten el alcance de la solución a un nivel superior. Esta declaración general del alcance no debe limitarse a la identificación de los requisitos de solución o de transición.

De hecho, su descubrimiento es una revelación, resultado del esfuerzo de desarrollo de los requisitos, y no debe ser evaluado como un cambio ni como un motivo que justifique el fenómeno descrito. Parece ser una paradoja debido a la contradicción implícita.

Sin embargo, se deshace cuando se aclara el hito utilizado para evaluar el 50% completado y otro para evaluar el 100% o, más a menudo, el 90%. Este último tiene en cuenta el alcance identificado y aún no plenamente desarrollado, mientras que el otro contempla el alcance necesario para abordar el propósito para el que se inició el proyecto. La Figura 8.1 ilustra este escenario.

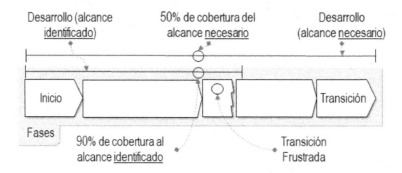

Figura 8.1: *La dinámica de la creencia en un 90% completo cuando todavía se está lejos del término.*

El análisis de requisitos debe anticipar, al principio del desarrollo, el horizonte representado por el 100% o, al menos, el 80% más crítico de dicho horizonte. Es una hermosa oportunidad para prevenir que el problema descrito se multiplique.

Se debe señalar que el análisis de requisitos es sólo parte de la solución de este problema. Porque son necesarias actividades que dependen de decisiones en otros ámbitos; por ejemplo, establecer circuitos de retroalimentación más cortos entre el equipo y los usuarios de sus productos y la entrega de resultados intermedios más tangibles del proyecto.

8.2. Visión general del análisis de requisitos

Si la elicitación de requisitos encuentra las piezas del rompecabezas, entonces el análisis de requisitos busca armarlo. El objetivo del análisis de requisitos es ampliar la comprensión actual de la información, completarla y mejorarla. La información obtenida mediante la elicitación de las necesidades del negocio y de los interesados constituye su entrada. La Figura 8.2 ilustra esta visión preliminar del análisis de requisitos.

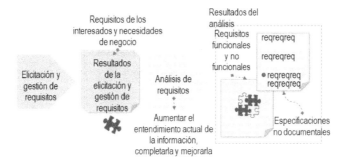

Figura 8.2: Un breve resumen del análisis de requisitos.

Esta visión preliminar es una simplificación, ya que presenta el análisis como actividad posterior a la elicitación, como en un flujo sin retroalimentación. No es así porque los productos de elicitación son potencialmente omisos, ambiguos o redundantes, o bien presentan conflictos entre sí.

Una representación más completa del análisis debe incluir, como parte de sus productos, directrices para nuevas sesiones de elicitación basadas en el descubrimiento de estas necesidades de información o de toma de decisiones. Esta representación debe posicionar la relación entre el análisis y la elicitación como bidireccional. La Figura 8.3 hace eso.

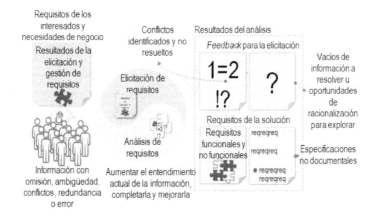

Figura 8.3: Dinámica de la interacción entre la elicitación y el análisis, en la que los productos de una son entradas para la otra.

8.2.1. ¿Qué es el análisis de requisitos?

El análisis de requisitos transforma la información presente en los requisitos de los interesados y las necesidades de negocio en diferentes procesos mostrados en la Figura 8.4 de:

> ➢ Revisión de la información.
> ➢ Descomposición de la información.
> ➢ Síntesis de la información.

El producto principal del análisis de requisitos es la inteligencia de negocio registrada en documentos y modelos, junto con las especificaciones de requisitos funcionales y no funcionales del software. Sin embargo, la falta de especificaciones en los documentos no implica la ausencia de actividades de análisis.

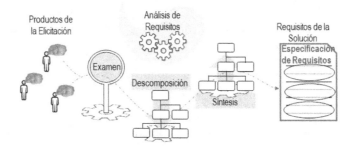

Figura 8.4: *Las habilidades básicas para el análisis de requisitos.*

8.2.2. ¿Por qué el análisis de requisitos?

Hay un grupo de 14 interesados que cumplen los requisitos. Cada uno de ellos tiene puntos de vista distintos sobre la necesidad y la solución para abordarla, además de tener responsabilidades y autoridades diferentes. ¿Es razonable enviar sus requisitos, incluidos los conflictos y las oportunidades de racionalización aún no revelados, tanto para el diseño de la arquitectura como para la implementación?

Bueno, todo es posible. Pero ¿A qué costo de retrabajo podría evitarse? Incluso en este escenario, habría trabajo de análisis de requisitos, aunque pagando más y con mayor espera. Algún tipo de retrabajo es inevitable en un proceso de descubrimiento. Aun cuestionando el uso del término "retrabajo", la falta de organización y disciplina en las actividades de análisis promueve niveles de retrabajo mayores de lo necesario para el cumplimiento de los requisitos.

El análisis de los requisitos tiene como objetivo ampliar la comprensión actual de la información, completarla y mejorarla, a fin de identificar omisiones, ambigüedades, conflictos, redundancias o errores en los requisitos. El medio por el cual el análisis de requisitos cumple este objetivo es la formulación de preguntas, a fin de utilizarlas como insumos importantes para nuevas actividades de elicitación. Seguramente se puede decir que existe un flujo de retroalimentación entre las actividades de elicitación y de análisis.

8.2.3. ¿Cómo realizar el análisis de requisitos?

El análisis de requisitos mira de cerca cada pieza de información revelada en la elicitación y cómo se relacionan entre sí. Es elaborar la información de una manera progresiva e iterativa para describir:

> ➢ **El motivo del cambio** es la necesidad del negocio, el dominio del problema y un alcance inicial de alto nivel.
> ➢ **El alcance de la solución (y la transición)** consiste en definir con precisión su alcance y sus requisitos funcionales y no funcionales.
> ➢ **La profundidad del comportamiento que se espera de los ítems en el alcance** consiste en desarrollar, paso a paso, el detalle del comportamiento respecto de dichos requisitos específicos.

El análisis debe proporcionar estructura a los requisitos y a la información relacionada para el desarrollo de conocimiento aplicable que permita alcanzar los objetivos de negocio. Se compone de diferentes tipos de actividades:

> ➢ Organizar a partir del examen, descomposición y síntesis
> ➢ Modelar y utilizar modelos para refinar la información
> ➢ Especificar para documentar los requisitos
> ➢ Verificar si el proceso y los productos cumplen con las buenas prácticas
> ➢ Validar si la solución satisface al cliente.

8.3. Organizar a partir del examen, descomposición y síntesis

La obtención de requisitos, junto con los interesados, da como resultado documentos individuales o registros no documentales, a partir de la recopilación de requisitos confirmados, que deben ser examinados durante el análisis de requisitos. En este momento se debe tener en cuenta el contexto más amplio de cambio en el que opera el software. En este contexto, las decisiones que se toman son:

> ➢ Mantener el flujo operativo existente
> ➢ innovar en relación con dicho flujo operativo.

El flujo operativo debe entenderse como la forma en que las tareas se llevan a cabo en los procedimientos operativos y en las prácticas establecidas en la organización. La palabra clave es **tarea**.

8.3.1. Examen para identificar o describir tareas

Las necesidades del negocio y los requisitos de los interesados son difusos y fragmentados y ocultan preguntas aún pendientes. Con el fin de facilitar el descubrimiento y la resolución de estos problemas, se define el concepto de nivel de granularidad asociado a los objetivos de un requisito.

Para ilustrar estos puntos, considere dos requisitos recolectados junto a los interesados para "Controlar la entrada y salida de personas y vehículos en las instalaciones portuarias" y "Validar la documentación del visitante".

El examen bajo discusión busca identificar requisitos tales como el tipo del primer requisito, que agregan varios objetivos de usuario. El trabajo o cualquier tipo de comportamiento que se desee describir, como expresar que gustó de una foto, puede describirse en una infinidad de niveles de abstracción.

El nivel más concreto, que puede comprender un operador manual no acostumbrado al manejo de conceptos abstractos, es el de la tarea.

La organización de los requisitos debe tener como objetivo reducirlos para que puedan ser tratados de forma más concreta y menos abstracta en el nivel de objetivo de usuario.

Por ejemplo, un tercer requisito, "Listar todos los incidentes registrados en un período en el área portuaria", permite inferir una tarea específica; los otros dos ya mencionados, no. Estos otros esconden temas como:

> ➤ ¿Cuáles son las tareas del flujo operativo cuya ejecución debe destinarse al desarrollo de software para la consecución del objetivo más amplio de controlar la entrada y salida de personas y vehículos en la instalación portuaria?
> ➤ ¿Cuáles son las tareas del flujo operativo en las que se debe validar el documento del visitante?

En la identificación de esas tareas, a partir de las respuestas a las preguntas citadas, cualquier proyecto que incluya el desarrollo de software debe organizar los requisitos, como el comportamiento que se desea transferir al software, a partir de las tareas en las que se integrará el software.

Cabe destacar que en los momentos iniciales casi no se logra identificar plenamente el alcance en estos términos. Sin embargo, es viable identificar y organizar la mayor parte de los requisitos en este nivel al finalizar la iniciación del proyecto o la definición del primer *Backlog* del producto. Por ejemplo, alrededor del 80% de los requisitos en este nivel, con inversiones cercanas al 5% o al 10% del esfuerzo total del desarrollo.

8.3.1.1. Tareas existentes en el flujo operativo

El desarrollo del alcance en esos términos requiere decisiones de los interesados sobre las tareas que debe absorber el software y el grado en que debe hacerlo. Estas deben tomarse con el mejor ajuste a las necesidades del negocio y a las restricciones del dominio del problema.

Estas decisiones implican en:

➢ **Identificar las tareas**, antes realizadas por un intermediario y ahora llevadas a cabo directamente por quien las origina o para quienes están destinados sus productos de información, como parte de los requisitos del software. Por ejemplo, ¿cuántas tareas, antes en manos de un cajero de banco, se realizan ahora directamente por el cliente del banco a través de un software de autoservicio o de banca por Internet? ¿Cuántas tareas antes realizadas por un asistente en una cooperativa de taxis ahora se realizan por el pasajero que utiliza una aplicación en su teléfono móvil?

➢ **Consolidar diferentes tareas** en un único requisito del software. La división en dos o más tareas, como reflejo de diferentes responsabilidades, puede resultar innecesaria ante las facilidades que ofrece la tecnología de la información y la comunicación. Por ejemplo, como parte del proceso de desembolso de los créditos en un acuerdo de financiación, un profesional autoriza el crédito en la cuenta corriente bancaria del beneficiario de la financiación y actualiza la hoja de cálculo financiera con el registro del evento. Otro profesional calcula el impacto del desembolso de los créditos en el valor del principal y en el importe de los intereses de las cuotas no vencidas y luego modifica las líneas correspondientes de la hoja de cálculo financiera. Antes del proyecto, en el flujo operativo discutido había dos tareas diferentes. Con la capacidad de transferir el procesamiento al software, ambas tareas existentes pueden consolidarse en una sola.

➢ **Transferir parte de la ejecución de tareas** como requisito del software, manteniendo su dependencia de los intermediarios. Con el fin de garantizar el correcto intercambio de información y la observancia de las reglas de negocio aplicables, el software permite que el usuario ejecute una tarea. Por ejemplo, la evaluación de las condiciones para determinar cuáles se aplican al introducir una solicitud, antes responsabilidad de una persona y ahora realizada por el software, debe añadirse como parte del alcance del análisis de requisitos.

8.3.1.2. Innovación en flujo operativo

Si bien los tres casos expuestos anteriormente se refieren a tareas ya presentes en el flujo operativo, hay un comportamiento, proactivo o en respuesta a un evento externo, que se establece como requisito para el software y que corresponde a la innovación. Estas son tareas nuevas que tal vez ni siquiera existirían si no fuera por la tecnología de la información que las respalda.

Por ejemplo, el flujo operativo existente no establecía una tarea específica para la renegociación de las condiciones de un acuerdo de financiación. La administración gestionaba la renegociación del uso de los recursos obtenidos en el nuevo acuerdo, con el fin de saldar el anterior. El cliente negociaba descuentos sobre los montos de interés devengados y tasas de interés más ventajosas. La administración debía:

➢ Firmar un nuevo acuerdo conforme a las condiciones negociadas.
➢ Restar el saldo final del acuerdo anterior del desembolso del primer tramo al nuevo acuerdo.
➢ Saldar las cuotas vencidas con los descuentos aplicables y amortizar, de forma anticipada, los pagos por vencer del acuerdo anterior, con el importe reservado en el desembolso del primer tramo.

Esta organización del flujo operativo promueve riesgos operativos o la pérdida de oportunidades, lo que minimiza los posibles problemas derivados de la morosidad de sus clientes.

Algunas de las causas son el coste y la complejidad de establecer un único procedimiento para gestionar la renegociación. Una vez que esta complejidad se asocia como requisito del software, la situación es diferente: se puede crear un flujo operativo con tareas específicas para tal fin.

8.3.1.3. Diferentes objetivos de información

La organización de los requisitos a partir del análisis tiene como objetivo describir el alcance del proyecto, basándose en dichas decisiones sobre qué tareas son absorbidas por el software en distintos grados. Este es un nivel de detalle en estadios preliminares del desarrollo donde se revelan componentes funcionales elementales que establecen el alcance de forma clara y objetiva. A este propósito se denomina "describir el alcance en términos específicos".

En la medida en que avanza el desarrollo, los requisitos se organizan mediante análisis con el objetivo de describir el comportamiento que se transfiere al software de dichos ítems básicos. A este otro propósito se le conoce como "Describir el comportamiento de los elementos constituyentes del alcance".

8.3.1.3.1. Describir el alcance en términos específicos

No es factible examinar los registros confirmados de la elicitación para establecer el alcance en términos específicos sin que haya un desarrollo continuo de la información resuelta mediante el análisis. Al menos deberían relacionarse los componentes elementales del alcance en una lista de requisitos funcionales o señalarlos en un árbol. Además, contar con la estructura jerárquica derivada del refinamiento creciente de las necesidades hacia los requisitos. Ellos deberían estar en el nivel adecuado para describir el alcance más fino, como en los diferentes escenarios de una misma tarea que no se construyen en una única iteración.

Los requisitos no funcionales también deben considerarse al organizar la información en el nivel de tarea al especificar el alcance. Es posible que un mismo tema tenga diferentes requisitos no funcionales. Por ejemplo, es posible que el tiempo medio aceptable para las operaciones interactivas sea de hasta diez segundos. Para las transacciones de consulta del catálogo de productos, se aplica una exigencia más alta y el tiempo promedio de respuesta no debe exceder dos segundos.

Por lo tanto, para calificar el alcance, al menos debería haber una especificación documental con el inventario de los requisitos funcionales y no funcionales en el nivel correspondiente.

8.3.1.3.2. Describir el comportamiento de los elementos constituyentes del alcance

Consolidar el alcance tal como se describe hasta este punto es un objetivo intermedio. El otro objetivo de información sobre el desarrollo de los requisitos es comprender, desarrollar y diseñar el paso a paso de cada uno de los requisitos en el alcance y en las reglas de negocio aplicables; o sea, profundizar en el alcance.

Cuando se tiene este objetivo y dependiendo de la estrategia utilizada, es posible alcanzarlo sin necesidad de especificaciones detalladas. Técnicas, tales como la creación de prototipos, pueden resultar apropiadas y requieren menos trabajo de análisis en la elaboración de documentos. Determinar cuándo esto ocurre; tenga en cuenta las condiciones del Capítulo 2 para exponer el nivel de detalle de los requisitos.

8.3.2. Descomposición de la información

De finales de la década de 1970 a finales de 1990, la principal estrategia de desarrollo de software se basaba en la descomposición funcional. Ahora no debe interpretarse que el análisis de requisitos es también un proceso de descomposición

Debe entenderse que los interesados expresan sus necesidades durante la elicitación en distintos niveles. Algunos se expresan como procesos que añaden diversos objetivos del usuario. Son los requisitos que corresponden a los objetivos agregados y que puede indicar que:

➤ El software debe facilitar o responder plenamente a la consecución de <u>todos</u> los objetivos agregados.
➤ El software debe hacerlo <u>sólo para algunos</u> de los objetivos agregados, lo que plantea una pregunta implícita, ya que no establece cuál es dicho subconjunto.
➤ <u>O no se sabe todavía</u> qué objetivos más específicos componen un objetivo agregado, lo cual también implica una pregunta implícita pendiente de resolverse.

Como ejemplo, el requisito de "controlar la entrada y la salida de personas y vehículos en las instalaciones portuarias" citado anteriormente.

El análisis de los requisitos debe identificar posibilidades como preguntas pendientes de respuesta y dudas. Una vez entendido el requisito, este debe descomponerse en sus elementos constitutivos y revelar cuáles de estos elementos son requisitos para el desarrollo de software.

8.3.3. Síntesis de la información

La información recopilada a lo largo de la elicitación de requisitos también se presenta en forma de fragmentos compartidos por los interesados. Un fragmento de requisito suele llevar consigo asuntos pendientes que deben explorarse. Corresponden a requisitos en el nivel de subfunción.

Por ejemplo: "Sólo los estudiantes que tengan al menos un 75% de asistencia podrán recibir el certificado de participación."

Este fragmento esconde algunas preguntas, tales como: ¿Cuáles son los requisitos funcionales a los que se aplica la regla? Uno podría pensar: ¡el requisito funcional que describe o indica la emisión del certificado! Sin embargo, no se puede afirmar con certeza que sea el único.

Dependiendo del caso, puede ser un requisito funcional con sus particularidades, en el que el propio alumno emite su certificado. También es posible tener otro requisito funcional —

similar, pero cuya funcionalidad proviene de otra responsabilidad. El equipo de gestión de cursos permite solicitar el certificado de participación de cualquier estudiante, de cualquier curso, en cualquier momento.

Durante el análisis de requisitos, estos fragmentos deben evaluarse como reglas de negocio a observar durante el desarrollo de software. Los distintos interesados pueden haber expresado la misma regla de negocio de diferentes maneras. De esta manera, ocasiona complementariedad o contradicción al describir la misma regla de negocio.

A partir de este análisis, se preparan las preguntas para la elicitación o las especificaciones sintetizadas que describen las reglas de negocio ya tratadas. A menudo, los interesados exponen las reglas de negocio como piezas sueltas y el ingeniero de requisitos debe trabajar para identificar los requisitos funcionales a los que se aplican mediante la elicitación de requisitos.

Tales fragmentos también pueden indicar procedimientos compartidos como parte de otros requisitos funcionales. Por ejemplo, varios interesados indican que existe un procedimiento común en distintas transacciones bancarias para un cajero automático. El propósito del procedimiento es identificar que el usuario es realmente quien dice ser y, así, prevenir el fraude. Los responsables de definir las distintas transacciones solo saben que el procedimiento debe cumplirse. Algunos lo describen de una manera; otros, de otra.

Por lo tanto, el análisis revela la necesidad de averiguar quién es la autoridad sobre el comportamiento esperado en este proceso común, cómo funciona y cuáles deben ser las transacciones que lo utilizan. Una vez que se respondan estas cuestiones, surge una resolución o una nueva comprensión del problema. Una síntesis parte de una especificación funcional aislada o de otra especificación.

Los resultados del análisis no se limitan a la síntesis de los requisitos de ambos tipos de fragmentos. Durante el análisis, al unir las piezas para identificar o desarrollar el requisito de la solución o de la transición, ¡es posible encontrar algunas piezas que faltan en la caja del rompecabezas! Los modelos son excelentes herramientas para este propósito.

8.4. Modelar y usar modelos para refinar la información

En este tópico se presenta la elaboración de modelos o la utilización de modelos preexistentes como herramientas para refinar la información y revelar los requisitos que satisfagan las necesidades del negocio.

8.4.1. ¿Qué es modelar?

Los requisitos aislados no son complejos; son la relación e interdependencia entre ellos las que conducen a la complejidad. Un modelo es una representación visual y descriptiva que transmite información a un público en particular, con el fin de apoyar su análisis, comprensión y comunicación. El modelo representa la información de forma estructurada para organizarla y transmitirla de manera más amigable.

8.4.2. ¿Por qué modelar?

Un conjunto de requisitos incluye diversas perspectivas que pueden analizarse. Los modelos ayudan a visualizar y resumir esta complejidad al priorizar una perspectiva de forma aislada. Los modelos concentran la información en un determinado punto de vista, en una faceta de la realidad, por encima de las demás. Los modelos proporcionan un contexto para transmitir información a través de distintos puntos de vista sobre los requisitos. Representar la realidad de manera más rica requiere distintos tipos de modelos.

La aplicabilidad de los modelos en el análisis no se limita a su elaboración. Utilizar modelos existentes durante el análisis también permite refinar la información. Esto se debe a que los modelos también confirman los conocimientos desarrollados, identifican las brechas de información y eliminan con mayor facilidad la información redundante o contradictoria.

8.4.3. ¿Cómo realizar el modelado?

Los modelos pueden ser entradas y productos del análisis de requisitos. Existe un potencial uso de modelos ya desarrollados y disponibles antes del proyecto, así como la producción de dichos modelos como resultado de la actividad de análisis.

8.4.3.1. Modelos preexistentes

Se debe determinar qué modelos existentes pueden utilizarse como punto de partida y cuáles deben desarrollarse para alcanzar los objetivos del análisis.

Por ejemplo, existe un modelo de proceso que describe el flujo operativo. Lo describe mediante la representación del flujo de colaboración entre las diferentes tareas, orientadas a un objetivo de negocio.

Asignar los requisitos ya desarrollados en este nivel, como parte de las actividades del más alto nivel de proceso, facilita el consenso sobre el alcance para resolver las necesidades del negocio. Así más fácilmente se evalúa cuando una actividad en el modelo debe ser:

➢ Manual, porque no hay ni debe haber ningún requisito asignado.

- ➤ Informatizada o automatizada, sin embargo, no hay ningún requisito para el producto en análisis asignado, ya que es responsabilidad de otro proyecto.
- ➤ Investigadas más a fondo, ya que no hay ningún requisito para ello, se identifican necesidades de negocio que todavía no se satisfacen plenamente.

8.4.3.2. Modelos para elaborar

Decidir qué técnicas de modelado son más apropiadas y cuándo deben utilizarse es responsabilidad del análisis de requisitos. En los capítulos anteriores se presentaron algunas técnicas de modelado, como el diagrama de contexto, el glosario y la declaración del problema o la visión. En este, se presentaron otros, indicando sus puntos fuertes y las circunstancias en las que se aplican mejor. Las técnicas exploradas en este capítulo son:

- ➤ Especificación mediante frases textuales.
- ➤ Historias de usuario.
- ➤ Descomposición funcional.
- ➤ Modelado de procesos.
- ➤ Modelo del dominio.
- ➤ Caso de uso.

8.4.3.3. Tipos de modelo según su forma

Hay diferentes tipos de modelos. Es posible elegir uno o más formatos según el tipo de información y la meta del modelado. En cuanto a la forma en los modelos pueden clasificarse en:

- **Matrices:** Se utilizan para modelar requisitos o conjuntos de requisitos con una estructura compleja pero uniforme. Las matrices también se utilizan para dar prioridad a los requisitos y registrar otros atributos.
- **Diagramas:** Un diagrama es una representación visual compuesta por figuras que representan un requisito o un conjunto de requisitos. Un diagrama es especialmente útil para describir la complejidad de forma más fácil que con palabras. Los diagramas también pueden utilizarse para definir los límites, crear jerarquías, clasificar los elementos en categorías y presentar la estructura de datos y las relaciones.

8.4.3.4. Tipos de modelo según su información

Los modelos desempeñan un papel al proporcionar información desde distintos puntos de vista. Dejan a un lado los pormenores de los demás puntos de vista para disminuir su complejidad inherente. La Figura 8.5 ilustra la función de los modelos.

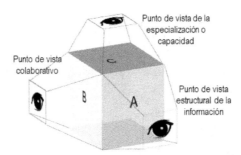

Figura 8.5: Las diferentes visiones representadas en los modelos durante el análisis.

En el sentido del tipo de información y del objetivo del modelado, los modelos describen los requisitos en la perspectiva de:

- **Colaboración:** Resalta la interacción entre los requisitos, ya asociados a los objetivos de los individuos en una tarea. Posicionado en un plano en el que los procesos de distintos niveles trabajan en conjunto para alcanzar un objetivo superior. Son modelos que ponen en perspectiva la información sobre el flujo de actividades, representando una secuencia de tareas, eventos o caminos que pueden seguirse. Ejemplos: modelos de proceso, casos de uso y escenarios, historias de usuario, diagramas de secuencia y de colaboración.

- **Especialización (o capacidad):** es la organización de los requisitos en función de las características y funciones del producto. Resalta las afinidades entre las distintas responsabilidades en las que los requisitos se integran. Refleja la necesidad de habilidades y conocimientos compartidos para el desempeño de las funciones de la organización. Los modelos de este tipo agrupan y estructuran los requisitos según su especialización. Ejemplo: la creación de prototipos y la descomposición funcional. Modelos de especialización que describen organizaciones, grupos de personas y roles de manera aislada o sus relaciones dentro de una organización más grande o con la solución. Por ejemplo, el modelado de la organización en un organigrama, las matrices de funciones y permisos, y la lista de interesados.

- **Estructura de la información:** Es la organización de la información en grupos cohesivos que describen los conceptos para los que existen requisitos de almacenamiento o de recuperación. Ejemplos: diccionario de datos, glosario, modelo de dominio, diagrama de estados.

Mediante el ejercicio de crear estas diferentes perspectivas sobre los requisitos, es posible identificar con mayor facilidad los puntos débiles de la especificación.

Es común tener múltiples opciones válidas y es poco probable que todos los modelos citados se utilicen en el mismo proyecto. A menudo, más de un tipo se utiliza en la mayoría de los proyectos. La elección debe centrarse en identificar oportunidades para mejorar las operaciones del negocio. Algunos ejemplos comunes de las posibles oportunidades incluyen:

- **Automatizar o simplificar el trabajo:** Tareas relativamente simples, en las que las decisiones se toman sobre la base de reglas estrictas e inflexibles, son candidatas principales a la automatización.
- **Mejorar el acceso a la información:** Proporcionar una mayor cantidad y calidad de información al personal que tenga relación con los clientes, reduciendo así la necesidad de expertos. Los responsables de la toma de decisiones pueden no requerir este nivel de detalle, pero deberían tener conocimiento de dónde y de quién se puede obtener si es necesario. Normalmente, los responsables necesitan que se les proporcionen el significado y la relevancia de los datos obtenidos y utilizados por el personal del nivel operativo.
- **Reducir la complejidad de las interfaces:** Se requieren interfaces cuando el trabajo se transfiere entre sistemas o personas. La reducción de su complejidad puede perfeccionar el entendimiento.
- **Incrementar la congruencia en el comportamiento:** Diferentes profesionales pueden abordar casos similares de maneras distintas, lo que promueve la insatisfacción y la frustración del cliente.
- **Eliminar la redundancia de la información**: Grupos de interesados pueden compartir necesidades comunes que pueden resolverse con una única solución, lo que reduce el costo de implementación.

A continuación, un ejemplo de criterio de selección de modelos.

Los procesos de negocio evolucionan a través de etapas que se reflejan en la actualización de la información sobre los conceptos de negocio almacenados y recuperados en el sistema. El concepto de negocio que pase por tres o más estados debe contar con un diagrama de estados elaborado y limitado al dominio del problema analizado.

Cada transición de estado en este diagrama debería estar asociada a uno o más requisitos funcionales. Si no fuera así, el ingeniero de requisitos debería obtener la confirmación del interesado, con autoridad sobre el tema, de que no existe un requisito para dicha transición dentro del alcance del producto.

La Figura 8.6 ilustra la aplicación de la política descrita en un entorno que requiere almacenar datos sobre el concepto de persona. Hay cuatro transiciones sin ningún requisito asociado. ¿Qué quiere decir eso?

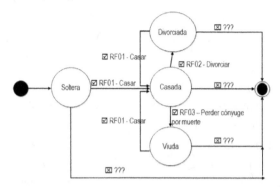

Figura 8.6: *Ejemplo de un diagrama de estados que ilustra las transiciones y los requisitos de software que lo describen.*

Dicho ejemplo es un comportamiento proactivo en la Ingeniería de Requisitos. La combinación de dos modelos —especificación en frases textuales y diagrama de estados, como en el ejemplo— permite identificar brechas para satisfacer las necesidades de negocio con una inversión mínima. En ausencia de dicha combinación, los niveles de esfuerzo desperdiciados se acumulan exponencialmente.

Tenga en cuenta que el modelo no debe ser un fin en sí mismo. En la empresa donde se estableció esta política, antes, el diagrama de estados se exigía como entregable en todos los proyectos. Cientos de hojas de papel, horas de esfuerzo para elaborarlas, tramitarlas, validarlas y archivarlas para diversos casos cuyos únicos estados eran: activo e inactivo.

Los factores humanos, las limitaciones organizacionales y la metodología deben considerarse al seleccionar la técnica de modelado. A continuación, se analizan esos factores y su efecto en la selección de modelos.

8.4.3.6. Selección de modelos y restricciones organizacionales

Un ejemplo de restricción organizacional es no contar con personal experto en una determinada técnica de modelado ni con recursos para adquirir dicha capacidad para un proyecto.

El uso de modelos gráficos es más eficaz cuando se combinan con herramientas de software, pero hay muchos casos en los que una sola hoja en blanco basta para elaborar un esbozo. Sin embargo, estas herramientas son fundamentales para actualizar el modelo a nuevas versiones mientras se recibe retroalimentación sobre las intermedias.

Los estándares corporativos sobre qué herramientas de software deben utilizarse en el modelado también constituyen restricciones organizacionales. Este es un factor importante que considerar, ya que hay mucha variedad y disponibilidad de productos para el modelado, que van desde software gratuito hasta licencias de uso corporativo. Incluso si hay aplicabilidad de dos modelos en un escenario, es posible que las limitaciones de tiempo o presupuesto exijan que se priorice uno sobre el otro.

Esta priorización debe considerar otros factores en la selección de los modelos utilizados:

➢ *Timing*: El inicio del desarrollo de los requisitos favorece a los modelos que describen las necesidades del negocio, el dominio del problema y el alcance en un nivel general; momentos intermedios favorecen a los modelos que definen el alcance en términos más concretos con los requisitos añadidos como parte de la solución; y momentos finales favorecen a los modelos que describen el comportamiento de los requisitos en el alcance de la solución. Por ejemplo, un diagrama de casos de uso puede utilizarse al inicio del desarrollo para delimitar el alcance de la solución. Un diagrama de contexto cumple el mismo propósito con menor necesidad de información. Teniendo en cuenta el nivel de información disponible en este momento de desarrollo, el diagrama de contexto representa la información sin necesidad de incluir los procesos más amplios, como los casos de uso.

➢ **Nivel de abstracción:** Deben ser privilegiados los modelos que se adaptan al nivel de abstracción disponible en los requisitos — ya sea que sean más generales o más específicos. Por ejemplo, se debe priorizar el uso de especificaciones textuales, mientras que los requisitos se desarrollan a lo largo de la dialéctica entre los resultados de la elicitación y el análisis, así como entre múltiples grupos de interesados que aún interactúan entre sí y con el equipo de desarrollo.

➢ **Cobertura:** No concentrar las energías en los modelos que se centran en una perspectiva particular sobre otro que debería analizarse. Por ejemplo, ¿por qué invertir en el desarrollo de una serie de modelos que describan la solución desde una perspectiva colaborativa y desde una perspectiva de estructura de información cuando no hay siquiera un modelo que explore la dimensión de la especialización?

8.4.3.7. Selección de modelos y factores humanos

Un ejemplo de factor humano en la selección de modelos es cómo las personas adquieren información sobre un tema. Algunas requieren apoyo visual; otras reciben mejor información textual. Del mismo modo, existen quienes entienden fácilmente los conceptos abstractos, mientras que otros sólo pueden comprenderlos cuando se materializan en objetos concretos.

La Tabla 8.1 ilustra el esquema de clasificación de los estilos cognitivos. Un cuestionario desarrollado para evaluar dónde se encaja una persona en el esquema de clasificación denominado "Cuestionario Honey-Alonso de estilos de aprendizaje" (Alonso, 2002).

Teórico	Reflexivo
• Aprende mejor cuando las cosas son presentadas como parte de un sistema, modelo, teoría o concepto; • Gusta de analizar y sintetizar; • Si algo es lógico, es bueno.	• Aprende mejor con nuevas experiencias, pero sin estar directamente involucrado; • Recopila datos, los analiza con determinación para emitir conclusiones; • Observa la actuación de los otros, escucha, pero no interviene hasta enterarse de la situación.
Pragmático	Activo
• Su fortaleza es la aplicación práctica de las ideas; • Descubre el aspecto positivo de las nuevas ideas y aprovecha la primera oportunidad para probarlas; • Tiende a ser impaciente cuando hay personas que teorizan.	• Se involucra totalmente y sin perjuicio en nuevas experiencias; • Aprovecha el momento presente y se deja llevar por los acontecimientos; • Tiende a entusiasmarse con lo nuevo, actuar primero y pensar después en las consecuencias.

Tabla 8.1: *Esquema de clasificación de estilos cognitivos.*

8.4.3.8. Metodología

Por último, las diferentes metodologías para el desarrollo de sistemas tienen objetivos comunes:

➢ **La retención del conocimiento:** El esfuerzo de desarrollo de software produce artículos, tales como programas ejecutables de ordenador, guías de configuración, guías de operación y modelos de base de datos, necesarios para el despliegue de la nueva solución en el ambiente operativo de destino. Los productos intermedios resultantes del trabajo intelectual se perderían si no se registraran. Por lo tanto, el papel de la metodología en el contexto de la gestión del conocimiento es, al menos, preservar este trabajo para que no se pierda.

➢ **Mejora continua:** El desarrollo de software es el resultado de decisiones sobre el encadenamiento de diferentes tipos de actividades que no necesariamente deben seguir la misma secuencia y tampoco tienen una única forma de realizarse. La metodología describe la organización del esfuerzo de desarrollo y orienta su ejecución. También tiene un uso institucional para que todos los interesados en el desarrollo tengan una referencia uniforme. Por lo tanto, la metodología provee a la organización una línea de base para la mejora y un destino para capturar las lecciones aprendidas.

➢ **Garantía de calidad:** La metodología sirve como modelo de referencia para verificar la conformidad con la garantía. La evaluación de la calidad de un producto depende de sus especificaciones. También depende de la calidad del proceso que orienta su producción. Las evaluaciones, tanto del producto como del proceso, requieren referencias sobre lo correcto e incorrecto. La metodología cumple esta función en el proceso, de manera similar al papel de las especificaciones en el producto.

➢ **Dirección del trabajo:** La metodología permite comunicar el ordenamiento de las tareas, los procedimientos para la ejecución de las diferentes actividades, la información y las condiciones necesarias para iniciarlas. El resultado necesario del trabajo descrito en la tarea de los roles interesados en su ejecución. Los principales emisores y receptores de esta comunicación son diferentes expertos y organizaciones. El desarrollo es el resultado de la participación de diversas especializaciones e incluso de varias organizaciones. La metodología provee los medios para la integración horizontal de los productos de trabajo intermedios de cada especialidad al software disponible y funcional en un ambiente operativo.

➢ **Factor de normalización:** La metodología permite establecer, negociar y evaluar de manera uniforme los niveles de servicio de las diferentes organizaciones internas y externas involucradas en el desarrollo. De esta manera, se puede planificar y supervisar el rendimiento, aunque exista una variedad de organizaciones y especialidades que interactúan entre sí. Por lo tanto, la metodología cumple el papel de estandarizar el trabajo.

Debido a uno o más de estos objetivos, la selección de modelos sufre impactos que pueden limitar el horizonte de opciones.

8.5. Especificar para documentar los requisitos

El modelado y la especificación son conceptos diferentes, ya que la primera se centra en el desarrollo de los requisitos y su comunicación con los interesados. La segunda pone énfasis en la transmisión de información al equipo de desarrollo, aunque ambas actividades requieren elaborar información comprensible para todas las partes.

8.5.1. ¿Qué es la especificación?

La especificación de requisitos documenta los distintos tipos de requisitos. El formato de la documentación resultante de la especificación depende de la organización en la que se integra el desarrollo, de las necesidades del proyecto y del ciclo de vida del proyecto.

Por ejemplo, las historias de usuario son documentos que describen el inventario de requisitos para entregar al utilizar un enfoque ágil de desarrollo; a su vez, cuando se utiliza un enfoque derivado del proceso unificado, la lista de requisitos cumple esta función.

La especificación de requisitos no necesariamente cubre todo el alcance, pero puede representar la información disponible en cualquier momento dado.

8.5.2. ¿Por qué especificar?

El PMI (2015) ofrece una relación completa de propósitos para especificar requisitos:

- ➢ Establece una línea de base para:
    - ✓ Validar las necesidades de los interesados.
    - ✓ Definir la solución a las necesidades del negocio.
    - ✓ La evolución de la solución.
- ➢ Proporciona entrada para:
    - ✓ El equipo de arquitectura, desarrolladores, analistas de pruebas y de aseguramiento de la calidad.
    - ✓ El manual de usuario y la documentación adicional.
- ➢ Proporciona soporte para detallar:
    - ✓ Acuerdos contractuales: los requisitos son insumos esenciales para la declaración de trabajo o para una solicitud de propuesta.
    - ✓ Auditoría en industrias reguladas y en proyectos de alto riesgo que exigen cumplir con los requisitos documentados.
- ➢ Permite la reutilización de la información por otros equipos que necesitan comprender los requisitos, tanto durante la ejecución del proyecto como después de ella.

El PMI también reconoce adecuadamente la importancia de documentar los requisitos. Sin embargo, hay que tener en cuenta que esto es sólo una de varias técnicas para asegurar el consenso entre todos los interesados sobre el comportamiento esperado de la solución, y que la documentación no debe sustituir la comunicación y la colaboración.

8.5.3. ¿Cuándo elaborar una especificación?

Dependiendo del momento en que se encuentre al elaborar documentos con especificaciones de requisitos, existen diferentes necesidades de información que deben capturarse en dichas especificaciones. El esquema que se presenta en el Capítulo 6 describe un proceso genérico con tres hitos, útil para discutir la especificación de requisitos en un hito dado.

Con respecto al Capítulo 6, se describen las especificaciones relativas a los objetivos de información que deben alcanzarse hasta el primer hito: la calificación del dominio del problema y de las necesidades de negocio y el alcance en términos de áreas funcionales, organizaciones y macroprocesos afectados. Posiblemente, una lista de características para la solución siga siendo general y no específica cuando el desarrollo llegue al primer hito.

Los siguientes temas en este capítulo describen las actividades para alcanzar los objetivos en el segundo y tercer hito:

➢ Calificar específicamente qué tareas se transfieren al software.
➢ Describir el comportamiento esperado del software respecto de estas tareas.

8.5.4. ¿Cómo elaborar una especificación?

En este sentido, lo mínimo que se requiere para especificar son los requisitos identificados en el nivel objetivo del usuario, expresados en frases textuales. Incluso en el desarrollo, mediante enfoques ágiles y priorizando la colaboración, existen requisitos asociados a este mínimo. Los adeptos de Scrum, por ejemplo, tienen en el *Backlog* del Producto la especificación de las historias de usuario que conforman el alcance inicial del desarrollo.

Estas frases textuales deben:

➢ Expresar solamente un requisito a la vez
➢ Evitar cláusulas condicionales complejas
➢ Utilizar una terminología coherente
➢ Requisitos expresos en una oración con verbo en voz activa
➢ Establecer claramente quién o qué es responsable de la acción tomada respecto del requisito.

Las frases no deben suponer que el lector tenga conocimiento previo del dominio.

Para requisitos que describen el mantenimiento de datos de registro —la llamada ABM (Alta, Baja, Modificación)—, la práctica común es utilizar el verbo "administrar" o "gestionar". Por ejemplo, "Administrar productos" es una frase que se refiere a añadir, consultar, actualizar y borrar productos en la base de datos.

Por ejemplo, la frase de la tabla 8.2 expresa varios requisitos, incluye cláusulas condicionales y no incluye un verbo que caracterice la acción principal.

Identificador: **RF001**	Requisito: **Control de Puerta**

Para realizar el control de entrada y salida en la puerta debe ser realizado el registro del visitante con los siguientes campos: nombre, documento de identificación y foto. Caso la visita haya sido liberada, deber ser registrada la fecha y hora de entrada. Al salir, debe ser validado si hay registro de entrada para el visitante y registrada la fecha y hora de su salida.

Tabla 8.2: Cómo no especificar los requisitos en frases textuales.

Los mismos requisitos deben reestructurarse de acuerdo con la Tabla 8.3.

Identificador: **RF001**	Requisito: **Administrar Registro de Visitante**

El sistema permite al portero agregar, modificar, consultar y eliminar datos del visitante. Los atributos guardados son: nombre, documento de identificación y foto.

Identificador: **RF002**	Requisito: **Registrar Entrada del Visitante**

El sistema permite al portero verificar que la documentación presentada por el visitante es igual a de los datos registrados previamente (busca por el nombre del visitante o documento de identificación) y si no hay un registro de salida pendiente para él. En caso de éxito registra la fecha/hora en que el visitante entra.

Identificador: **RF003**	Requisito: **Registrar Salida del Visitante**

El sistema permite al portero verificar que la documentación presentada por el visitante es igual a de los datos registrados previamente (busca por el nombre del visitante o documento de identificación) y si hay un registro de entrada pendiente para él. En caso de éxito registra la fecha/hora en que el visitante sale.

Tabla 8.3: Resultado de la reformulación de la especificación del requisito de la tabla 8.2.

Cuando se evoluciona la sentencia original hasta tres sentencias reformuladas con los criterios presentados, algo se pierde: las condiciones que se aplican en un nivel superior al de los requisitos y que los encadenan en secuencia. Esta información no puede perderse y un modelo de procesos es la ubicación adecuada para ello.

Los detalles del comportamiento deseado para los requisitos identificados en las frases de texto pueden abordarse mediante casos de uso y especificaciones de reglas de negocio, o incluso mediante otros métodos no documentales, como la creación de prototipos. Las especificaciones de cambio/mantenimiento siguen la misma lógica.

Cabe señalar que no es necesario identificar todos los requisitos de esta forma para alcanzar el hito de consenso sobre el alcance. Tampoco alcanzar el hito de detalle de los requisitos requiere que todos los requisitos estén descritos paso a paso y con sus reglas de negocio.

Es decir, un desarrollo en el hito del consenso sobre el alcance todavía implica requisitos de importancia secundaria en una zona gris. Gris, porque ocultan requisitos funcionales y no funcionales en el nivel del objetivo del usuario dentro del alcance (negro) y fuera (blanco). Por ejemplo, "emitir informes de gestión". Aunque el proyecto haya superado dicho hito, nuevas especificaciones indican qué requisitos, en el nivel del objetivo del usuario, quedan pendientes como parte del alcance.

Aunque esto no es recomendable, hay casos en los que las especificaciones de requisitos se elaboran después de que el software esté listo. Su utilidad se reduce, por supuesto. Sin embargo, estas especificaciones tienen la función de preservar el conocimiento incorporado en el producto de software. Desde una perspectiva de desarrollo de productos, eso facilita su mantenimiento futuro.

8.6. Verificación de requisitos

Por más cuidado que se tome al desarrollar una especificación de requisitos, el autor nunca será la persona más indicada para evaluar si el trabajo está bien hecho. Los errores casi siempre estarán presentes (recordemos que no existe una especificación perfecta). Quien elabora el trabajo a menudo tiene dificultad para percibir posibles defectos. La evaluación de la especificación de requisitos por una tercera persona ayuda a filtrar problemas y mejorar su calidad. Este es el objetivo de las actividades de verificación y validación de requisitos.

8.6.1. ¿Qué es la verificación?

Verificar los requisitos consiste en comparar los productos de modelado y de especificación de requisitos con modelos de referencia y tomar medidas para señalar no conformidades, de modo que puedan ser justificadas o resueltas.

La diferencia entre la verificación y la validación de requisitos se puede resumir de la siguiente manera:

➢ **Verificación de requisitos:** ¿Las especificaciones cumplen con los estándares? Sus actividades no involucran al cliente.
➢ **Validación de requisitos:** ¿Las especificaciones cumplen con las necesidades del cliente? Sus actividades requieren la participación del cliente.

8.6.2. ¿Quién realiza la verificación?

El autor de la especificación no debe ser responsable de la verificación de su propio trabajo, ya que su análisis está marcado por parcialidad. La verificación de requisitos es esencialmente una actividad interna del equipo. Hay organizaciones con profesionales especializados en esta actividad; a veces forman parte de un grupo llamado Garantía de Calidad de Software (*Software Quality Assurance*, SQA). El alcance de las actividades de este grupo es más amplio, ya que también se verifican los productos de otras disciplinas, no solo los requisitos.

8.6.3. ¿Por qué verificar?

La verificación asegura que las especificaciones de requisitos y sus modelos cumplan con los estándares de calidad antes de que puedan utilizarse eficazmente en las siguientes actividades del proyecto. También cumple la función de preparar los requisitos para la validación. Tratar de validar los requisitos sin verificarlos puede llevar a desviar la atención de los problemas de validación hacia la verificación, que podrían haberse tratado antes.

8.6.4. ¿Cuándo realizar la verificación?

La verificación comienza cuando un conjunto de especificaciones se considera completo y los responsables de la gestión de requisitos deciden generar un paquete de requisitos para remitirlo al desarrollo. Se trata de una evaluación final de los requisitos previa a la validación con los interesados.

8.6.5. ¿Cómo realizar la verificación?

La verificación se lleva a cabo mediante la inspección de los resultados del modelado y de la especificación, usando modelos de referencia internos o externos, y la comparación entre distintos elementos de la documentación asociada.

El CMMI presenta la verificación con objetivos específicos que deben cumplirse. Digno de mención es un subconjunto de actividades para explorar cómo verificar los requisitos. Estas actividades se dividen en dos grupos:

➤ Preparar para la verificación
  ✓ Seleccionar los productos de trabajo para la verificación.
  ✓ Establecer los procedimientos y los criterios de verificación.
  ✓ Establecer el entorno de verificación.
➤ Verificar los productos de trabajo seleccionados
  ✓ Realizar la verificación.
  ✓ Analizar los resultados de la verificación.

Durante la ejecución de las dos primeras actividades, se recomienda incluir directrices en un plan corporativo aplicables a todo tipo de proyectos. Cada proyecto debe reevaluar estos dos puntos para identificar oportunidades de adecuación. La Figura 8.7 ilustra la organización de tales actividades tal como se describe.

Figura 8.7: *La dinámica del trabajo de verificación de requisitos.*

La actividad **"Seleccionar los productos de trabajo para la verificación" permite identificar los tipos de productos de trabajo que se verifican**. Además, esta actividad promueve la determinación de los métodos a emplear para la verificación, así como de las exigencias que deben cumplirse para cada producto de trabajo seleccionado.

La actividad de **establecer el entorno de verificación** permite determinar el entorno que soporta la ejecución de la verificación subsiguiente. Sus productos responden a la pregunta: ¿Qué se necesita para llevar a cabo la verificación según otros planos?

La actividad de **establecer los procedimientos y los criterios de verificación permite desarrollar procedimientos y criterios alineados con los productos de trabajo, los métodos y las características del entorno de** verificación.

Las actividades de **verificación de los productos de trabajo seleccionados se realizan** de acuerdo con los métodos, procedimientos y criterios definidos.

8.6.5.1. Verificación de un modelo y su integración con los demás

Lo siguiente es una guía práctica para facilitar la verificación. La intención no es describir un proceso; se presentan elementos que permitan organizar las actividades mencionadas. Se debe verificar si cada modelo o especificación:

➢ Tiene algún elemento omiso en otros modelos. Compare cada modelo del paquete en verificación con los demás modelos disponibles en el proyecto. Busque los elementos mencionados en el modelo bajo control y que faltan en los modelos que exploran otras perspectivas. Por ejemplo, en un diagrama de actividades existe una etapa de emisión de certificados; sin embargo, no hay ningún requisito funcional ni caso de uso para este propósito.

Utiliza una terminología consistente en todos los modelos para un mismo concepto de negocio. El glosario, cuyo uso se recomienda como obligatorio, es una excelente herramienta para este fin. El modelo de dominio es otro recurso que cumple el mismo propósito. El uso de terminología inconsistente puede indicar un error o la necesidad de una elicitación adicional para identificar requisitos omitidos. Por ejemplo, en el requisito funcional "RF032 – Registrar Evaluación de Pedido" se utiliza el término "Pedido". En el requisito "RF012 – Enviar Solicitud de Producción" se utiliza "Solicitud". ¿Ambos requisitos se refieren al mismo tema? ¿O una solicitud es diferente de un pedido? El glosario debe proporcionar la respuesta. Todas las discrepancias deben resolverse, ya sea corrigiendo la terminología o ajustando los modelos según sea necesario.

➢ Satisface las necesidades de información para las cuales se elaboraron los modelos en análisis, de manera completa respecto del punto de vista capturado por cada modelo. Por ejemplo, existe una especificación de notación para el modelado de procesos de negocio (*Business Process Model and Notation*, BPMN), adoptada para describir los requisitos en la dimensión de colaboración. O bien, con la misma finalidad, existe el diagrama de actividades definido en el *Unified Modeling Language* (UML). Uno de ellos es el modelo de referencia de la organización o del proyecto. Por lo tanto, verificar un modelo de colaboración consiste en evaluar si se observa la norma y si no se omite información definida como obligatoria para él.

➢ Faltan requisitos. Su identificación se realiza mediante la comparación del modelo en revisión con los registros de la elicitación. El ítem de verificación y la instrucción técnica, copiada a continuación, ilustran criterios de verificación para soportar la evaluación del alcance:

Ítem de verificación 42. ¿La tabla de requisitos funcionales se ha completado? (02.DT.48).

02.DT.48 – Compruebe si la tabla de requisitos funcionales se ha completado.

La tabla de requisitos funcionales es correcta cuando todos los elementos tienen fundamentos para su identificación en las necesidades del negocio y en los registros de la elicitación. Evalúe si las tareas y servicios del usuario transferidos al software, a partir de manifestaciones espontáneas de los interesados o como resultado de la aplicación de técnicas de elicitación, fueron organizados en la tabla de requisitos funcionales. Es completa cuando el mismo se verifica de forma inversa.

➢ Proporciona una respuesta de procesamiento para todos los eventos externos dentro del alcance del software o describe los resultados necesarios independientemente de cualquier evento externo. Deben ser identificados y descritos en todas sus variantes, según el nivel de detalle definido para el proyecto. La Figura 8.8 ilustra los eventos para los cuales el software debe proporcionar una respuesta.

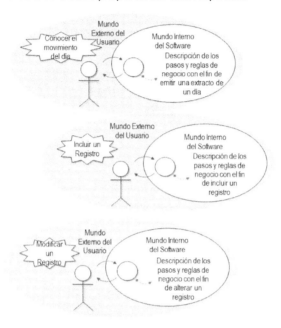

Figura 8.8: *Ejemplos de eventos externos e independientes para los que el software debe proporcionar respuestas.*

En la literatura sobre la verificación del software, se percibe un énfasis en la forma y es común encontrar ejemplos como:

> *¿El nombre del caso de uso inicia con un verbo en infinitivo con la primera letra mayúscula? Si hay más de una palabra, estas también inician con una letra mayúscula (excepto las preposiciones)?*

Observar una sintaxis es relevante, pero vivimos en una época en la que hacerlo rápido es más importante que hacerlo "bien", y "mal" es violar reglas como las mencionadas. ¡Más aún si usas una preposición que comienza con mayúscula!

8.6.5.2. Verificación de la definición del alcance en la lista de requisitos funcionales

Cuando el objetivo es verificar si la especificación de requisitos cumple con el propósito de definir el alcance de manera amplia e inequívoca, asegúrese de que cada requisito funcional sea:

208

> Identificado en el nivel del objetivo de usuario. El requisito en el nivel agregado, que no permite identificar todas sus tareas subordinadas, deberá ser rechazado. El requisito en el nivel de subfunción, que no establece concretamente las expectativas críticas de las partes interesadas, también deberá ser rechazado. Aunque se permitan esas excepciones, debe permanecer dentro de la regla del 80/20 (máximo 20% de los requisitos en el agregado y en la subfunción).

> Denominado a partir de un verbo en voz activa en una frase que expresa el objetivo del usuario. Los nombres genéricos no establecen expectativas en el lector ni proporcionan un punto focal para que la gente pueda referirse de manera conveniente.

8.6.5.3. Verificación de la descripción del requisito funcional – Detalle del alcance

La verificación del detalle del alcance siempre debe estar vinculada al nivel de detalle establecido en las especificaciones del proyecto o del producto. Asegúrese de que cada requisito funcional se describa de manera que:

> Existe un escenario con una historia de éxito orientada al objetivo del usuario, sin considerar los posibles fallos. A continuación, se presentan fragmentos de historias que muestran qué condiciones alternativas pueden darse.

> Se han identificado todos los fallos y las alternativas que deben manejarse. Un requisito funcional puede tener varios flujos alternativos. No tener en cuenta ninguno de estos flujos implica que el desarrollador no entenderá correctamente el comportamiento requerido por el software, lo que aumenta las probabilidades de que se entregue con problemas. Tome en cuenta, en especial, ciertas ramificaciones y consecuencias comunes: no se ha encontrado registro, se ha encontrado un único registro o se han encontrado más de un registro. Por ejemplo, el requisito funcional "RF032 – Registrar la Evaluación del Pedido" describe el procesamiento que se espera en respuesta a un evento externo — la decisión de un vendedor sobre la evaluación del pedido. Esta decisión única propicia diferentes caminos según la opción elegida. La Figura 8.9 muestra diferentes caminos para un mismo requisito funcional.

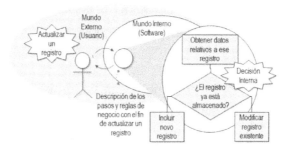

Figura 8.9: *Caminos diferentes para un mismo requisito funcional.*

➢ No se describen requisitos no funcionales como parte del escenario de un requisito funcional. La descripción del requisito funcional se refiere a las reglas o a la información necesaria para que el usuario interactúe con el software. Por supuesto, eso no es todo lo que se requiere para describir el comportamiento del software. Sin embargo, describir el comportamiento más allá requiere decisiones en el ámbito del diseño arquitectónico. Los requisitos no funcionales, por lo general, son abordados por la arquitectura.

➢ El lector es capaz de seguir fácilmente el camino hacia un escenario concreto en el que está interesado — de lo contrario, podría quedarse frustrado o perder información importante.

➢ La terminología utilizada para expresar el requisito es comprensible para todos los interesados y consistente con los términos empleados en la organización. Las especificaciones de requisitos son demasiado complejas para los lectores no técnicos o inexactas para los desarrolladores; resultan deficientes y potencian el software mal construido. Los requisitos deben ser escritos de manera legible y lo suficientemente detallados como para que los interesados inviertan tiempo en leerlos y evaluarlos, y lo suficientemente precisos como para que los desarrolladores entiendan lo que están construyendo. Utilice ejemplos cuando sea apropiado para aclarar y fortalecer la comprensión.

➢ No debe haber dos o más condiciones descritas por separado que tengan el mismo efecto al aplicarse.

➢ No debe haber pasos excesivamente grandes ni pequeños, ni que obstruyan su objetivo ni resulten difíciles de leer y entender. La descripción de cada escenario debe incluir entre tres y nueve pasos. Lo ideal es que todos ellos estén en niveles similares, con un nivel de abstracción inferior al objetivo del usuario.

➢ Cada paso indica claramente quién (el usuario o el software) está realizando una acción y qué debe lograr el actor. Tanto los usuarios del negocio como los desarrolladores confunden el comportamiento del sistema si estos puntos no están claros.

➤ Cada escenario cuenta una historia directa y sencilla. Eliminar los pasos de un escenario en los que el actor no avanza y simplificar los pasajes que distraen al lector de la progresión de la historia. Desarrolle un fragmento que describa las alternativas

➤ No incluya detalles de implementación; manténgase neutral con respecto a la tecnología, ya que hacer lo contrario aumentará la complejidad y oscurecerá su objetivo. Hay que aislar los detalles específicos de la tecnología, poniendo el foco en el comportamiento esencial del sistema. Esto no quiere decir que no haya necesidad de preocuparse por esta dimensión, sólo que debe describirse por separado.

8.6.5.4. Técnicas útiles a la verificación

Las técnicas descritas a continuación, directa o indirectamente, contribuyen a la verificación de los requisitos. Estas se explicarán en secciones específicas del libro, ya que algunas resultan útiles en distintos momentos de la Ingeniería de Requisitos; por lo tanto, aquí sólo se comentará brevemente en qué pueden resultar útiles para la verificación de requisitos.

Veamos:

➤ **Control de cuestiones:** Si existen cuestiones pendientes o abiertas en el control de cuestiones, significa que el trabajo de elicitación aún no se ha completado. Y posiblemente indique que existen lagunas en los requisitos de una iteración específica. En consecuencia, el trabajo de análisis tampoco se completó. Y, por supuesto, la especificación de requisitos no puede considerarse completa.

➤ **Glosario:** favorece el uso de un vocabulario consistente en la especificación para los interesados.

➤ **Matriz de trazabilidad:** Ayuda a verificar si existen requisitos de un nivel superior que no han sido tratados, así como a detectar requisitos innecesarios (fuera del alcance).

➤ *Checklists* **(listas de verificación):** Define un enfoque estándar para identificar problemas en la especificación, señalando los elementos clave para el responsable de la verificación y para el autor de la especificación.

➤ **Revisión (o inspección):** Utiliza una perspectiva externa al autor de la especificación para evaluar si esta puede transmitir el mensaje que desea transmitir.

➤ **Generación de casos de prueba:** Los casos de prueba son importantes para la verificación del producto de software, pero su preparación tiene un efecto secundario beneficioso para la identificación de fallos en la especificación, por ejemplo, la identificación de requisitos no verificables o incompletos. De hecho, la elaboración de casos de prueba sirve como una revisión de la especificación.

➤ **Medición de punto de función:** El resultado de la medición no es útil para la verificación de requisitos, pero sí para la planificación, supervisión y control de proyectos (VAZQUEZ, 2013). Sin embargo, el proceso de medición conlleva, como efecto secundario beneficioso, la identificación de varios defectos en la especificación de requisitos. Esto se debe a que el proceso de medición consiste en una revisión estructurada de la especificación de requisitos (DEKKERS, 2001). La experiencia de los autores muestra que este método es útil para detectar defectos en las especificaciones de requisitos de coherencia, claridad y completitud.

8.7. Validación de requisitos

La validación de los requisitos es un trabajo de garantía de calidad en la Ingeniería de Requisitos que asegura que todos los requisitos especificados estén alineados con los del negocio. Es decir, tratan de asegurar que se cumplan todas las necesidades de negocio dentro del alcance. El propósito es garantizar que la especificación defina el producto adecuado que se desarrollará. En resumen, se evalúa si el software satisface al cliente. Contextualizando la validación de requisitos en los procesos de gestión de proyectos descritos en la Guía del PMBOK®, sería una actividad componente del proceso de validación del alcance.

Las técnicas descritas a continuación contribuirán, directa o indirectamente, a la validación de los requisitos. Estas se explicarán en secciones específicas del libro, ya que algunas resultan útiles en distintos momentos de la Ingeniería de Requisitos; por lo tanto, aquí sólo se comentará brevemente su utilidad para la validación de requisitos. Veamos:

- ➢ **Prototipos:** quizá sean la manera más eficiente de validar los requisitos. Cuando se presenta una propuesta concreta de lo que se entregará como producto, el interesado puede evaluar la solución con mayor interés y atención. Con el prototipo se obtiene un *feedback* enriquecedor sobre cuán correcta es la solución.
- ➢ *Checklists* **(listas de verificación):** definen un enfoque estándar para identificar problemas en la especificación y señalan ítems a observar durante la verificación. Aunque es una técnica directamente relacionada con la verificación de requisitos, también puede resultar útil para guiar el trabajo de validación con el cliente. Lo que cambia es que probablemente los elementos de la lista para verificar son distintos de los de la lista para validar. Además, en la verificación, quien dirige la lista es el equipo y, en la validación, son los propios interesados.
- ➢ **Inspección (o revisión):** Utiliza una perspectiva externa al autor de la especificación para evaluar si esta puede transmitir el mensaje deseado. Es una técnica que se aplica tanto a la verificación como a la validación. La diferencia es que, en la verificación, quien revisa es el equipo; en la validación, un interesado clave.

8.8. Técnica: Historias de usuario

Una historia de usuario es una breve descripción de lo que el sistema debe hacer para el usuario. Es una especie de especificación de requisitos adoptada por muchos equipos que utilizan enfoques ágiles. Como, por ejemplo, en la historia de usuario representada en la Figura 8.10.

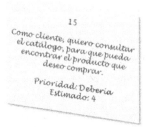

Figura 8.10: *Ejemplo de una historia de usuario.*

Teniendo en cuenta la clasificación de los requisitos presentados en el capítulo 5, la historia de usuario se clasifica como una especificación de requisitos funcionales, inicialmente en el nivel objetivo de usuario. Se coloca la historia de usuario, por principio, sólo a ese nivel, ya que, con el tiempo, podría subdividirse por decisión de diseño para que su implementación se ajuste en una iteración (o sprint).

La historia se limita a definir el alcance, sin entrar en detalle sobre el paso a paso ni las reglas de negocio que se aplican a la tarea del software. Los detalles del comportamiento del sistema se desarrollan a través de interacciones entre el equipo de desarrollo y el dueño del producto, mediante la definición de un criterio de aceptación. Ello no cambia su papel como representación de los requisitos funcionales.

Sin embargo, el proceso por el que se identifica, desarrolla y gestiona la historia de usuario difiere del típicamente asociado a otras especificaciones, tales como listas de requisitos o casos de uso.

El uso de historias de usuario se introdujo como una unidad de trabajo en la programación extrema (XP). El progreso se muestra mediante la entrega del código probado e integrado que implementa una historia de usuario. Una historia de usuario debe ser comprensible y aportar valor al cliente. Esta debe ser posible para que los desarrolladores la probaran y lo suficientemente pequeña para que puedan construirla en una iteración (entre dos y cuatro semanas en un desarrollo basado en el SCRUM).

Hoy en día, el método forma parte de otros enfoques, como el SCRUM. Mientras que en XP se promueve su desarrollo por parte del usuario, en el SCRUM quien las prepara es el dueño del producto a partir de la información que se levantó junto con los interesados.

8.8.1. ¿Por qué historias de usuario?

Al especificar requisitos mediante historias de usuario, se crea un entorno de propiedad de los interesados, en el que establecen prioridades y asignan recursos de forma incremental e interactiva.

Dado que la historia de usuario no es una documentación detallada (y no es su objetivo), su uso fomenta la colaboración entre los miembros del equipo para que la historia pueda entenderse por todos. Por la misma razón, se requiere poco esfuerzo en su mantenimiento y claridad para que el valor esté articulado. A pesar de estos beneficios, es posible que su uso no sea adecuado en entornos más burocráticos o cuando el volumen de documentación del proyecto se imponga.

La retención del conocimiento es uno de los factores que se han utilizado como justificación de dicha imposición. Esta sólo se sostiene si existe la intención de invertir tiempo y recursos en el mantenimiento de la documentación detallada actualizada. De lo contrario, la documentación se volverá obsoleta justo después del despliegue del producto debido a la actualización de algún requisito en respuesta a un cambio en el negocio. Es decir, si no hay intención de invertir tiempo y recursos en esta actualización de la documentación, se desperdician recursos en un detalle que, básicamente, actúa como un archivo 'muerto'.

Una precaución que debe tenerse presente al trabajar con las historias de usuario es observar los requisitos no funcionales. La historia de usuario no aborda explícitamente cómo documentar los requisitos no funcionales.

8.8.2. ¿Cómo elaborar una historia de usuario?

El estilo para redactar una historia de usuario es libre. No existe un modelo de referencia que establezca un formato estandarizado para su preparación. Sin embargo, la historia de usuario debe responder a tres preguntas:

➢ **¿Quién se beneficia?** La respuesta indica la parte que se beneficia de la historia de usuario (actor).
➢ **¿Qué desea?** La respuesta debería proporcionar al usuario una visión de alto nivel de la funcionalidad (descripción).
➢ **¿Cuál es el beneficio?** La respuesta indica el valor de negocio que ofrece la historia (por qué).

Las historias de usuario deben escribirse en un espacio equivalente a una tarjeta, ya que así se limita su longitud, lo que requiere redactar un texto claro y objetivo. Muchas empresas utilizan plantillas prediseñadas y algunos autores recomiendan escribir historias de usuario en el formato:

Como (papel), quiero (algo) para (beneficiarme).

8.8.2.1. I.N.V.E.S.T.

Un criterio de calidad para una historia de usuario se define mediante el acrónimo INVEST, que se describe en el siguiente orden.

Independiente (*Independent*)

Definir una historia de usuario en el nivel de objetivo de usuario garantiza que sea independiente. No importa cómo la historia de usuario se vincule con otras en un nivel superior. Esta debe poder ser desarrollada, probada e incluso entregada. La independencia proporciona mayor libertad para priorizar las historias de la próxima iteración.

Negociable (*Negotiable*)

En enfoques con mayor orientación a la planificación, el papel de una lista de requisitos o diagrama de casos de uso es limitar el alcance de la solución en un nivel que haga explícito lo que debe ser transferido al software; que sirva como un contrato de lo que específicamente es parte del proyecto, considerando su plazo e inversiones asociadas.

En enfoques con mayor orientación al cambio, eso es diferente. El papel de las historias de usuario debe ser promover la negociación sobre el alcance de una determinada iteración de desarrollo. Las historias de usuario deben definir objetivos de granularidad pequeña y permitir estimar la inversión necesaria para la entrega del software, sin perder la visión de los resultados para el negocio.

Teniendo esos dos parámetros —resultados e inversiones—, es posible negociar y escoger entre las limitaciones de tiempo de la próxima iteración y, entre las varias historias pendientes, elegir las que se asignarán a dicha iteración.

Valiosa (*Valuable*)

El software es como una cebolla; no porque llora. El núcleo de esta cebolla se apoya en el hardware y capas sucesivas con servicios específicos se van acumulando hasta el límite externo de esa cebolla: el usuario. La intención es que el comportamiento compartido esté disponible en un solo lugar y sin redundancias innecesarias. Lo valioso de este contexto indica que una historia del usuario se refiere a la entrega de software cuyo resultado corresponde a la visión de ese usuario, y no a una perspectiva técnica que describe cómo los servicios compartidos se estructuran en diferentes capas de una infraestructura de soporte común. La historia del usuario no debe referirse a una subrutina, es decir, a un componente reutilizable de la arquitectura del software.

Estimable (_Estimable_)

Estimar el esfuerzo para desarrollar un producto de software como un todo, de manera directa —sin parámetros—, es un desafío casi imposible. Lo mismo no debe suceder con una historia de usuario. Las soluciones para estimaciones como días ideales (_ideal days_) o puntos de historia (_story points_) tienen como objetivo asignar un peso relativo a las historias. Estas referencias se utilizan en el proceso para determinar cuáles son las historias de usuario que componen la próxima iteración según su prioridad.

Pequeña (_Small_)

Las historias de usuario deberían ser lo suficientemente breves como para completarse en una sola interacción. En el desarrollo ágil, las historias de usuario, originalmente establecidas en el nivel de objetivo del usuario, pueden descomponerse en historias de menor nivel de manera que estas puedan atender dicho objetivo. Sin embargo, a un nivel de granularidad más fino, aún se observan los demás criterios de calidad.

Verificable (_Testable_)

La historia de usuario debe poder ser probada y, por ello, evitar una terminología que no sea clara ni subjetiva.

8.8.2.2. CCC

Otro criterio de calidad para guiar el desarrollo de las historias de usuario es su adhesión a las tres características conocidas por el acrónimo CCC:

➤ **Tarjeta (_Card_):** La descripción de la historia de usuario debe ser necesariamente breve para caber en una tarjeta.
➤ **Conversación:** Promueve la comunicación entre el usuario y el equipo y facilita la comprensión compartida de la funcionalidad que se implementará.
➤ **Confirmación:** Asociada a la historia de usuario, describe el comportamiento esperado para confirmar el alcance. También conocido como caso de pruebas, escrito en el reverso de la tarjeta.

Cada historia de usuario debe contar con pruebas de validación que permitan al desarrollador y, posteriormente, al cliente verificar que la historia esté completa. Como no se cuenta con una formulación completa de los requisitos funcionales y no funcionales, la falta de pruebas de validación abre la posibilidad de discusiones largas y poco constructivas al momento de la entrega del producto.

Algunos ejemplos de historias de usuario son:

➢ Como operador del hotel, quiero establecer las tasas de ocupación óptimas de las habitaciones para maximizar mis ingresos.

➢ Como vicepresidente de ventas y marketing, quiero revisar el desempeño histórico de ventas para identificar las regiones geográficas y los productos de mayor rendimiento.

➢ Como cliente, quiero consultar el catálogo para encontrar el producto que deseo comprar.

➢ Como cliente, quiero que en la tarjeta del producto figure el monto del descuento por la compra al contado, para tener visibilidad de la diferencia monetaria respecto del precio en cuotas.

➢ Como cliente, quiero que los productos seleccionados para comprar se almacenen en un carrito, para poder verlos después y ver el precio total.

8.8.2.3. Dividiendo historias de usuario

Antes de que una historia de usuario esté lista para la siguiente iteración, debe ser "suficientemente pequeña" como para completarla en dicha iteración.

Sin embargo, muchas historias de usuario son más amplias. Dividir una historia de usuario consiste en desglosarla en partes más pequeñas, conservando la propiedad de que cada una de ellas tenga un valor medible de manera aislada.

Dean Leffingwell (2011) establece diez directrices para dividir una historia de usuario, como se muestra en la siguiente tabla.

1. Etapas del flujo de trabajo: Busque etapas en el flujo de trabajo que involucren a diferentes roles o que puedan realizarse de forma independiente.	
Como gerente de contenido, quiero publicar una noticia en el sitio web corporativo.	Quiero publicar una noticia directamente en el sitio web corporativo. ... Quiero publicar una noticia con evaluación del editor. ... Quiero publicar una noticia con revisión legal. ... Quiero ver una noticia en un sitio web de pruebas.

2. Variaciones de reglas de negocio: División de las historias para manejar la complejidad de las reglas de negocio.	
Como viajero, quiero buscar vuelos con fechas flexibles.	... Quiero buscar vuelos para una semana específica. ... Quiero buscar vuelos entre fechas específicas.
3. Mayor esfuerzo: La historia puede dividirse en varias partes para que el esfuerzo más significativo se concentre en la implementación de la primera. Agregar más recursos después debería ser relativamente trivial.	
Como comprador, quiero pagar con una tarjeta Visa, American Express o MasterCard.	... Quiero pagar con una tarjeta VISA. ... Quiero pagar con tarjetas American Express o MasterCard.
4. Simple / complejo: Busque historias que oculten la complejidad. Cuando la definición de los criterios de aceptación revela varias maneras de abordarla, se puede dividir según dichas variaciones.	
Como candidato a un préstamo, quiero calcular mis pagos de la hipoteca.	... calcular los pagos manualmente. ... utilizando un modelo de planilla en línea. ... utilizando una calculadora en línea.
5. Las variaciones de datos: Busque objetos de datos que puedan variar según funciones o actividades.	
Como tutor de cursos en línea, quiero crear contenido.	... en español. ... en inglés. ... en portugués.
6. Métodos de entrada de datos: A veces la complejidad se encuentra en la interfaz de usuario y no en la propia funcionalidad. Lo mejor sería entonces dividir la historia para crearla primero con la interfaz más simple y luego con una más compleja.	
Como viajero, quiero programar una fecha para mi viaje.	... Ingresando directamente el campo de la fecha deseada. ... Seleccionando la fecha deseada en un calendario.

7. Aplazar las calidades del sistema: Busque oportunidades para aplazar el trabajo. Dividir la historia entre lo necesario para que funcione y lo necesario para que sea más rápido (o más bonito, elegante o amigable).	
Como viajero, quiero buscar vuelos.	… con una respuesta que tarda hasta cinco segundos. … con una respuesta inmediata.
8. Operaciones (Ejemplo: Agregar, Consultar, Modificar, Eliminar (CRUD)): Centre en las operaciones (piense en métodos de más alto nivel u operaciones del tipo CRUD).	
Como dueño de un supermercado, quiero administrar los productos.	… Yo quiero agregar nuevos productos. … Quiero modificar los datos de los productos. … Yo quiero eliminar productos.
9. Escenarios de casos de uso: Si existen escenarios de caso de uso para el sistema, se pueden escribir y dividir las historias de acuerdo con dichos escenarios.	
10. Evalúe los criterios de aceptación: Muchas veces las historias no son necesariamente complejas; apenas tienen incógnitas. Transforme los posibles criterios de aceptación en preguntas y busque respuestas.	
Como vendedor, quiero recibir el pago con PayPal porque, al ser universalmente aceptado, aumentará mis ingresos." En… ¿Cómo funciona el Paypal?	… ¿Cómo reconocer un pago con éxito? … ¿Cómo reconocer un pago no exitoso y qué opciones se pueden presentar al comprador?

Tabla 8.4: *Directrices para simplificar mediante la descomposición de historias de usuario.*

8.8.2.4. Épicas

Una historia de usuario en el nivel de objetivo de usuario puede subdividirse de manera que las historias resultantes sean lo suficientemente pequeñas como para acomodarlas en una arquitectura de software e implementarlas en una iteración. Sin embargo, hay declaraciones del usuario que corresponden a objetivos agregados: las llamadas "Épicas". Un ejemplo sería:

Como operador del hotel, quiero fijar el precio ideal de las habitaciones.

Se observan varios objetivos del usuario en esa declaración y se puede dividir esta épica en diferentes historias, como:

a) Como operador del hotel, quiero establecer el precio ideal de las habitaciones con base en los precios del año anterior.

b) Como operador del hotel, quiero fijar el precio ideal de las habitaciones en función de los precios que cobran los demás hoteles.

8.8.2.5. Temas

Un tema es una colección de historias de usuario relacionadas. Por ejemplo, las historias de usuario relacionadas con el proceso de inscripción de los estudiantes en cursos.

8.9. Técnica: Modelado de Procesos

El objetivo de este tema no es enseñar el modelado de procesos. Es para presentar la información básica que guía al ingeniero de requisitos en la lectura e interpretación de una representación de los procesos existentes, o para asignar los requisitos que ha identificado a los procesos de negocio en sus diferentes niveles.

8.9.1. ¿Qué es un proceso?

Es un conjunto de actividades interdependientes, ordenadas en el tiempo y en el espacio por una cadena de transformación. Las actividades se producen en respuesta a eventos que tienen un objetivo, un inicio y un fin, y entradas y salidas bien definidas. Estas actividades son responsabilidades asignadas a diferentes funciones —normalmente representadas por unidades organizativas, verticales dentro de la misma organización u organizaciones— que trabajan en conjunto para crear un producto o servicio final.

Las actividades se presentan en el contexto de su relación entre sí para proporcionar una visión de la secuencia y el flujo. Este punto de vista incluye un conjunto definido de actividades u otras tareas realizadas por personas, sistemas o una combinación de ambos y tiene uno o más resultados que pueden conducir al final del proceso o a la entrega de resultados a otro proceso.

8.9.2. ¿Qué es el modelado de proceso?

De acuerdo con la Guía para la Gestión de Procesos de Negocio (CBOK®), de la Asociación de Profesionales de Gestión de Procesos de Negocio (ABPMP), el modelado de procesos de negocio es el conjunto de actividades que intervienen en la creación de procesos de negocio existentes o propuestos. Puede proporcionar una perspectiva de punta a punta o una porción de los procesos primarios, de soporte o de dirección.

El propósito del modelado es crear una representación completa y precisa del funcionamiento del proceso. Por esta razón, el nivel de detalle y el tipo específico de representación del proceso se basan en lo que se espera de la iniciativa de modelado. Un diagrama simple puede ser suficiente en algunos casos, mientras que un modelo completo y detallado puede ser necesario en otros.

No se debe confundir el modelado de los procesos de negocio con su gestión. Ambos tienen la sigla BPM en inglés; sin embargo, este término se aplica a la última: *Business Process Management*.

Las organizaciones crean descripciones de sus principales procesos en distintos niveles de detalle. Describen, por ejemplo, cómo enviar las remesas de un cliente o generar los informes financieros correspondientes al fin de mes. En muchos casos, van más allá de las descripciones textuales e incluyen modelos gráficos, como los diagramas de flujo (o sus múltiples derivaciones), que determinan la forma de las actividades interrelacionadas.

El modelado de procesos de negocio permite crear una abstracción de cómo funciona un negocio, pues proporciona comprensión de cómo se realizan las diversas actividades contenidas en cada proceso y del flujo con el que se llevan a cabo, desde su inicio hasta el logro del objetivo del proceso.

8.9.3. Diagrama, mapa y modelo de procesos

Los términos "diagrama de proceso", "mapa de procesos" y "modelo de proceso" se usan indistintamente como sinónimos. Sin embargo, los diagramas, mapas y modelos tienen propósitos y aplicaciones distintos. El diagrama, mapa y modelo son diferentes recursos del proceso de desarrollo, cada uno añadiendo más información y utilidad para el entendimiento, análisis y diseño de procesos:

➢ Un **diagrama** representa los principales elementos de un flujo de proceso, pero omite detalles de menor importancia en los flujos de trabajo. Una analogía puede hacerse con un diagrama sencillo que muestre la ruta hasta una ubicación de almacenamiento determinada. Puede representar aspectos como marcos geográficos y distancias simplificadas o exageradas, pero aun así sirve para ayudar a encontrar el almacén. Del mismo modo, un diagrama de proceso ayuda a identificar y comprender las principales actividades del proceso.

➢ Un **mapa** ofrece una visión global de los principales componentes del proceso y una mayor precisión que un diagrama. Tiende a añadir más detalles sobre el proceso y sobre algunas de las relaciones más importantes con otros elementos, como actores, eventos y resultados.

➢ Un **modelo** implica la representación de un determinado estado de negocio (actual o futuro) y de sus recursos clave, como las personas, la información, las instalaciones, la automatización, las finanzas y los insumos. Se utiliza para representar con mayor precisión el funcionamiento de lo que se está modelando; se requieren más datos sobre el proceso y los factores que afectan su comportamiento.

Para que los modelos de proceso cumplan con este propósito, se recomienda el uso de estándares. El *Object Management Group* (OMG) define el diagrama de actividades como parte de su lenguaje unificado de modelado (UML) y también puede usarse para el modelado de procesos de negocio. La misma organización también define un estándar específico para este propósito llamado notación para el modelado de procesos de negocio (BPMN).

8.9.4. ¿Por qué modelar procesos?

Los modelos de procesos son documentos operativos valiosos que pueden guiar a los empleados en los pasos a seguir, asegurando que se lleven a cabo de manera estandarizada y permitiendo a todos los interesados una comprensión uniforme de los procesos.

Documentar los procesos permite aplicar técnicas analíticas, de forma manual o mediante software de análisis de modelos, para detectar deficiencias y embotellamientos en ellos y simular procesos mejorados antes de su aplicación.

Entre algunos de los principales objetivos del modelado de procesos, se incluyen:

➢ Comprender la estructura y la dinámica de las áreas de la organización.
➢ Entender los problemas actuales de la organización e identificar posibles mejoras.
➢ Garantizar que todos compartan un entendimiento común de la organización.
➢ Servir como insumo para la Ingeniería de Requisitos.
➢ Auxiliar la identificación de competencias.

8.9.5. ¿Cómo realizar el modelado de procesos?

Los modelos de proceso pueden crearse manualmente o mediante herramientas específicas de diagramación; las más sofisticadas son las llamadas *Business Process Management Suites* (BPMS).

Un BPMS es un conjunto de herramientas automatizadas que brindan soporte al BPM. Permite el modelado, la ejecución (simulada o de otra manera), el control y el seguimiento de procesos automatizados. Define la arquitectura y la infraestructura tecnológica necesarias para el modelado de negocio, la ejecución en producción de flujos de trabajo, la aplicación de reglas de negocio, el uso de datos corporativos, los escenarios de operación y otras aplicaciones del ambiente BPMS.

En el modelado BPMN se construyen diagramas de flujo de trabajo, en los que cada uno contiene las actividades a realizar. Se recomienda el uso de un verbo en infinitivo, seguido de un nombre y, si es necesario, de algunos detalles. Por ejemplo, "enviar correo electrónico".

Todos los modelos deben estar conectados en un flujo que muestre cómo se llevan a cabo las actividades. Las etapas de cada proceso deben describirse de manera que cualquiera que lea el modelo pueda comprenderlas. Se recomienda hacerlo de la forma más simple y clara posible. Las líneas se utilizan para identificar qué actor realizó una actividad y cuándo se la pasó a otro.

Los elementos de modelado de procesos de negocio son:

➢ **Evento:** Evento que inicia la ejecución (inicial), afecta el comportamiento del proceso (intermedio) o conduce a su conclusión (final).
➢ **Actividades:** conjunto de tareas realizadas.
➢ **Actores:** responsables de las actividades.
➢ **Entradas/salidas:** insumos necesarios para que el proceso se ejecute en la entrada y en las salidas generadas al final.
➢ **Reglas:** restricciones que generan dependencias entre actividades.

8.9.5.1. Modelo de procesos de negocio y la Ingeniería de Requisitos

En el contexto de la Ingeniería de Requisitos, cualquiera de dichas representaciones en el modelado de negocio cumple con los propósitos abordados en este libro. La idea es buscar una visión de más alto nivel que una sola tarea y poner en perspectiva los diferentes niveles de objetivos de negocio para entender fácilmente o confirmar, cómo los objetivos más concretos de las diferentes tareas se vinculan en esa dirección.

El modelado de procesos representa de manera sencilla la dimensión de la colaboración en los requisitos funcionales. Su uso promueve que todos los interesados compartan la misma visión, aunque cada uno conozca apenas su papel en el proceso. Esto aumenta significativamente el conjunto de requisitos para que la solución propuesta esté alineada con el negocio, cumpla con el propósito de satisfacer sus necesidades y alcance los resultados deseados.

En función de las responsabilidades del ingeniero de requisitos, no se utiliza el modelado de procesos para rediseñar el flujo operativo de una organización. Sin embargo, las diferentes representaciones de procesos son instrumentos útiles para identificar oportunidades de racionalización y eliminar información redundante o en conflicto.

Algunas otras aplicaciones prácticas del modelado de procesos:

➤ **Preparación para la elicitación:** Un modelo de proceso ya existente permite determinar qué papeles se reproducen en los macroprocesos del alcance. Eso es relevante tanto para identificar las responsabilidades de los interesados ya identificados como para determinar la necesidad de identificar nuevos interesados que desempeñan un papel. También permite comprender cómo se realiza el trabajo, cuáles son los objetivos de más alto nivel y qué productos o servicios se generan.

➤ **Ejecución de la elicitación:** Los mapas, diagramas o modelos de proceso pueden complementar las entrevistas, en las que la representación elegida se utiliza como hilo conductor para confirmar o corregir la información, identificarla y tratar de resolverla junto a los interesados, como se ilustra en la Figura 8.11.

➤ **Modelado de requisitos:** Aunque no esté disponible una representación de los procesos, montar un flujo que describa el proceso a partir de los requisitos es una experiencia que da resultados positivos similares.

➤ **Validación de requisitos:** Un modelo de proceso se adapta mejor a la utilización de prototipos para validar el alcance. Esto se debe a que permite simular con precisión el papel de los requisitos identificados como parte de la solución global. Tenga en cuenta que no se debe asociar la validación con el momento de las pruebas de aceptación del usuario al final del proyecto. La validación debe estar asociada al punto donde hay prototipos que cubren un área de proceso y en el que sea viable una dinámica similar a la mostrada en la Figura 8.11, pero reemplazando los requisitos por prototipos y por una experiencia más próxima al uso.

Sea para levantar requisitos o para validar su eficacia para satisfacer las necesidades de negocio, el modelado de procesos permite confirmar si una actividad realmente debe ser manual, si es responsabilidad de otro sistema o si existe un error en la elicitación.

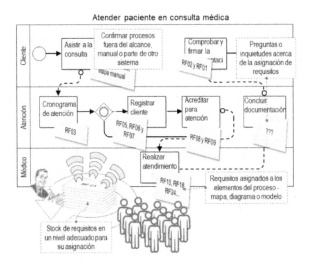

Figura 8.11: *Modelo de proceso y su uso en la Ingeniería de Requisitos.*

8.10. Técnica: Descomposición Funcional

Cualquier elemento de mayor complejidad puede descomponerse en sus componentes más simples. A su vez, estos elementos también pueden descomponerse. Esta dinámica, en tiempos sucesivos, construye una jerarquía de niveles de descomposición funcional. Esto se aplica a los requisitos, que también pueden   especificarse en diferentes niveles de expansión.

Cada jerarquía requiere al menos dos elementos, uno superior y otro subordinado a él. Un elemento no debe estar subordinado a más de un elemento superior. Un elemento de nivel superior debe tener al menos un elemento subordinado, sin límite máximo al número de elementos subordinados. En términos prácticos, existen limitaciones.

Por ejemplo, la "Ley de Miller" (Miller, 1956) describe la limitación de la capacidad de la mente humana para procesar información. Se estima que la cantidad de objetos que uno puede tener en la memoria está, simultáneamente, en siete, más o menos dos. Los elementos subordinados, aunque únicos, comparten características comunes, de tal forma que haya afinidad suficiente entre los elementos pares para que estén subordinados al mismo elemento superior. La Figura 8.12 representa esos conceptos e ilustra su interrelación.

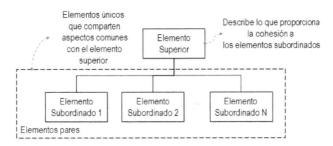

Figura 8.12: Jerarquía resultante de la descomposición funcional, los elementos y su interrelación.

Los aspectos comunes en el caso de los requisitos organizados en una jerarquía están relacionados con su especialización calificada por el elemento superior.

Por ejemplo, durante la elicitación de requisitos para el desarrollo del PowerPoint se identifican funcionalidades para insertar una forma, definir el estilo, elegir cómo será su esquema, aplicar formato a otra forma ya existente. Todas estas tareas se subordinan a las relativas a la forma (el elemento "Formato - Herramientas de diseño" en la Figura 8.13).

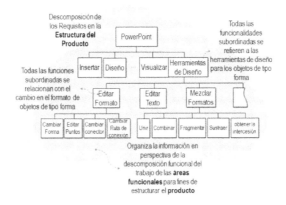

Figura 8.13: Visión de la descomposición funcional del PowerPoint, destacando las macrofuncionalidades que definen las características comunes de las funcionalidades subordinadas.

Un elemento análogo a la descomposición funcional, utilizado en la planificación de proyectos, es la estructura de desglose de trabajo (EDT). Este tiene como objetivo hacer frente a diversos elementos de menor complejidad, en lugar de un único elemento de mayor complejidad, y eliminar la incertidumbre sobre qué debe hacerse con mayor especificidad.

La diferencia es que la EDT establece una jerarquía de actividades del proyecto (o de paquetes de trabajo). En la descomposición funcional de los requisitos se establece una jerarquía que abarca desde el producto de software hasta el nivel de tareas del usuario. La Figura 8.14 expone estas dos visiones en perspectiva.

Figura 8.14: *La misma técnica, ahora enfocada en la visión de las actividades del proyecto.*

8.10.1. ¿Cómo aplicar la descomposición funcional?

La descomposición funcional en el análisis de requisitos es un medio para organizar y estructurar los requisitos; no es una estrategia para su desarrollo.

El nivel apropiado de la descomposición funcional define dónde, por qué y cómo detenerla, con el fin de cumplir los objetivos del análisis. Como el nivel de la tarea es el único que puede identificarse de manera inequívoca, se recomienda este nivel como el punto en el que haya un entendimiento y un detalle suficientes para utilizar los resultados de la descomposición funcional en otras tareas, tales como la especificación, la verificación y la validación de requisitos.

8.10.2. ¿Por qué aplicar la descomposición funcional?

El punto de partida para la elaboración de especificaciones son las necesidades de negocio. A partir de estas, la información se refina junto con los interesados con el fin de descubrir las tareas ocultas en los requisitos funcionales agregados.

El uso de los conceptos asociados a la descomposición funcional es más cercano a una "composición funcional", donde la relación con los requisitos funcionales (ya refinados e identificados en el nivel de la tarea) se integra a una jerarquía de niveles a fin de facilitar otras actividades. La Figura 8.15 ilustra esa dinámica.

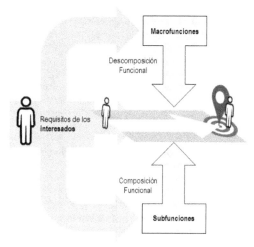

Figura 8.15: *La dinámica de composición y descomposición de la información.*

La información resultante de esta dinámica de composición y descomposición funcional desempeña un papel importante en la elicitación de requisitos, especialmente con grupos. Los eventos de elicitación con grupos tienen una dinámica diferente a la de una entrevista.

La ejecución de un taller de requisitos no es productiva si en la preparación previa no existe un hilo conductor para presentar los hallazgos ya obtenidos. El papel de los requisitos organizados en una jerarquía de descomposición funcional es solicitar retroalimentación sobre las áreas que requieren profundización.

Otro beneficio de la descomposición funcional es mostrar visualmente y de manera fácil de percibir las partes "débiles" del alcance. Es decir, la figura final de descomposición, cuando no se visualiza de forma armónica (por ejemplo, aspectos más profundos que otros), puede indicar que no se ha dado la debida consideración a dichos aspectos.

8.11. Técnica: Modelado de Dominio

El modelado de dominio es una extensión de la elaboración del glosario. Se trata de identificar conceptos de negocio para los cuales existe una necesidad efectiva o potencial de recuperación o de almacenamiento de datos, así como sus interrelaciones con otros conceptos del dominio del problema, a fin de satisfacer dichas necesidades.

8.11.1. ¿Cómo realizar el modelado de dominio?

El modelo de dominio debe elaborarse a partir del entendimiento de los elementos que componen el dominio del problema. Esto se realiza mediante la identificación de los conceptos de negocio que el software necesita consultar o almacenar.

Se recomienda iniciar el modelado de dominio en las primeras etapas de desarrollo, o incluso antes. En ese momento, aún no se conocen cuáles son los requisitos funcionales ni cuáles se asignarán al software.

Las primeras versiones del modelo de dominio deben exceder un límite todavía incierto; por lo tanto, no deben excluir conceptos de negocio con la asignación potencial al alcance final del producto en desarrollo.

Los principales elementos de un modelo de dominio son los conceptos de negocio y las relaciones entre ellos. Ambos se describen a continuación.

8.11.2. Conceptos de negocio

Un concepto de negocio puede ser cualquier cosa que tenga sentido para el negocio. Es una construcción que actúa como unidad cohesiva: un conjunto de datos relacionado con un mismo tema. Las necesidades de información asociadas al funcionamiento del negocio son lo que impulsa la creación de esta unidad. Esta cohesión se denomina dependencia funcional.

Por ejemplo, un sistema de soporte para la gestión de la adquisición de servicios de TI desde su planificación hasta su evaluación y cierre. La norma define:

> *Subsección I – De la definición del Equipo de Planificación de la Contratación*
> *Art. 11. La fase de <u>Planificación de la Contratación</u> tendrá inicio con la <u>recepción</u> por el <u>Área de Tecnología de la Información</u> del <u>Documento de Formalización de la Necesidad – DFN</u>, a cargo del <u>Área Solicitante de la Solución</u>, para <u>formación</u> del <u>Equipo de Planificación de la Contratación</u>, que contendrá en mínimo:*
> *<u>Necesidad de contratación</u>, considerando los objetivos estratégicos y las necesidades corporativas de la institución, así como su alineación con el <u>plan estratégico</u>.*
> *<u>Explicitación de la motivación</u> y <u>demostración de los resultados a alcanzar</u> mediante la contratación de la solución de tecnología de la información.*

Indicación de la fuente dos recursos para la contratación
Indicación del Integrante Solicitante para la composición del Equipo
de Planificación de la Contratación.

En los momentos iniciales del desarrollo, todos los sustantivos y nombres de verbales (más detalles a continuación) deben evaluarse como candidatos a conceptos de negocio, con el fin de componer un modelo de dominio. Estos tipos de términos están subrayados en el texto.

Los sustantivos posiblemente representan objetos de interés, tales como documentos, personas, estructuras organizacionales, parámetros de funcionamiento o estructuras físicas. Estos objetos de interés tienen estructura, comportamiento o interrelaciones como cualidades.

El software puede necesitar almacenar o recuperar información que describe esas cualidades. El ejercicio de la Ingeniería de Requisitos va a transformar este "puede" en un "debe", según cada caso.

El nombre verbal es la forma nominal de un verbo —por ejemplo, recibir es el verbo y recibiendo es su forma nominal—. Representa eventos o manifestaciones que también poseen las mismas cualidades citadas y el mismo potencial para su almacenamiento o recuperación por parte del software.

Deben filtrarse, desde el inicio, los que no representan un concepto de negocio. Por ejemplo, en la expresión "explicitación de la motivación", el autor solo quiere mostrar un único concepto, "motivación", y no sugiere la necesidad de almacenar datos en un evento, lo que convierte la motivación en explícita. Es un caso similar al de la "descripción de la motivación": indica que no existe un flujo operativo específico para describirla.

En la expresión "indicación del integrante", hay un concepto de negocio con información acerca de un hito ("la indicación") con diversas necesidades de información posibles, como:

➢ ¿Cuándo se da la indicación?
➢ ¿Quién da la indicación?
➢ ¿Cuál es el propósito de la indicación?
➢ ¿Cuánto dura la indicación?

También hay otro concepto de negocio "integrante" con necesidad de información como:

➢ ¿Quién es?
➢ ¿Cómo contactarlo?

Para el modelado de dominio, el interés es un concepto de negocio que añade un grupo de datos funcionalmente dependiente. Por lo tanto, la "explicación de motivación" no debe representarse en el modelo como un concepto de negocio, ya que no hay información que dependa de dicho concepto. Forma parte de un conjunto de datos sobre el concepto de "Documento de Formalización de la Necesidad". En caso de duda, consulte a los interesados.

Algún conocimiento sobre el dominio del problema puede eliminar, o al menos reducir, la prioridad de los candidatos que estarán fuera del alcance de la solución y que están presentes sólo para dar contexto. Sin embargo, recuerde que usted no es la autoridad en ese asunto y debe confirmar con el interesado.

¿Qué requisitos de almacenamiento se derivarán de estos conceptos? Esto implica decisiones pendientes a lo largo del desarrollo de los requisitos. Se debe investigar qué de estos conceptos de negocio debe gestionar el software para alcanzar los objetivos de negocio. Esta información se obtiene mediante actividades de elicitación.

Una primera versión de un modelo de dominio podría ser la que se muestra en la Figura 8.16. Su elaboración promueve el desarrollo de cuestiones para las actividades de elicitación, por ejemplo:

➢ **Motivación y resultados:** ¿Hay información adicional a la que se refiere su descripción? ¿Existe un estándar con categorías adicionales a la descripción específica? ¿Hay una descripción concreta para la contratación o solo las categorías en las que se enmarca cada acuerdo?

➢ **Objetivos estratégicos, plan estratégico, necesidades del negocio y fuentes de recursos:** ¿Son todos los resultados de las decisiones anteriores a la contratación? ¿Hay registros preliminares con la información necesaria sobre estos conceptos en el ámbito de los negocios? ¿Deben mantenerse estos conceptos de negocio independientemente de la contratación? ¿Qué es necesario saber en concreto sobre cada uno de ellos?

➢ **Indicación del origen de los fondos**, la institución del equipo de planificación y lo que indica el miembro solicitante: ¿Hay un evento en el negocio relacionado con estos eventos de contratación y en el que se registra la información del responsable de ellos? ¿La toma de decisiones ha pasado por qué herramientas? ¿Qué limita su uso? Al incluir estos eventos, ¿se refieren únicamente a la descripción de la asignación de recursos humanos y materiales para la contratación?

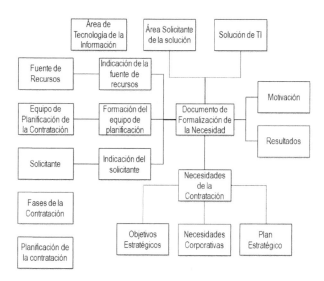

Figura 8.16: *Versión inicial del modelo de dominio para el ejemplo presentado.*

El modelo se perfecciona a medida que se obtienen respuestas a las preguntas. Por ejemplo, si las respuestas indicaren que:

➢ No hay nada más que una descripción para registrar en el Documento de Formalización de la Necesidad: su motivación, los resultados esperados y las necesidades corporativas. Esos elementos deben eliminarse como conceptos de negocio del modelo.

➢ Los objetivos estratégicos tienen mucha información asociada; dicha información se mantiene por el Directorio y el Documento de Formalización de la Necesidad al referenciar una Acción Programática del Plan Estratégico. Se debe mantener en el modelo de dominio un concepto de negocio relacionado con dicha información.

Las necesidades de información típicas que motivan requisitos de almacenamiento sobre los conceptos de negocio identificados son relacionadas con la descripción de sus:

➢ **Estructuras:** ¿Cuál es la estructura de un Documento de Formalización de Necesidad? ¿Qué información contiene?

➢ **Comportamientos:** ¿Quién elabora el Documento de Formalización de Necesidad? ¿Cuál es su ciclo de vida? ¿Qué etapas del ciclo de vida deben tener tareas, total o parcialmente, transferidas al software?

➢ **Interrelaciones:** ¿Hay relación entre el Documento de Formalización de Necesidad y el Área Solicitante de la Solución? ¿Qué otras relaciones relevantes hay?

El modelado de dominio permite organizar los requisitos de los interesados y los requisitos de negocio en candidatos a requisitos del software y verificar o validarlos en torno a los conceptos de negocio relacionados. El objetivo del modelado debe ser el de identificar los conceptos de negocio, cuyo almacenamiento o recuperación de datos funcionalmente dependientes es necesario para proveer al software la capacidad para:

➢ Capturar, validar y complementar los datos del entorno externo recibidos por el software sobre un caso concreto de estos conceptos de negocio.
➢ Consultar la situación de casos en concreto de los conceptos de negocio internos o externos a la organización
➢ Proporcionar información y resultados a partir de datos almacenados sobre casos concretos de esos conceptos de negocio.

Cuando se investigan y organizan las necesidades de información en conceptos de negocio y sus relaciones, también se deben tomar en cuenta las necesidades de integración del software con otras soluciones de software, equipos de hardware o cualquier entidad con la cual el software interactúe, no solo las interacciones con los usuarios. La naturaleza de esta interacción es de consumo o de producción de información.

8.11.3. *Checklist* para organizar el modelo de dominio

Asuntos que deben ser utilizados como referencia para identificar los conceptos de negocio:

➢ Documentos que se tramitan y cuyos datos se reportan, procesan, almacenan y distribuyen, ya sea en su contenido bruto o con información derivada de ellos.
➢ Personas que desempeñan distintos roles y necesitan interactuar con el software. Por supuesto, no se desea identificar una persona el concreto, sin embargo, basado en una persona en concreto es posible descubrir uno o más roles como un concepto de negocio sobre el cual se almacena o recupera datos
➢ Eventos que marcan distintos puntos en la evolución del flujo operativo o del proceso de negocio más amplio.
➢ Manifestaciones que promueven la acción y su seguimiento en el software.
➢ Estructuras organizacionales. Por ejemplo: sucursales, departamentos, gerencias, tiendas y agencias.
➢ Parámetros operativos que limitan y establecen políticas que el software debe respetar. La presencia de parámetros operativos es prácticamente universal.
➢ Estructuras físicas, tales como edificios, habitaciones, plantas, fábricas, productos, almacenes y otros lugares.

8.11.4. Relación entre los conceptos

La relación entre los conceptos de negocio es información relevante porque el análisis de los requisitos de los interesados explica algunas relaciones y no otras.

No siempre se perciben estas lagunas de información con facilidad. La actualización del modelo de dominio facilita su identificación y promueve el desarrollo de cuestiones que aborden.

En el ejemplo al inicio de esta sección, un mismo objetivo estratégico puede no exigir un contrato correspondiente para su alcanzamiento, sino uno o más contratos. Un contrato debe estar vinculado a al menos un objetivo estratégico, pero también puede estar asociado a varios.

8.11.5. Representaciones para el modelo de dominio

Una representación útil para indicar la relación entre los diferentes conceptos de negocio se utiliza en el modelado de datos, destacando que el objetivo no es producir un modelo de datos para implementarlo en una base de datos ni, incluso, un modelo lógico que observe reglas de normalización.

El objetivo es producir un modelo conceptual de datos que describa el dominio del problema y, durante su preparación, permita identificar con mayor facilidad lo que aún se desconoce.

Un modelo de clases a nivel conceptual también puede utilizarse para representar un modelo de dominio.

La Figura 8.17 ilustra la representación de "patas de gallina" y la representación textual de las reglas que definen los números mínimo y máximo en las relaciones entre los casos de conceptos de negocio. Por ejemplo, una madre biológica debe tener al menos un hijo y puede tener varios (la mujer con el mayor número de hijos de quien se tiene noticia tuvo 69). El nombre cardinalidad se da a esas reglas.

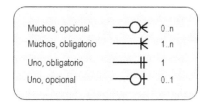

Figura 8.17: *Representación en "patas de gallina" y de cardinalidad de las relaciones entre los conceptos de negocio.*

Por ejemplo, tras nuevas investigaciones, se encontró más información sobre las relaciones entre los conceptos y las reglas de negocio que definen su estructura; con dicha información, el modelo de dominio evolucionó. La Figura 8.18 ilustra cómo quedó una parte del modelo gracias a esta nueva información.

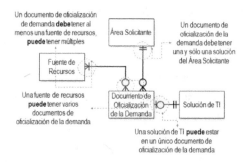

Figura 8.18: *Fragmento del modelo de dominio que representa las reglas que explican la relación entre los diferentes conceptos de negocio.*

8.11.6. ¿Por qué modelar el dominio?

El modelado de dominio proporciona una visión estructural de los requisitos. Esto complementa la visión de colaboración proporcionada por el modelado de procesos y la de diferentes especialidades previstas por la descomposición funcional, lo que permite identificar lagunas en el alcance.

El objetivo del modelado de dominio es organizar la información obtenida en la elicitación de requisitos en conceptos de negocio y describir las normas que rigen la relación entre ellos, a fin de determinar si hay información pendiente de elicitar. No es generar un modelo de datos que obedezca las reglas de normalización. Tampoco identificar ni describir todos los atributos y los datos dependientes de los conceptos de negocio identificados. Hay actividades en otras disciplinas para abordar esto.

Es mejor priorizar, para su uso en actividades de grupo con los interesados, el modelado de procesos o la descomposición funcional. Sin embargo, la misma dinámica que se utiliza para asignar los requisitos a los procesos o para organizarlos en una jerarquía también puede aplicarse al modelo de dominio, con los mismos objetivos y resultados.

8.12. Técnica: Caso de uso

Todo el software debe tener un comportamiento ante eventos causados por sus usuarios o generar eventos que promuevan la acción de estos. Una solución para especificar el comportamiento consiste en describir los casos de uso del software por parte de sus usuarios, llamados actores en la terminología de la UML.

8.12.1. ¿Qué es un caso de uso?

Un caso de uso es un conjunto de pasos que describen un escenario principal y posibles escenarios alternativos para que un actor logre un objetivo mediante el uso del sistema.

Como toda especificación de requisito funcional, el caso de uso no aborda cómo se implementará el software. Describe lo que el software debe hacer, no cómo hacerlo, desde la perspectiva de diseño o de implementación.

La especificación de requisitos funcionales utilizando casos de uso se compone de:

➢ Diagrama de casos de uso.
➢ Descripción de actores.
➢ Especificaciones de casos de uso.

8.12.2. Diagrama de casos de uso

El diagrama de casos de uso muestra gráficamente qué funcionalidades del software atenderán a usuarios específicos. Permite identificar el caso de uso como una unidad de función del software en cuestión. Representa gráficamente los casos de uso, los papeles que los usuarios interpretan (llamados actores por esta razón) y la interrelación entre estos elementos. La Figura 8.19 ilustra un diagrama de casos de uso y se describen a continuación sus elementos básicos:

➢ **Actor:** Representa a una persona (o a un grupo de personas) que desempeña un papel en la interacción con el software. También puede ser cualquier "entidad" que interactúe con el software para lograr un objetivo. Ejemplos de estos otros actores son los sistemas o dispositivos.
➢ **Caso de uso:** Es una funcionalidad que cumple con uno o más requisitos del interesado. Como nombre para el caso de uso, se sugiere usar un verbo en infinitivo con un complemento, por ejemplo: "registrar cliente". Su símbolo es una elipse con su nombre en su interior. Los casos de uso, opcionalmente, pueden estar rodeados de un rectángulo que representa los límites del sistema.
➢ **Relación:** la interacción del actor con el caso de uso o la relación entre casos de uso. Su representación se da mediante el símbolo de una línea o de una flecha.

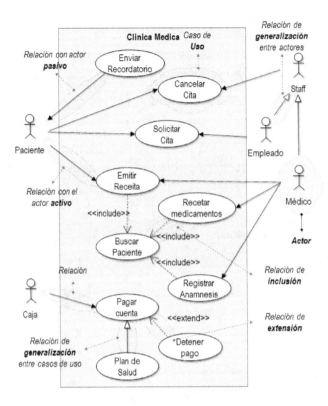

Figura 8.19: *Diagrama de casos de uso y sus elementos.*

Se debe atentar contra que el diagrama de casos de uso no represente la secuencia en que se ejecutan los casos de uso. Si la intención es representar la secuencia de actividades para completar un proceso de negocio, es mejor hacerlo mediante el modelado de proceso de negocio.

8.12.2.1. Relación entre un actor y un caso de uso

La asociación entre un actor y un caso de uso se denomina relación de comunicación. En esta relación, se distinguen:

➤ **Actor activo:** cuando este inicia o dispara la ejecución del caso de uso. La flecha en la relación de comunicación apunta al caso de uso, como en el diagrama de la Figura 8.19, donde el Paciente inicia el caso de uso "Solicitar una cita". Cuando la línea de relación no tiene flecha, indica por defecto que el actor es activo.

➤ **Actor pasivo:** Cuando el caso de uso no se ha iniciado por el actor, este reacciona ante la provocación del software que inicia la comunicación. La flecha en la relación de comunicación apunta al actor. Los ejemplos más comunes son las notificaciones y las alarmas, como en el diagrama de la Figura 8.19, donde se le pide al paciente que actúe en el caso de uso "Enviar recordatorio".

8.12.2.2. Otros tipos de relación

Hay tipos especiales de relaciones entre los elementos de un diagrama de casos de uso:

➢ Generalización o especialización.
➢ Extensión.
➢ Inclusión.

8.12.2.2.1. Generalización o especialización

Este tipo de relación puede ocurrir entre casos de uso o entre actores, pero no entre un actor y un caso de uso. En el diagrama, este tipo de relación se representa con una flecha de punta cerrada que parte del caso de uso de especialización y termina en el caso de uso de generalización.

La condición para identificar un caso de uso de generalización es la presencia de un comportamiento y un propósito comunes a diferentes casos de uso que se especializan en un comportamiento específico. El caso de uso generalizado tiene como objetivo proporcionar una descripción unificada del comportamiento común en lugar de tener que describirlo varias veces. Mediante el establecimiento de una relación entre un caso de uso de comportamiento genérico y otro que se especializa en dicho comportamiento, se dice que este último hereda el comportamiento del primero.

En la Figura 8.19 se presenta una generalización de actor, el Staff, que representa un papel común para el empleado de la clínica y el médico en la ejecución de "Cancelar Cita".

8.12.2.2.2. Extensión

Este es un tipo de relación exclusiva entre casos de uso. El caso de uso extendido representa un comportamiento opcional que el caso de uso que lo extiende posee.

Por ejemplo, el comportamiento asociado a detener el pago se comparte como parte de un escenario alterno de los diferentes casos de uso; a continuación, se identifica y describe ese comportamiento como un caso de uso en sí y se establece una relación de extensión entre él y los demás casos de uso extendidos.

En el diagrama, una relación de extensión se representa como una flecha de puntos que se origina en el caso de uso que la utiliza y apunta al caso de uso base.

8.12.2.2.3. Inclusión

También es un tipo de relación exclusiva entre casos de uso. Si existe una secuencia de pasos comunes y obligatorios en distintos escenarios, entonces ese comportamiento debería describirse como una unidad en un caso de uso de inclusión específico. El caso de uso de inclusión es un comportamiento obligatorio que debe poseer el caso de uso que lo incluye. Por ejemplo, tanto para hacer una cita como para solicitar medicamentos, hay una serie de pasos comunes para localizar el registro del paciente. En el diagrama, la relación de inclusión se representa con una flecha de puntos que se origina en el caso de uso base y apunta al caso de uso incluido.

8.12.3. Especificación de casos de uso

Cada caso de uso debe tener su comportamiento descrito. El UML no establece un estándar para este propósito. Se debe establecer un modelo que mejor se adapte al contexto y a las características en que se utilizará el método.

Independientemente de un modelo en particular, la especificación debe satisfacer las siguientes necesidades de información:

➢ Nombre del caso de uso.
➢ Breve descripción con un resumen lógico del comportamiento del caso de uso.
➢ Los actores que interactúan con el software en el caso de uso.
➢ Precondiciones necesarias para el inicio del caso de uso y postcondiciones previstas tras su conclusión.
➢ Secuencia de pasos que describe el flujo principal del intercambio de información entre el usuario y el software, incluidos los requisitos de almacenamiento asociados.
➢ Diferentes secuencias de pasos organizadas en escenarios que describen los flujos alternativos y de excepción.
➢ Descripción de las reglas de negocio que se aplican o, preferiblemente, la referencia a las reglas de negocio descritas en otro documento (ya que estas pueden compartirse, pues se aplican a diferentes etapas de distintos escenarios y casos de uso).

8.12.3.1. Escenarios

La especificación de un caso de uso consiste básicamente en describir los escenarios que lo componen. Un escenario corresponde a los diferentes pasos que se desarrollan a partir de un evento que inicia el caso de uso, así como a las condiciones que afectan la forma en que debe comportarse.

La descripción de un escenario explora:

➤ El cómo y cuándo comienzan el caso de uso.
➤ Cuando el caso de uso interactúa con los actores y qué datos se intercambian entre sí.
➤ Cuando el caso de uso referencia o almacena datos.
➤ El cómo y cuándo de la finalización del caso de uso.

La descripción de un escenario no se ocupa de los aspectos de la interfaz gráfica de usuario, del hardware o de la plataforma de software, ni de cualquier requisito no funcional.

El término "flujo" también se utiliza para describir un escenario. Una diferencia entre "flujo" y "escenario" es que los escenarios se subdividen en dos tipos, mientras que los flujos se subdividen en tres.

➤ **Principal:** Descripción que refleja un único escenario para lograr el objetivo del caso de uso, sin considerar posibles fallos. Es el "camino feliz": curso típico de eventos, flujo normal, flujo básico.
➤ **Alterno:** Cumple la función de complementar el escenario principal con fragmentos de flujo que muestran el comportamiento esperado en condiciones alternativas que puedan presentarse durante su ejecución.
➤ **Excepción:** En el término "flujo", existe un tipo de escenario alterno llamado flujo de excepción, específicamente para describir el comportamiento asociado a las condiciones de excepción.

8.12.3.2. ¿Cómo identificar un caso de uso?

La identificación de un caso de uso está relacionada con las decisiones sobre qué tareas del usuario deben transferirse al software. Cada tarea debe asignarse a un caso de uso y a los escenarios correspondientes descritos. Durante la preparación de esta descripción, se identifican oportunidades para mejorar la calidad de la especificación mediante nuevos casos de uso (generalización, inclusión o extensión).

8.12.3.3. ¿Cómo describir un caso de uso?

La descripción de los escenarios de casos de uso debe especificar las condiciones aplicables, pero no las reglas de negocio asociadas. Esto debería especificarse por separado. Si se utiliza una herramienta de gestión de requisitos, esta separación resulta irrelevante, ya que la especificación de casos de uso se convierte en un simple informe y no en un depósito centralizado de información.

8.12.4. ¿Por qué casos de uso?

Con la información organizada en un modelo funcional basado en casos de uso, la información se proporciona para trabajar en tres áreas importantes:

- **Definición de requisitos:** Nuevos requisitos generan o modifican casos de uso a medida que evolucionan el análisis y el modelado del sistema.
- **Comunicación con los clientes**: Por su simplicidad, su comprensión no requiere conocimientos técnicos. Cualquier persona del negocio puede comprender fácilmente tanto el diagrama como la especificación, lo que facilita la comunicación del equipo con los interesados.
- **Generación de casos de prueba:** La conexión de todos los escenarios de un caso de uso puede sugerir una serie de pruebas para cada uno de ellos.

8.13. Técnica: Listas de Verificación

El uso de la lista de verificación o *checklist* tiene un gran atractivo como herramienta de seguridad en el trabajo. Un caso que ilustra eso surgió durante la etapa final de evaluación de las aeronaves especificadas por el Ejército de los Estados Unidos el 18 de julio de 1934. Tres fábricas habían presentado aviones para la prueba. Se detectó un problema y el avión de una de las fábricas dejó de funcionar durante el ascenso y estalló en llamas al impactar. Se realizó una investigación y se determinó que la causa fue un error de pilotaje. El copiloto había olvidado liberar el bloqueo del ascensor antes del despegue. Una vez en el aire, el piloto se dio cuenta de lo que ocurría y trató de alcanzar el botón de bloqueo de ascensor, pero era demasiado tarde.

Para evitar este tipo de problema, los pilotos se reunieron y llegaron a la conclusión de que había que asegurarse de que todo lo que debía hacerse se hiciera. Se desarrollaron cuatro listas de verificación: despegue, vuelo, antes de aterrizar y después de aterrizar.

Los pilotos se dieron cuenta de que el problema se debía a que el sistema de aviación era demasiado complejo para la capacidad de memoria de un ser humano. Las listas de verificación para el piloto y el copiloto aseguraron que no se olvidara nada. Con las listas de verificación, una planificación cuidadosa y rigurosa y el mismo modelo de avión, logró volar 1,8 millones de millas sin accidentes.

La idea de la lista de verificación del piloto fue bien recibida y se elaboraron listas adicionales para otros miembros de la tripulación. Desde entonces, el uso de listas de verificación se ha generalizado en la aviación. En el contexto de la ingeniería de requisitos, el uso de tales listas en las actividades de verificación y validación también resulta útil.

8.13.1. ¿Qué es la lista de verificación?

Los responsables de las políticas generales de calidad a un nivel más alto en la organización determinan los criterios para su uso como referente de calidad en el proceso de desarrollo de software. Indican los elementos críticos y definen las condiciones que deben confirmarse durante la evaluación de un artefacto (especificación o modelo).

Los tipos de especificaciones y modelos, así como las condiciones de destino asociadas, reflejan las lecciones aprendidas a partir del éxito —o fracaso— de proyectos anteriores y de las buenas prácticas de la industria. El criterio de calidad indica las condiciones para que el elemento sea evaluado como bueno o malo, como apropiadas para su uso en otras oportunidades o que requieren aún mayor atención en su elaboración.

Por ejemplo, un documento de visión es una especificación que describe el dominio del problema, las necesidades del negocio, el alcance de la solución en términos de sus procesos macroconstituyentes y de su entorno externo calificado por las organizaciones, personas y otros agentes que interactúan con el software como parte de las responsabilidades asociadas a su función.

La definición de estos elementos debe permitir que el documento de visión cumpla adecuadamente su propósito. Esta definición puede haber sido el resultado de la experiencia en proyectos internos o de buenas prácticas ya consolidadas en la industria.

Por ejemplo, un elemento crítico del documento de visión es la caracterización del papel que desempeñan dichos agentes. Un criterio de calidad para comprobarla es verificar que, en la especificación, se organice la información que describe el conjunto de habilidades y conocimientos necesarios, así como las responsabilidades y las relaciones con otros agentes que desempeñan funciones distintas.

Una lista de verificación organiza la referencia descrita anteriormente en forma de preguntas o afirmaciones encadenadas secuencialmente. Sobre esa base, los productos de trabajo individuales pueden ser evaluados mediante la comparación con la condición de que cumplan los criterios de calidad del modelo de referencia.

Cada tipo de producto de trabajo de Ingeniería de Requisitos debe tener una lista de verificación asociada.

8.13.1.1. ¿Cómo usar la lista de verificación?

Las listas de verificación se usan durante las revisiones técnicas formales.

*Tipo de producto de trabajo: **Diagrama de Contexto***
*Elemento: **requisitos de almacenamiento externos sobre un concepto de negocio***
02.DT.31 – Verificar si la identificación del concepto de negocio está correcta

La identificación de un Concepto de Negocio sobre el cual se recupera o almacena datos es CORRECTA cuando:

El elemento identificado cumple con la definición de Concepto de Negocio (02.DT.29).

Hay fundamentos para su identificación en las memorias de elicitación que deben permitir identificar las necesidades de almacenamiento del usuario a partir de manifestaciones espontáneas de los interesados o como resultado de la aplicación de técnicas de elicitación por parte del equipo de desarrollo;

Hay fundamentos en las especificaciones de los requisitos funcionales (si es apropiado según la fase).

02.DT.32 – Verificar si el concepto de negocio es externo a la solución

Un concepto de negocio es EXTERNO A LA SOLUCIÓN PROPUESTA cuando:

No hay requisito funcional para el mantenimiento de datos sobre el concepto de negocio en el ámbito de la solución propuesta; y

Hay sólo pasos o reglas de negocio en los requisitos funcionales que se refieren a datos sobre el concepto de negocio. No se trata específicamente de requisitos funcionales que describan cómo la solución debe responder a un evento externo, ni de requisitos funcionales que describan el envío de datos para su integración con otros sistemas.

02.DT.33 – Verificar si el concepto de negocio es necesario

El concepto de negocio es NECESARIO cuando:

Establece la capacidad que el negocio necesite para las resoluciones internas.

O se permite la conformidad del negocio con exigencias, interfaces o estándares externos. Lo que evidencia esas condiciones es que el campo "Necesidades Tratadas (N.XX)" debe completarse con todos los ítems del Cuadro de Necesidades y Oportunidades que lo justifican y apenas con ellos.

02.DT.34 – Verificar si el Cuadro de Requisitos de Almacenamiento (Externos) está completo

El Cuadro de Requisitos de Almacenamiento – Externos a la Solución Propuesta – está COMPLETO cuando todos los Conceptos de Negocios abajo cualificados están relacionados y apenas eles:

CORRECTOS (02.DT.30); e

EXTERNOS A LA SOLUCIÓN PROPUESTA (02.DT.32).

Cuadro 8.1: *Ejemplo de lista de verificación para el diagrama de contexto.*

Los tipos de producto de trabajo deben organizarse en plantillas para facilitar su desarrollo. La Figura 8.20 ilustra un fragmento de plantilla para la aplicación de listas de verificación, utilizado como ejemplo. Pero cuidado: el uso de plantillas tal como se presentan, sin una comprensión adecuada de su propósito y de la información que contienen, puede acarrear más perjuicios que beneficios.

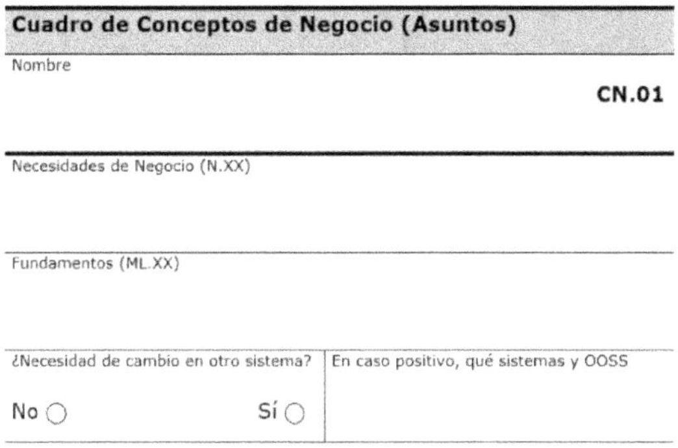

Cuadro de Conceptos de Negocio (Asuntos)

Nombre

CN.01

Necesidades de Negocio (N.XX)

Fundamentos (ML.XX)

¿Necesidad de cambio en otro sistema? | En caso positivo, qué sistemas y OOSS

No ◯   Sí ◯

Figura 8.20: *Fragmento de la plantilla que describe la necesidad de información.*

8.13.2. ¿Por qué las listas de verificación?

La motivación para usar listas de verificación es la de facilitar el control de calidad de los productos de trabajo entregados, y concretamente:

➢ Asegurarse de que las especificaciones se desarrollen y verifiquen de manera uniforme.
➢ Encontrar inconsistencias entre los diferentes modelos.
➢ Encontrar especificaciones superfluas (fuera del alcance).
➢ Evitar que las especificaciones incompletas avancen en el desarrollo.
➢ Desarrollar proyectos más manejables.

Las listas de verificación ayudan a identificar de manera objetiva lo que se desarrolló y su calidad. Sin el apoyo de una lista de verificación, el trabajo dependerá de la experiencia y del criterio de cada responsable de la verificación, lo que puede implicar un análisis no estándar. El mismo artefacto, visto de manera ad hoc por distintas personas, puede dar lugar a resultados diferentes según quien lo verifique. Con la lista de verificación, incluso el miembro menos experimentado del equipo puede realizar las actividades de verificación.

La lista debe desarrollarse con la experiencia de profesionales experimentados, una visión más minuciosa y experiencia en problemas pasados que podrían ser detectados por la lista. A medida que surgen problemas, la lista de verificación debe revisarse para evaluar si un elemento puede añadirse o modificarse y para filtrar problemas similares en el futuro.

La lista de verificación ayuda a disminuir el riesgo de fracaso del proyecto, ahorra tiempo en las actividades de verificación y permite el intercambio de conocimientos y experiencia entre los miembros del equipo.

8.14. Técnica: Prototipado

El establecimiento de la interfaz gráfica de usuario del software propuesto es responsabilidad de la disciplina de análisis y diseño (arquitectura). Un término de uso más común es "UX" (*User Experience*); se consolidó como una especialización profesional, considerando también la integración con los elementos de hardware y de servicios. El prototipado es esencial en el desarrollo de la UX de un producto de software, pero no es el uso que se discute aquí. La atención se centra en la validación y la elicitación de requisitos.

El análisis de requisitos es responsable de brindar orientación sobre la identificación y definición de los elementos lógicos de la interfaz de usuario: los campos con la información a ser proporcionada por los usuarios, la estructura de ambos en cuanto a tamaño, tipos y reglas de validación, o el formato de dichos elementos.

De modo similar a las decisiones sobre cuestiones de arquitectura de alto riesgo, que deben tratarse en paralelo al desarrollo del software, puede haber un paralelismo entre la realización de la Ingeniería de Requisitos y el diseño de la UX. Mientras detalla los requisitos funcionales, se toman algunas decisiones sobre la UX.

En el primer caso, respecto de las decisiones en cuestiones de alto riesgo de arquitectura, utilice el término "debe". En el segundo caso, respecto de las cuestiones de experiencia de usuario asociadas al desarrollo de los detalles de cada requisito, se contempla una posibilidad.

Si estos temas de arquitectura de alto riesgo no se abordan al inicio del proyecto, a continuación, todos los trabajos posteriores se verán comprometidos, incluida la Ingeniería de Requisitos. Estas decisiones establecen la base para determinar qué se especifica como requisito funcional o no funcional durante el análisis de requisitos y orientan el desarrollo posterior de varias especialidades. Por ejemplo:

➤ **Requisitos:** La descripción del comportamiento relativo al almacenamiento de datos con una pista de auditoría (log) se especifica como la descripción de pasos y reglas de negocio en especificaciones de requisitos funcionales o descríbiese en la especificación de requisitos no funcionales depende de decisiones con respecto a la arquitectura de software a utilizar y sus componentes de infraestructura con servicios compartidos comunes.

➢ **Análisis y diseño:** Asignar un comportamiento especificado en los requisitos a una unidad de software (p. ej., programas, clases en Java, paquetes PL/SQL) depende de las decisiones previas sobre la arquitectura.

➢ **Implementación:** El lenguaje de programación depende de estas decisiones preliminares de arquitectura.

Dado que se trata de decisiones sobre la experiencia de usuario asociada a cada requisito funcional, se trata de una elección que depende de la estrategia de desarrollo. Es factible identificar y describir todos los elementos lógicos de la interfaz con el usuario para luego decidir sobre la representación de la información como un campo de texto, un icono, un árbol, el camino para la validación y la entrada de datos y el número de formularios que deberán soportar el requisito funcional. La Ingeniería de Requisitos debe establecer los requisitos no funcionales de la solución; sin embargo, no debe entrar en el tema.

Del mismo modo, es posible tomar ambas decisiones —sobre los elementos lógicos y la UX— al mismo tiempo, ya sea por un solo perfil profesional que tenga las habilidades asociadas a la Ingeniería de Requisitos y a la UX, o por dos perfiles profesionales diferentes que trabajan juntos.

Un hecho que debe considerarse es que la volatilidad de las decisiones UX es mayor que la asociada a las necesidades de información. Trabajar en ambos al mismo tiempo requerirá bastante disciplina para no descuidar ninguno de ellos.

8.14.1. ¿Qué es prototipar?

La creación de prototipos es una técnica que pretende simular para el usuario el funcionamiento de sus necesidades antes de que el producto final esté listo. Es un proceso iterativo de generar versiones iniciales de prototipos y, a través de ellos, el usuario puede analizar si se están cumpliendo los requisitos e incluso descubrir nuevos. También se utiliza para mejorar la experiencia del usuario, evaluar las opciones de diseño y establecer una base para el desarrollo final del producto.

8.14.2. ¿Cómo aplicar el prototipado?

El ciclo de creación de prototipos comienza con la obtención de los requisitos, mediante el diseño de un prototipo, en el que se decide qué técnicas y qué enfoque de prototipado usar, y luego se construye el prototipo. Después de construir el prototipo, el usuario y el desarrollador lo utilizarán para refinar los requisitos. Entonces, el proceso comienza de nuevo para crear nuevos prototipos hasta que todas las condiciones sean propicias para el desarrollo.

A continuación, se presentan las diferentes técnicas para la creación de prototipos. La elección del método a utilizar debe hacerse con cuidado, siempre alineada con el objetivo del prototipo, ya que este influirá en la productividad y en el costo del desarrollo. La elección de un enfoque equivocado puede obstaculizar el desarrollo en lugar de ayudar.

Por ejemplo, si el objetivo fuera refinar los requisitos funcionales, no sería conveniente elaborar un prototipo con la apariencia de un producto final. Las excepciones a la regla serían los casos en los que, sin este enfoque, no se puede establecer comunicación con un interesado que no tiene la capacidad mínima de abstracción para comprender una interfaz única basada en elementos lógicos, lo que impide el avance sin la inclusión de otros elementos de usabilidad.

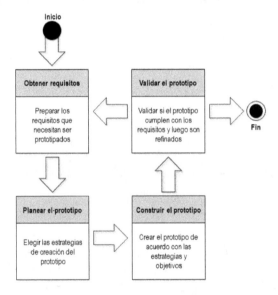

Figura 8.21: *Ciclo del prototipado.*

Una vez terminados los prototipos, el desarrollador y el cliente deben reunirse para evaluar si estos se ajustan a los requisitos. El *feedback* sobre esos inconvenientes es el mayor valor de la creación de prototipos. Servirá como entrada para refinar aún más los requisitos.

Si en la primera sesión de validación de prototipos no se identifican problemas con los requisitos, desconfíe y evalúe un nuevo enfoque para la creación de prototipos, para alcanzar el resultado esperado, o evalúe si la persona designada es la correcta para validar el prototipo.

Terminado el análisis de prototipado, los requisitos deben mejorarse con el *feedback* generado y, si es necesario, se debe iniciar el proceso de creación de una nueva versión del prototipo para identificar nuevos problemas y establecer nuevas soluciones. Para cada prototipo, la idea es que el nivel de detalle y precisión se incrementará hasta minimizar las incertidumbres y construir el producto final con menor riesgo.

8.14.2.1. Prototipado de alta y baja fidelidad

El prototipado se clasifica en baja o alta fidelidad según el grado de similitud entre el prototipo y el producto final.

8.14.2.1.1. Prototipado de baja fidelidad

La creación de prototipos de baja fidelidad es la más simple en términos de esfuerzo, costo y tiempo invertido en su desarrollo. Se hace en los primeros momentos del desarrollo. Los prototipos de baja fidelidad se diseñan en forma de croquis y sin detalles. No hay una gran preocupación por las características estéticas. Si hay algo en este sentido, los resultados de estos elementos no deben considerarse una línea base para la gestión de cambios, ya que el objetivo es el descubrimiento de los elementos lógicos de la interfaz de usuario. Los prototipos creados en este tipo de creación también se conocen como maquetas o *wireframes*.

Este tipo de prototipos evita que el usuario confunda el prototipo con un producto final. Este estilo de prototipo influye en el interés del usuario; la atención se centra únicamente en las características del sistema, con la idea de que el prototipo es solo un esbozo que puede cambiar fácilmente. Es positivo porque no existe riesgo de desplazamiento de la atención del usuario hacia la parte estética. Una desventaja de la falta de detalle es la dificultad que algunas personas tienen para extraer atributos adicionales de los elementos lógicos.

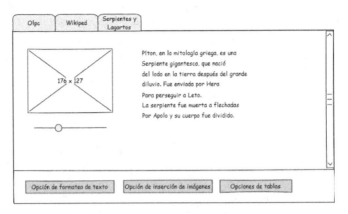

Figura 8.22: *Ejemplo de prototipo de baja fidelidad.*

8.14.2.1.2. Prototipado de alta fidelidad

Los prototipos de alta fidelidad ofrecen un alto nivel de detalle en la apariencia. El usuario debe poder ver la forma más realista posible del producto final. Estos prototipos se pueden construir usando la propia herramienta de desarrollo de software o herramientas para simular la experiencia del usuario de software, sin datos reales ni código fuente programado para este fin. Estas últimas herramientas tienen su comportamiento especificado mediante la configuración y los guiones en lenguajes de alto nivel.

La creación de un prototipo de alta fidelidad es ideal para el descubrimiento de nuevos requisitos de usabilidad y otros requisitos no funcionales; sin embargo, el usuario puede distraerse y no validar la funcionalidad ni los elementos lógicos. Existe el riesgo de que el usuario formule expectativas irreales sobre cómo será el software final. Es una buena técnica para la creación de prototipos de productos para el mercado masivo y como herramienta para definir los requisitos de UX del producto. Una desventaja de este enfoque es que tarda más en producir un prototipo de alta fidelidad que uno de baja fidelidad.

8.14.2.2. Prototipado horizontal y vertical

Desarrollar un prototipo completo para un sistema grande puede tardar mucho tiempo, lo que reduce los beneficios de la creación de prototipos. Para evitarlo, es común optar por elaborar prototipos parciales o por ofrecer una visión amplia (pero poco profundizada) del producto o una visión más profundizada de una parte del producto. La elección entre estos dos enfoques requiere evaluar el propósito que se desea alcanzar con el prototipado: consolidar el alcance o detallar los requisitos ya presentes en él.

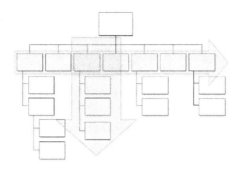

Figura 8.23: *Prototipo de alcance horizontal y vertical.*

8.14.2.2.1. Prototipado horizontal

La creación horizontal de prototipos tiene como objetivo interactuar con el usuario mientras este evoluciona a través de la interfaz en un flujo operativo; sin embargo, no se profundiza en el análisis de toda la funcionalidad disponible para los diferentes perfiles interesados en el prototipado.

El prototipado horizontal investiga los requisitos del usuario con menor profundidad y busca cubrir ampliamente varias características, pero no profundiza en el funcionamiento. Eso promueve un conjunto más amplio de características que pueden abordarse en una sola sesión.

Al abordar el consenso sobre el alcance de la solución, el prototipado horizontal resulta apropiado en etapas tempranas. La ventaja de este enfoque es mostrar al usuario las revelaciones que el desarrollo ha producido hasta la fecha sobre el funcionamiento del sistema.

8.14.2.2.2. Prototipado vertical

La creación de prototipos verticales tiene como objetivo explorar los requisitos con mayor profundidad y permite explorar un menor número de requisitos en la misma sesión de prototipado, en comparación con el prototipado horizontal.

Estos prototipos son más apropiados para las etapas más avanzadas del desarrollo y pueden ayudar a refinar y evaluar adecuadamente las necesidades de los usuarios. La ventaja de este enfoque es demostrar requisitos específicos y profundizar en la comprensión de los detalles de cada característica.

8.14.2.3. Prototipado descartable y evolutivo

En cuanto al ciclo de vida, los prototipos pueden clasificarse en descartables o evolutivos.

8.14.2.3.1. Prototipado evolutivo

El prototipado evolutivo es el enfoque en el que los prototipos evolucionan hasta estar listos para componer la versión final del software. Se realizan con la propia herramienta de desarrollo de software. Este es el caso en el que el prototipo construido evolucionará de forma constante hasta convertirse en el resultado final del desarrollo. Por lo tanto, al desarrollar el prototipo, también se desarrolla el software.

El ciclo de vida no termina con la realización de actividades de prototipado. Es el enfoque preferido para el desarrollo con metodologías ágiles. Sin embargo, el prototipado evolutivo puede requerir anticipar las cuestiones relacionadas con las disciplinas de diseño y construcción, a fin de contar con una arquitectura de software preparada para apoyar los desarrollos sucesivos del prototipo hasta el producto final. Esto puede causar una demora en la primera versión del prototipo. Cuando previamente existe una arquitectura definida de uso, se puede generar rápidamente la primera versión del prototipo.

8.14.2.3.2. Prototipado descartable

El prototipo construido de esta forma, una vez cumplido su propósito, será desechado. A diferencia del prototipado evolutivo, los prototipos no son elementos de configuración de la versión final del software. Se realizan con herramientas propias para diseñar prototipos. Su ciclo de vida termina cuando se detiene el prototipado. Son más rápidos y más baratos de producir.

8.14.2.4. Riesgos y cuidados al prototipar

Es importante definir con el cliente el objetivo para el que el prototipo fue creado. Si ese objetivo no se definió correctamente, el prototipo tendrá un impacto negativo.

Aquí hay algunas precauciones que deben tomarse al realizar prototipos:

➢ Asegúrese de que los usuarios y los desarrolladores no se aferren demasiado al prototipo. Si el prototipo está bien detallado y los objetivos de la creación de prototipos no son claros, entonces el usuario puede crear la expectativa de que el sistema esté listo o será exactamente igual que el prototipo, mientras que, dependiendo de los objetivos de creación de prototipos, todavía hay decisiones pendientes sobre la interfaz de usuario.

➢ Asegúrese de que, cuando se adopta un prototipo de baja fidelidad para validar los requisitos, los desarrolladores no lo consideren como la descripción de toda la UX prevista para el producto. El trabajo de descubrir estos elementos es el alcance de la actividad de estos desarrolladores. Ellos no deben implementar una pantalla sin tener en cuenta las buenas prácticas de UX, solo porque el cliente ha aprobado un prototipo de baja fidelidad para identificar los elementos lógicos de la interfaz de usuario.

➢ Asegúrese de que, en una sesión de creación de prototipos para validar los requisitos funcionales, el usuario no se aferre a la UX; si esto sucede, el tiempo será en vano y se generarán expectativas equivocadas. Una solución es utilizar un prototipo de baja fidelidad. Así, el cliente tiende a creer que el sistema final no tendrá ese aspecto rústico ni una mala usabilidad.

➢ Asegúrese de aclarar que los tiempos de respuesta obtenidos en la experiencia del usuario de un prototipo no deben compararse con los del producto final. Un prototipo es sólo una herramienta de simulación de cómo quedará el sistema cuando esté listo; al no contar con el procesamiento en modo real asociado, hay que tener cuidado para que el usuario no compare el rendimiento y la velocidad de un prototipo con los del producto final.

8.14.2.5. Prototipos y especificaciones de casos de uso

Un prototipo no tiene especificadas las características que presenta. Al evaluar el prototipo sin conocer los requisitos, uno puede no saber en detalle cómo funcionan las funcionalidades. Por lo tanto, la combinación de prototipo y especificaciones de casos de uso se utiliza con frecuencia.

El documento de casos de uso documentará el flujo y el funcionamiento de las funcionalidades, las cuales se demostrarán mediante el prototipo. La unión del prototipo y los casos de uso también es una gran manera de documentar su sistema para la retención del conocimiento, sin necesidad de aprender a leer algún lenguaje de programación ni de interpretar el desagregado de un requisito único en diferentes elementos de la configuración del software.

8.14.3. ¿Por qué prototipar?

El prototipado tiene como objetivo principal reducir los riesgos del proyecto, lo que permite identificar problemas con los requisitos en las primeras etapas, que con otras técnicas pueden resultar difíciles de detectar.

La validación de un prototipo expone malentendidos entre los interesados y pone de manifiesto las exigencias implícitas (u "obvias"). En el primer caso, es útil tanto para los problemas de comunicación entre las partes interesadas y el equipo de requisitos como para ayudar a resolver conflictos de visión entre las partes interesadas sobre qué solución es la mejor para el producto. En el segundo caso, de los requisitos implícitos, al darse cuenta, durante la validación del prototipo, de que se olvidó una funcionalidad "obvia" pero no fue solicitada explícitamente, el usuario hará una observación.

Cuanto antes se introduzca el prototipo en el proyecto, mayor será el beneficio potencial. Si el prototipo se está haciendo en etapas avanzadas o si consume mucho tiempo, es una señal de que algo no está bien y los beneficios potenciales de la creación de prototipos serán en vano. Aunque es una práctica común en muchas empresas, a menudo cometen el "pecado" de retrasar la creación de prototipos.

8.15. Ejercicios

1. ¿Cuál es el propósito del análisis de requisitos?
2. La siguiente figura representa la descomposición funcional de un sistema genérico. Verifique si la descomposición es correcta. Si tiene problemas, por favor, lístelos.

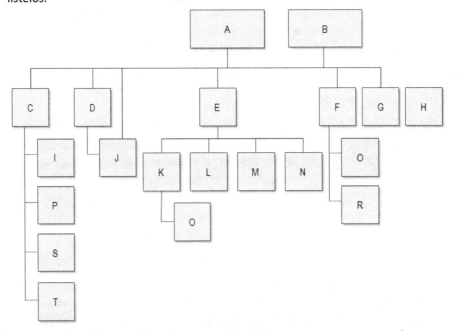

3. Al descomponer los requisitos de un modelo de proceso, se encontraron algunas actividades sin ningún requisito asignado. ¿Qué significa?
4. Utilizando como referencia el caso de estudio del Anexo, identificar sus necesidades de almacenamiento (conceptos de negocio). Registrar también las preguntas que surgen durante este proceso. Estas actividades requieren una nueva elicitación. Puede utilizar la siguiente lista para ayudar en esta identificación. Realice una búsqueda de conceptos de negocio relacionados con:

a) Documentos tramitados cuyos datos se presentan, procesan, almacenan y distribuyen en su contenido o en la información bruta derivada de ellos.

b) Personas que desempeñan diferentes funciones y necesitan interactuar entre sí.

c) Eventos que marcan distintos puntos del proceso de negocio, abordando los resultados entregados en hitos.

d) Eventos que desencadenan la acción y el seguimiento de esta.

e) Estructuras organizativas con su tirón y sus habilidades.

f) Parámetros de funcionamiento que limitan y establecen políticas.

g) Estructuras físicas con su descripción y clasificación, tales como edificios, plantas, fábricas, productos, almacenes, lugares, equipos.

5. Usando el caso de estudio del Anexo como referencia, crear un diagrama de casos de uso que represente el alcance de este proyecto. Registrar también las preguntas que surgen durante este proceso. Estas actividades requieren una nueva elicitación.

6. Usando el caso de estudio del Anexo como referencia, especificar dos historias de usuario. Prepárelas de acuerdo con el formato sugerido: "cómo (papel), quiero (algo) para (beneficiarme)".

9. Gestión de Requisitos

"Nada es permanente a excepción del cambio."
Heráclito
"Yo prefiero ser esta metamorfosis ambulante."
Raul Seixas

Muchas personas creen que mejorar la gestión de requisitos depende fundamentalmente de una herramienta de software. ¿Será que esto es verdad? Los autores fueron testigos de casos en los que empresas gastaron (no invirtieron, vale la pena mencionar) cifras significativas en la compra de herramientas de esa naturaleza, sin que ello les diera ningún beneficio notable. ¿Serán estos casos excepciones?

La respuesta se presentará al final del capítulo. Para iniciar su búsqueda, primero debe utilizar la definición de gestión de requisitos que se presenta a continuación.

9.1. Gestión de requisitos en el CMMI-DEV

Para esta definición se utilizará una referencia madura y conocida, el CMMI-DEV (SEI, 2010), el modelo norteamericano de madurez para el desarrollo de software. Este modelo define un área de proceso denominada Gestión de Requisitos (REQM), cuyo objetivo es gestionar los requisitos de los productos del proyecto y sus componentes, así como asegurar la alineación entre los requisitos, los planes de proyecto y los productos de trabajo. Para lograr esos objetivos, se definen prácticas específicas que deben seguirse:

1. **Entender los requisitos: Esto permite comprender, evaluar y aceptar los requisitos junto con los proveedores de requisitos (los interesados),** utilizando criterios objetivos. Buscar el consenso entre los diversos interesados es común y necesario para resolver conflictos.
2. **Obtener el compromiso con los requisitos: Busca asegurarte de que el equipo se haya comprometido a trabajar en la versión más reciente** de los requisitos aprobados.
3. **Gestionar cambios:** Garantiza la gestión formal de los cambios en los requisitos.
4. **Mantener trazabilidad bidireccional entre los requisitos y sus productos:** La trazabilidad ayuda a gestionar el alcance y a evaluar el impacto de los cambios.
5. **Asegurar la alineación entre el trabajo y los requisitos del proyecto:** Las revisiones de los planes y productos de trabajo se realizan para identificar y corregir inconsistencias con los requisitos.

Además de las prácticas presentadas por el CMMI-DEV, la gestión de requisitos también implica:

➤ Priorizar un conjunto de requisitos para la próxima iteración o fase.
➤ Gestionar las cuestiones surgidas a lo largo de las actividades del proyecto.

9.2. Ciclo de vida de la gestión de requisitos

De acuerdo con el PMI (2014), solo el 20% de las organizaciones informa tener una alta madurez en sus prácticas de Ingeniería de Requisitos. Esto significa que todavía hay mucho por evolucionar en el mercado en cuanto a la difusión de las mejores prácticas. Y uno de ellos está relacionado con el ciclo de vida de los requisitos.

Un error común es creer que el requisito sólo es útil durante el proyecto y que, una vez que este termina y se alcanza el objetivo, deja de ser relevante. Esta creencia lleva a muchas organizaciones a tratar el requisito únicamente durante el proyecto en el que fue creado.

Antes de proceder con el razonamiento, es preciso aclarar los conceptos de proyecto y de producto, ya que a veces los autores encontraron empresas que no lograban distinguir entre ambos. El proyecto tiene un carácter temporal y tiene como objetivo ofrecer un producto a su término (un software nuevo o mejorado). Su ciclo de vida es más corto que el del producto. El producto entregado por el proyecto será utilizado por la organización durante cierto tiempo. La duración del uso del producto determina su ciclo de vida. A lo largo del ciclo de vida, el producto pasa por un proyecto de desarrollo y puede pasar por diversos proyectos de mantenimiento.

No es común que las organizaciones apliquen las mejores prácticas de gestión de requisitos durante el proyecto. Y cuando esto ocurre en un nuevo desarrollo de software, significa que el sistema cuenta con una buena documentación inicial ("buena" en este caso no necesariamente significa una documentación extensa). Sin embargo, si el requisito solo se gestionó durante el proyecto, la documentación generada quedará obsoleta tras los sucesivos mantenimientos. Cuanto más detallada sea la documentación, más rápida será su obsolescencia. Después de algún tiempo, este sistema se convierte en uno de los sistemas legados de la organización, difícil de mantener y en el que pocos saben bien qué hace.

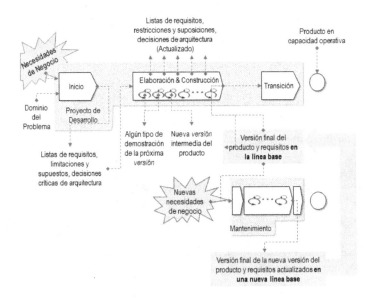

Figura 9.1: El requisito como un activo.

La gestión de requisitos no debe terminar con el proyecto. Los requisitos continúan aportando valor a lo largo de la vida del software. El tiempo de vida del requisito del producto debe ser al menos igual al tiempo de vida útil del producto.

Gestionar los requisitos es gestionar el conocimiento adquirido sobre el software. Mantener los requisitos a lo largo de la vida del producto puede facilitar:

➢ El trabajo de mantenimiento del software.
➢ El análisis del impacto de las nuevas solicitudes de cambio.
➢ El apoyo a otras actividades, tales como la formación de personas, el gobierno corporativo y la adhesión a estándares.

Puede parecer utópico hablar del ciclo de vida del requisito alineado con el del producto, cuando gran parte del mercado apenas se preocupa por gestionarlo durante el proyecto. La maduración es gradual. Pero esto ya ocurre en algunas organizaciones, en particular en las que tienen el producto de software como su negocio.

9.3. Plan de gestión de requisitos

¿Cómo debemos gestionar los requisitos en un proyecto? El plan de gestión de requisitos es quien responde a esta pregunta. Este puede ser preparado por el equipo de gestión de proyectos durante la planificación o, lo más común, definirse en la metodología de desarrollo de software de la organización que todos los proyectos deben seguir.

El plan de gestión de requisitos puede establecer:

➢ El proceso de control de cambios, incluyendo la determinación de quién aprueba los cambios y quiénes son consultados o informados al respecto.
➢ Los atributos de los requisitos que deben capturarse. No es la única definición relevante del requisito. Hay atributos esenciales para gestionar adecuadamente los requisitos. Ejemplos de atributos: referencia, autor, complejidad, propietarios, prioridad, riesgo, origen, estabilidad, situación.
➢ Nivel de trazabilidad de requisitos.
➢ Proceso de priorización de requisitos.
➢ Repositorio de requisitos y herramientas que se utilizarán.

9.4. ¿Quién es responsable de la gestión de requisitos?

La elaboración del plan de requisitos es responsabilidad del director del proyecto o de la persona responsable de la metodología de desarrollo de software que utiliza la empresa. Sobre la ejecución de este plan, no hay una regla, pero buena parte está en manos del equipo de gestión de proyectos — siendo el ingeniero de requisitos quien desempeña un papel de apoyo en muchas de estas actividades.

9.5. Gestión del cambio

Cada proyecto necesita un proceso formal de gestión de cambios para no perder el control. Desde la perspectiva de la gestión de proyectos, la gestión del cambio es un tema más amplio, pero en este libro se aborda con mayor detalle.

La gestión del cambio es el proceso responsable de evaluar todas las solicitudes de cambio, eventualmente aprobarlas o rechazarlas y, en caso de ser aprobadas, promoverlas. Este proceso ocurre durante todo el proyecto, ya que los cambios no tienen una hora específica para llegar.

Los cambios pueden ser solicitados por cualquier interesado. A veces ocurre de forma verbal, pero es fundamental que se formalice por escrito e incorpore al sistema de gestión de proyectos. Cada solicitud es evaluada por un responsable (dueño del producto, director del proyecto o patrocinador), quien decidirá su aprobación o rechazo.

Sin embargo, la Guía del PMBOK® establece la figura de la Junta de Control de Cambios, responsable de esta evaluación. Para proyectos pequeños, esta figura está representada por una persona; para proyectos más grandes, por un grupo de personas con dicha responsabilidad. La Figura 9.2 ilustra esos papeles.

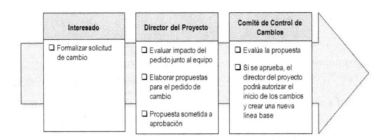

Figura 9.2: *Roles en el proceso de gestión del cambio.*

Para que una solicitud de cambio pueda ser evaluada y aprobada o rechazada, es necesario analizar su impacto. Incluso si esta solicitud de cambio se presenta en un solo requisito, puede tener un impacto en otros requisitos relacionados.

Esta evaluación de impacto debe utilizar los atributos de requisito, tales como fuente, autor, propietario y prioridad, para ser más efectiva. Los requisitos de trazabilidad también pueden ayudar a identificar más rápidamente los requisitos relacionados con lo que se quiere cambiar.

Las solicitudes de cambio aprobadas requieren nuevas actividades de elicitación y análisis de requisitos. Esto generará una nueva versión de la especificación de requisitos, que debe ser aprobada por los interesados para ser utilizada como nueva línea base del alcance.

9.6. Obtener aprobación sobre los requisitos

Esto puede ser una de las tareas más difíciles de la gestión de requisitos. Proseguir con el desarrollo de software sin la aprobación de los requisitos es como trabajar sin haber firmado un contrato con el cliente. El propósito de esta tarea es garantizar que los interesados con autoridad comprendan y acepten los requisitos.

Esta aprobación puede estar en la especificación de requisitos final o en la de productos intermedios de la Ingeniería de Requisitos, como las memorias de levantamiento producidas durante la elicitación de requisitos. El proceso puede llevarse a cabo de manera que cada grupo de interés apruebe de forma individual los requisitos o con el fin de obtener una aprobación colectiva.

El mayor reto de esta tarea es lograr un consenso entre los diversos grupos de interés. Es común que un proyecto de software tenga una serie de interesados — y cuanto mayor sea este número, mayor es la posibilidad de conflictos de intereses. Por eso, para obtener la aprobación de los requisitos, todos los conflictos deben resolverse previamente.

Durante la presentación de los requisitos para su aprobación, pueden surgir varios aspectos por parte de los interesados, lo que puede provocar nuevas actividades de elicitación y análisis. En este caso, la sesión probablemente termine sin aprobación (o con aprobación con reservas) y con una lista de temas por resolver en los requisitos.

Se indica que la sesión debe contar con un registro de la resolución que incluya: la decisión, la razón de la decisión y los interesados presentes.

Una vez aprobados, los requisitos deben mantenerse como línea de base. Y cualquier cambio en esta línea de base debe realizarse mediante el proceso de control de cambios.

9.6.1. ¿Cómo presentar los requisitos para su aprobación?

La forma de presentación de las necesidades a los interesados con el fin de obtener la aprobación puede variar dependiendo de varios factores:

➢ Cultura organizacional (demasiado formal y burocrática o demasiado informal).
➢ Cliente interno o externo.
➢ Nivel de implicación de los interesados durante la elaboración de los requisitos.
➢ Estilo de presentación preferido por los interesados.
➢ Nivel de detalle de los requisitos que deben comunicarse.
➢ Importancia de la información para comunicar a los interesados.
➢ Tamaño del proyecto.
➢ Número de interesados.

En un pequeño proyecto para un cliente interno con el que ya se ha desarrollado una relación de confianza, se puede mantener una presentación informal de los requisitos. Esto se debe a otros proyectos ya ejecutados, que generan mayor intimidad y una participación más intensa en el proyecto. Así es más rápido y no implica tantos detalles.

Dado que ambas partes han mantenido una buena comunicación, los detalles no resultan relevantes en este punto. La aprobación también puede ocurrir de manera informal — por ejemplo, de forma oral o por correo electrónico.

Sin embargo, la mayoría de los proyectos exigen una presentación formal de los requisitos para su aprobación. Esa formalidad puede abarcar desde una simple reunión hasta una serie de eventos con auditorios. Por ejemplo, hace unos años, el Banco Central de Brasil desarrolló el Sistema de Pagos Brasileño (SPB). Fue un proyecto que impactó en todo el sistema bancario del país. Cada banco designó al menos un representante para participar en el proyecto. Además, el proyecto afectó a varias áreas del propio Banco Central, así como a otras agencias gubernamentales.

En este tipo de contexto, sería imposible completar el proceso de aprobación en una sola reunión. Considerando también que las iniciativas gubernamentales de mayor impacto en la sociedad deben incluir sesiones públicas y abiertas, la gama de posibles interesados se amplía a casi todos los ciudadanos de Brasil.

Tanto más grande y formal sea el proyecto, más se requerirá un esfuerzo significativo de tiempo, logística y planificación para obtener una versión aprobada de los requisitos.

9.7. Técnica: Control de Cuestiones

El trabajo de elicitación de requisitos comienza con una serie de preguntas de carácter más general que deben responderse. Esto tiene sentido cuando se sabe poco del problema o de la solución. A medida que se profundiza en la definición de la solución, surgen preguntas más específicas. No siempre es posible responder todas las dudas de inmediato. A veces la respuesta debe buscarse con un interesado distinto del que está siendo entrevistado.

Por ejemplo, si la cuestión queda olvidada y sin respuesta, existe una gran probabilidad de introducir un fallo en la especificación. Entonces es necesario tener un control para que ninguna cuestión deje de ser tratada.

Considerando que:

➢ La memoria humana es falible.
➢ El trabajo de requisitos en un proyecto a menudo se extiende durante semanas.
➢ No siempre el trabajo de requisitos lo realiza una sola persona.

... entonces se vuelve necesario un control sobre las cuestiones que no puedan almacenarse en la memoria de una persona ni en un cuaderno.

9.7.1. ¿Qué es el control de cuestiones?

Es una técnica cuyo fin es realizar un seguimiento, gestionar y resolver cuestiones y otras preocupaciones que requieren ser controladas durante el trabajo de requisitos hasta que sean sanadas. También conocido como control de ítems (issue tracking o item tracking) en inglés.

Las cuestiones casi siempre son preguntas que deben ser contestadas, pero también pueden representar conflictos que deben resolverse, preocupaciones que deben discutirse, defectos a corregir en la especificación y supuestos por confirmar.

Es un método organizado para controlar la resolución de cuestiones, asegurando que ningún tema pase por alto ni se pierda. Ayuda a mantener la atención en los problemas no resueltos y centraliza y comparte la información con el equipo de requisitos.

La cuestión debe administrarse hasta que se resuelva o se determine que no se tomarán medidas. Una revisión periódica de estas cuestiones por parte de todos los interesados asegura la visibilidad y la priorización de los temas más relevantes o urgentes por abordar. Si las cuestiones no pueden resolverse en un plazo razonable, puede que tenga que escalar el problema a través de la jerarquía de la organización.

La tabla 9.1 ilustra de forma resumida un control de cuestiones para el caso de estudio del anexo. Durante los ejercicios de los capítulos anteriores, usted puede identificar cuestiones que deben resolverse en el proyecto de este caso de estudio. A lo largo de la lectura de los capítulos, tal vez algunas cuestiones hayan quedado olvidadas.

Sin embargo, si estas se registran formalmente en el control de cuestiones, es posible que, hasta el momento, más de una docena de preguntas hayan sido identificadas. Esto ayudaría a planificar mejor las sesiones de elicitación con los interesados.

Por razones de espacio, se decidió incluir un ejemplo limitado. Sin embargo, para proyectos más grandes, serían necesarios otros atributos para el control. En el siguiente tema esto será mejor explorado.

ID	Cuestión	Autor	Fecha	Responsable	Situación
1	¿Qué es SUPOPE?	Hugo	03/08/15	Guilherme	Resuelta
2	¿Quién representa los fiscales?	Carlos	03/08/15	Carlos	Resuelta
3	Levantar volumen de obras fiscalizadas/mes	Hugo	10/08/15	Carlos	Pendiente
4	Levantar cantidad actual de fiscales	Hugo	10/08/15	Carlos	Pendiente
5	¿El Callcenter irá usar el SRRO?	Carlos	11/08/15	Guilherme	Resuelta
6	¿Cómo los profesionales fiscalizados serán autenticados en el sistema?	Juan	13/08/15		Pendiente

Tabla 9.1: *Ejemplo sencillo de control de cuestiones para el caso de estudio.*

9.7.2. Elementos del control de cuestiones

Dependiendo de la necesidad, el control de cuestiones puede tener los siguientes elementos:

➢ **Descripción:** Una definición clara y concisa del ítem identificado.
➢ **Descubierto por:** persona que identificó el ítem.
➢ **Fecha de la identificación del ítem**

➤ **Impacto:** posibles consecuencias si el ítem no se resuelve a la fecha límite. El impacto puede evaluarse, por ejemplo, con base en el cronograma, el coste o el alcance.

➤ **Prioridad:** Determinar la prioridad del ítem con base en la evaluación de los grupos de interés. La escala de prioridades debe definirse en el plan de gestión de requisitos.

➤ **Fecha límite:** Hasta cuándo debe resolverse un ítem para evitar las consecuencias.

➤ **Propietario:** el miembro del equipo designado para administrar el ítem hasta su cierre. El propietario no tiene por necesidad ser la persona que identificó el ítem ni las mismas personas que tienen actividades asignadas para resolverlo.

➤ **Estado:** Estado actual del ítem. Los ejemplos de situaciones que pueden usarse incluyen: abierto, designado, resuelto y cancelado. La situación actual del ítem deberá comunicarse a todos los interesados.

➤ **Acción necesaria para resolver:** Detallar qué actividades deben considerarse para resolver el ítem. Puede ser más de una.

➤ **Responsable de la acción:** persona designada para realizar una acción específica para resolver el problema.

➤ **Fecha de finalización de la acción:** puede ser una fecha futura estimada o una fecha pasada real si el ítem está cerrado.

➤ **Resultados:** resultados de la resolución.

No todos los proyectos exigirán los mismos atributos para que el control de cuestiones se realice de manera eficiente. Estos deben existir para ayudar a cumplir el propósito del control de cuestiones, que es garantizar la resolución oportuna de la cuestión y así eliminar los posibles impactos negativos.

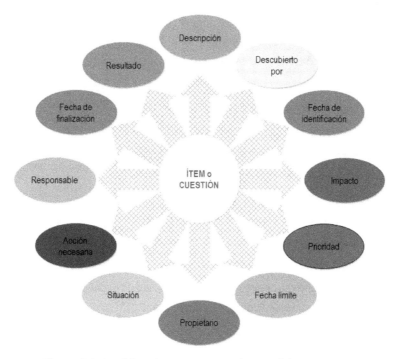

Figura 9.3: *Posibles elementos para el control de cuestiones.*

9.8. Trazabilidad de requisitos

En la mitología griega existe el mito de Ariadna, que describe un gran laberinto donde vivía un minotauro, un ser mitad hombre y mitad toro, que devoraba a personas enviadas como sacrificio. Hasta que Teseo decidió enfrentar al monstruo y logró salir del laberinto a través de una bola de hilo que Ariadna le dio, lo que le permitió dejar un rastro del camino recorrido.

Este mito es útil para entender el motivo y la importancia de numerar la información que describe el dominio del problema, así como para sistematizar su registro.

El trabajo para llegar a la solución desde el dominio del problema es complejo y propenso a generar confusión en quien lo ejecuta; la misma descripción puede aplicarse al laberinto. En la interacción con los interesados, es fácil perder de vista las necesidades de negocio. Mantener registros sobre la relación entre estas necesidades y los requisitos de los interesados tiene un objetivo similar al de Teseo: marcar el camino de regreso.

Al trazar las necesidades que están siendo tratadas según se refina la solución durante el desarrollo, es posible:

➤ Gestionar el alcance para ofrecer lo necesario.

- ➢ Verificar que la implementación cumpla con todos los requisitos de la solución.
- ➢ Verificar que el software haga exactamente lo que se propone.
- ➢ Verificar la consistencia entre los requisitos en los distintos niveles de refinamiento.

Además, usando el mismo principio durante todo el ciclo de vida, es posible:

- ➢ Evaluar el impacto de los cambios en los requisitos.
- ➢ Evaluar el impacto de un fallo en una prueba sobre los requisitos (es decir, si no pasa la prueba, el requisito no puede implementarse).
- ➢ Gestionar el cambio.

El software está presente de forma cada vez más intensa en la realidad humana, ayudando a controlar operaciones tan complejas como una misión espacial y procedimientos médicos de alta complejidad, como la radioterapia.

Dada la criticidad con que se implementa el software en muchos casos, la exigencia de calidad y, principalmente, de fiabilidad es cada vez mayor. No es una exageración decir que el software controla vidas humanas. Por lo tanto, es importante utilizar técnicas más profesionales para el desarrollo y el mantenimiento de estos tipos de software. La trazabilidad es una herramienta importante para alcanzar ese objetivo. Cuanto más largo sea el proyecto o más crítico sea el software, mayor será la importancia de la trazabilidad.

9.8.1. ¿Qué es la trazabilidad de requisitos?

La trazabilidad de los requisitos es el proceso de identificación y documentación de los enlaces (vínculos) que implican un requisito en particular, para rastrear su origen, los artefactos derivados y otros requisitos relacionados.

9.8.2. Beneficios de la trazabilidad

Ayuda a mantener la coherencia entre los requisitos del sistema y los artefactos construidos para el desarrollo de software. También es una forma de entender la relación entre ellos: entre los componentes de la arquitectura y los programas implementados, lo que ayuda a identificar qué elementos del proyecto cumplen los requisitos.

Además, asegura el cumplimiento de los requisitos del software y la gestión del alcance, del cambio, del riesgo, del tiempo, del costo y de la comunicación. También se utiliza para detectar características que faltan o para comprobar si se implementa una funcionalidad que no es compatible con ningún requisito de negocio (o sea, superflua). En resumen, la trazabilidad permite:

- ➤ Analizar el impacto de manera rápida y sencilla (lo cual ayuda a lograr una especificación modificable) y estimar las variaciones en el tiempo y en los costos del proyecto.
- ➤ Descubrir inconsistencias y lagunas en los requisitos (ayuda a construir una especificación completa), es decir, si los requisitos de nivel superior son manejados por los de nivel inferior.
- ➤ Comprobar que la solución cumple exactamente con lo propuesto (especificación correcta).
- ➤ Ayuda en la gestión de riesgos: los requisitos con muchas relaciones están en mayor riesgo.
- ➤ Visualizar la asignación de requisitos a los componentes de software.
- ➤ Visualizar los requisitos en el proceso de pruebas.
- ➤ Corregir defectos mediante la identificación del componente que origina el error.

9.8.3. Tipos de trazabilidad

La capacidad de trazar un requisito hasta su refinamiento o sus productos se define como trazar hacia delante, y la de trazar hacia el origen se define como trazar hacia atrás. Esas dos capacidades, también conocidas como trazabilidad bidireccional, deben estar presentes en todos los tipos de trazabilidad para que estos cumplan sus objetivos. Un proceso de trazabilidad es defectuoso si no se ejerce ninguna de las dos capacidades.

Hay dos tipos de trazabilidad:

- ➤ Trazabilidad horizontal y vertical.
- ➤ Pre y post trazabilidad.

9.8.3.1. Trazabilidad horizontal

La trazabilidad horizontal consiste en establecer enlaces entre las diferentes versiones de requisitos o artefactos en una determinada fase del ciclo de vida del proyecto, como se muestra en la Figura 9.4. También establece vínculos entre los requisitos y los artefactos del mismo nivel, por ejemplo, entre los casos de uso.

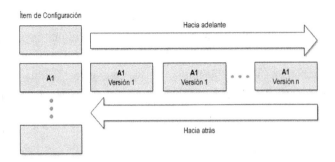

Figura 9.4: *Ejemplo de trazabilidad horizontal entre versiones del mismo artefacto.*

9.8.3.2. Trazabilidad vertical

La trazabilidad vertical relaciona los requisitos con los artefactos producidos en las distintas etapas del ciclo de vida del proyecto. Por ejemplo, a partir de un origen común —la solicitud del cliente— se pueden incluir varios requisitos. En un primer momento, se elabora un documento de visión en el que se relacionan los requisitos del software especificados con los de la solicitud original. En un segundo momento, hay una especificación de requisitos más detallada, que podría consistir en casos de uso, y cada elemento especificado debe relacionarse con una parte específica del documento de visión o con el requisito de la demanda original. Lo mismo se aplicaría a las pantallas de prototipo y a los casos de prueba.

Figura 9.5: *Ejemplo de trazabilidad vertical entre requisitos/artefactos producidos en diferentes fases del proyecto.*

9.8.3.3. Pre y post trazabilidad

La pretrazabilidad se centra en el ciclo de vida de los requisitos antes de su especificación. Permite identificar el origen de cada uno y determinar de qué fuente provienen (por ejemplo, estándares de la organización, clientes, usuarios, reglas). Cualquier cambio en estas fuentes debe actualizarse en la especificación de requisitos y realizarse con referencia a ellas.

La posrazabilidad se centra en el ciclo de vida de los requisitos tras su especificación. Permite identificar qué componentes de software implementan un determinado requisito — por ejemplo, elementos de la arquitectura, código fuente.

También permite identificar qué requisitos están asociados a un componente de software. Para conseguirlo, es necesaria una referencia: la línea base de la especificación de requisitos. A través de esta se relacionarán varios entregables de las disciplinas del proyecto. Los cambios en la línea de base tendrán que propagarse a estos artefactos.

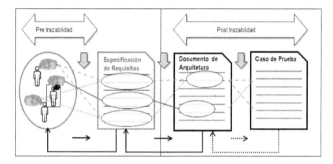

Figura 9.6: *Ilustración de la pretrazabilidad y la posttrazabilidad de los requisitos.*

9.8.4. Matriz de Trazabilidad

Esta es una herramienta que facilita la visualización de la trazabilidad documentada entre los requisitos y otros objetos (o entre sí). En esta se colocan los objetos rastreados en los ejes de una tabla y se marcan los puntos de intersección.

Si el proyecto tiene pocos requisitos o la trazabilidad se limita a los de alto nivel, puede solucionarse mediante el uso de una plantilla o de una tabla. Ahora bien, si el proyecto implica un gran número de requisitos, se recomienda utilizar una herramienta especializada, ya que la gama de esfuerzo de mantenimiento en una hoja de cálculo resultará inviable.

Requisitos de Negocio x Casos de Uso	[RN-01] – Cumplir la norma 456	[RN-02] – Minimizar errores de cobro	[RN-03] – Cumplir norma 23	[RN-04] – Agilizar proceso de cobro	[RN-05] - ...
[RF-001] – Recibo de Cuenta	X	X			
[RF-002] - Transmisión de Cuentas Recibidas			X		
[RF-003] - Transmisión de Depósitos				X	
[RF-010] – Conciliación Fiscal Automática		X			
[RF-011] - ...	X		X		

Tabla 9.2: *Ejemplo de matriz de trazabilidad entre requisitos de negocio y casos de uso.*

9.9. Priorizar requisitos

Priorizar significa asignar un valor de importancia relativa a los requisitos. El objetivo es maximizar el valor aportado por el proyecto, asegurando que las cuestiones más importantes se aborden en primer lugar. Es una actividad bajo la responsabilidad del director del proyecto o del dueño del producto, pero el ingeniero de requisitos participa para facilitar el proceso.

La decisión sobre qué es más importante debe provenir del interesado; el ingeniero de requisitos ayuda a aclarar los requisitos o a informar sobre las consecuencias de alguna elección. Por ejemplo, no tiene sentido que el cliente diga que el informe de ventas es lo primero que debe entregarse en el proyecto. El ingeniero de requisitos debe aclarar que este requisito depende de los requisitos que alimentan el sistema con los datos de venta.

La priorización es un proceso continuo que varía a lo largo del desarrollo, al igual que los propios requisitos. La gran dificultad de la priorización, como se ha visto en el Capítulo 4, no radica en las técnicas utilizadas, sino en la toma de las decisiones necesarias.

Priorizar es tomar decisiones y, eventualmente, dejar algunos aspectos para después. Muchos clientes tratan de decir que todo (o casi todo) es prioritario; sin embargo, eso no es priorizar. Si todos los requisitos tienen la misma importancia, no hay prioridad. Otros se omiten y dejan esas decisiones a cargo del equipo y después reclaman.

La priorización también puede estar influenciada, intencional o no, por el equipo de desarrollo, lo que puede sobreestimar la dificultad o complejidad de implementar una serie de requisitos para que esta le resulte más conveniente. Varios criterios pueden utilizarse para la priorización. La tabla 9.3 enumera los más comunes. Varias técnicas pueden utilizarse para la priorización. Algunas de ellas se comentan a continuación

9.9.1. Técnica: *Timeboxing* o *Budgeting*

En este caso, los requisitos se priorizan con base en la asignación de recursos fijos. El *timeboxing* da prioridad a los requisitos que el equipo puede implementar en un período de tiempo fijo (por lo general, de semanas), mientras que el budgeting prioriza dentro de un presupuesto fijo (generalmente mensual).

Criterios de Priorización	¿Cómo priorizar los requisitos?	¿Cuándo utilizar?
Valor de Negocio (Beneficio)	Basado en el análisis de costo/beneficio	Proyectos incrementales o con limitaciones de presupuesto.
Riesgo (Técnico o de Negocio)	Basado en los mayores riesgos de fracaso para el proyecto	Maximizar la probabilidad de éxito del proyecto.
Costo	Basado en los costos de implementar el requisito	Los interesados pueden cambiar prioridades después que comprenden los costos
Pérdidas	Basado en las pérdidas provocadas por no implementar el requisito	Cuando políticas y reglamentos son impuestos a la organización o riesgo de pérdida de oportunidad para la competencia.
Dependencia con otros requisitos	Basado en la dependencia que requisitos con alto valor añadido tienen referente a los de bajo valor añadido.	Proyectos incrementales o con limitaciones de presupuesto.
Estabilidad	Basado en el consenso (más útil o valioso) obtenido por los interesados	Cuando hay conflictos o falta de definición de requisitos por los interesados.
Sensibilidad Temporal	Basado en la sensibilidad de tiempo	Cuando hay ventanas de oportunidad para el negocio que deben ser aprovechadas (estacionalidad o situaciones específicas, por ejemplo, legales)

Tabla 9.3: *Criterios comunes para la priorización de requisitos.*

Hay tres estrategias básicas para desarrollar estas "cajas" fijas de recursos:

- **Todo dentro:** Comienza con todos los requisitos elegibles en la "caja", con una duración o un costo asignado. Enseguida, comienza la eliminación de los requisitos menos importantes hasta alcanzar el límite de tiempo o de presupuesto. Es decir, hasta que pueda "cerrar la caja".

- **Todo fuera:** Se inicia con la "caja" vacía y se van adicionando los requisitos, con la duración o el costo asignados hasta alcanzar los límites de tiempo o presupuesto.

- **Selectivo:** Se identifican los requisitos de alta prioridad dentro del alcance completo y, enseguida, se adicionan o eliminan requisitos hasta encontrar una combinación que cumpla con los límites de tiempo o presupuesto.

Un ejemplo común de priorización mediante *timeboxing* es el que se utiliza en el *framework* Scrum. En el ciclo de desarrollo iterativo incremental de Scrum, cada iteración tiene una duración fija en el proyecto, de entre dos y cuatro semanas. Durante la planificación de la siguiente iteración, el equipo busca definir qué requisitos se implementarán. Se selecciona un subconjunto de requisitos del *Backlog* del Producto que pueda implementarse en ese tiempo fijo. El ciclo se repite al final de cada iteración hasta que todo el alcance se haya desarrollado.

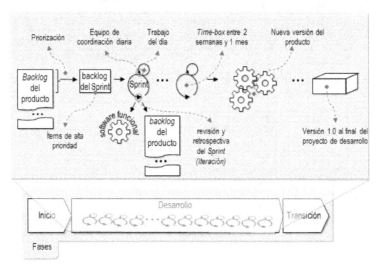

Figura 9.7: *Dinámica básica del proceso Scrum.*

9.9.2. Técnica: Votación

La priorización por votación tiene un nombre que se explica por sí mismo. Consiste en asignar una cantidad fija de recursos (dinero, votos u otros elementos) para que cada participante de la sesión de votación los distribuya entre los requisitos propuestos. Se dará prioridad a los requisitos que reciben la mayor cantidad de recursos.

A simple vista, parece un enfoque extraño para priorizar requisitos junto con las áreas de negocio. Y, de hecho, no es común usar esta técnica en el desarrollo de software para uso interno de la organización. Sin embargo, para empresas que desarrollan software para una base de clientes significativa, es común recurrir a la votación para priorizar.

Para ellas, es común recibir varias solicitudes de mejora del producto a lo largo del tiempo. Las empresas que desarrollan "software-paquete" suelen planificar la entrega periódica de nuevas versiones en el mercado.

Por lo tanto, al planificar la próxima versión del producto, es común encontrar buenas ideas sugeridas por los clientes. Sin embargo, hay recursos limitados para desarrollar todo ello en la próxima versión. Entonces, se elabora una encuesta entre los clientes para saber cuál de las nuevas características les resulta más valiosa.

9.9.3. Técnica: Análisis Moscow

El análisis de Moscú es una técnica que asigna uno de cuatro valores a los requisitos. Su nombre se deriva de un acrónimo en inglés, como se muestra en la Figura 9.8.

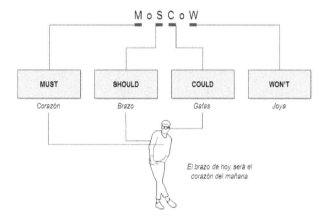

Figura 9.8: *Valores para un requisito en la priorización del análisis Moscow.*

Must – Minimum Usable Subset (debe tener): Requisito obligatorio. En esta categoría se describe el conjunto mínimo de requisitos esenciales del sistema en desarrollo. Si este requisito no se cumple, el proyecto no tendrá éxito. Es decir, se trata de un requisito importante; sin él, el sistema no tiene valor para el cliente.

Aquí hay algunas situaciones en las cuales un requisito "*must*" puede estar implicado:

➢ El sistema no puede entregarse en la fecha acordada sin este requisito.
➢ Si este requisito no se aplica, no tiene sentido entregar el sistema.
➢ El sistema no cumple con las normas legales si este requisito no se verifica.
➢ El sistema se vuelve inseguro si este requisito no se implementa.
➢ No se puede cumplir el caso de negocio sin este requisito.

Should (debería tener): un requisito importante, pero no vital para el proyecto. Este requisito es de alta prioridad — si no se implementa, puede afectar a la satisfacción del cliente. Sin embargo, el proyecto seguirá siendo viable. Sin este requisito, el proyecto tal vez no entregue una solución eficiente u óptima; no obstante, sí resuelve el problema que motivó el proyecto.

Could (podría tener): requisito deseable, pero no necesario para el proyecto. Esta categoría describe el requisito deseable en el sistema; sólo se incluirá si el tiempo y los recursos lo permiten. Son los más propensos a ser eliminados del alcance si el objetivo de plazo o de costo del proyecto está en riesgo. Este requisito no influirá directamente en el éxito del proyecto, pero sí en la satisfacción del cliente. Una forma de diferenciar entre *could* y *should* es el nivel de insatisfacción que generen. En *should* este efecto será más intenso.

Won't have this time (no lo tendrá ahora): Requisito prescindible en este momento, pero que se puede incluir en otras iteraciones u otros proyectos. No es indicado que un requisito del tipo *won't* sea excluido de la especificación, ya que en el futuro su importancia puede ser reevaluada y volver a ser relevante. Esto también ayuda a gestionar las expectativas de los interesados, pues se indica que la necesidad fue identificada, pero no tiene prioridad para su implementación inmediata.

Todo requisito que no sea "*must*" constituye una reserva de contingencia del alcance.

Tenga cuidado: esos valores pueden cambiar durante el proyecto para un mismo requisito. Si el propio requisito puede cambiar durante el proyecto, ¿por qué no su prioridad? La priorización es frecuente en el proyecto y puede variar según las necesidades del cliente.

9.7.3.1. Directrices para la priorización Moscow

De nada sirve clasificar todos los requisitos de un proyecto como "*must*". Si todos los requisitos tienen la misma prioridad, no hay priorización. Una directriz presentada por DSDM (2014), ilustrada en la Figura 9.9, consiste en procurar que los requisitos "must" y "should" representen no más del 80% del esfuerzo del proyecto y que los requisitos "must" no excedan el 60% del esfuerzo del proyecto.

Entonces, los requisitos clasificados como "should" y "could" representan aproximadamente el 20% del esfuerzo total del proyecto para cada uno.

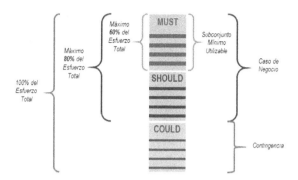

Figura 9.9: *Directriz para la priorización del proyecto por el Análisis Moscow.*

9.10. ¿La gestión de requisitos depende de la herramienta?

Al revisar todos los temas cubiertos sobre la gestión de requisitos, se observa que la mayoría no depende de una herramienta de software específica. Son prácticas que dependen únicamente de la organización, la disciplina y la voluntad corporativa para su ejecución.

De estas prácticas, la única en la que una herramienta especializada ayuda de manera significativa es la de mantener la trazabilidad. A pesar de que la trazabilidad pueda administrarse de forma manual, en proyectos con muchos requisitos y un alto nivel de trazabilidad, tal gestión resulta poco práctica.

Ciertamente, las herramientas de gestión de requisitos son útiles y no sólo para mantener la trazabilidad. Sin embargo, se desea enfatizar que es un error creer que el primer paso en un intento de mejorar la gestión de requisitos debe realizarse en la dirección de adquisición de herramientas. Diversas tareas (y más eficaces) deben tomarse antes de considerar una herramienta específica.

9.11. Ejercicios

1. ¿Cuál es el impacto negativo de no obtener la aprobación de la especificación de requisitos?

2. Seleccione la opción incorrecta sobre el control de cuestiones:

    a) Cada ingeniero de requisitos debe mantener su control de las cuestiones del proyecto de forma individual.
    b) Garantiza que las cuestiones sean capturadas, rastreadas y resueltas.
    c) Puede implementarse en una hoja de cálculo.

d) Necesita la asignación de un responsable que resuelva la cuestión oportunamente.

3. ¿Por qué es importante trazar requisitos?

4. En el análisis Moscow, ¿Un requisito clasificado como *"won't"* puede ser descartado del proyecto de software? Justifique su respuesta.

5. ¿Qué no es correcto afirmar acerca de la gestión de requisitos?

   a) Identifica a los interesados y sus requisitos.
   b) Administra los cambios en los requisitos a lo largo del proyecto.
   c) Resuelve conflictos sobre los requisitos.
   d) Prioriza requisitos.

Bibliografía

ADOLPH, S.; BRAMBLE, P.; COCKBURN, A.; POLS, A. Patterns for Effective Use Cases. (The Agile Software Development Series). Boston, MA: Addison-Wesley Professional, 2003.

AGILE MODELING. User stories: an agile introduction. Disponible en: <http://www.agilemodeling.com/artifacts/userStory.htm#Themes>. Acceso en: 24 abr. 2023.

ALONSO, C. M.; GALLEGO, D. J.; HONEY, P. Los estilos de aprendizaje: procedimientos de diagnóstico y mejora. Madrid: Mensajero, 2002.

ASSOCIATION OF BUSINESS PROCESS MANAGEMENT PROFESSIONALS. Guide to the Business Process Management Body of Knowledge (CBOK). Version 3.0. ABPMP, 2013.

BECK, K.; ANDRES, C. Extreme Programming Explained: Embrace Change. 2nd. Addison-Wesley Professional, New Jersey, 2004.

BECK, K.; BEEDLE, M.; VAN BENNEKUM, A.; COCKBURN, A.; CUNNINGHAM, W.; FOWLER, M. et al. Manifiesto Ágil. 2001. Disponible en: <http://agilemanifesto.org/>. Acceso en: 24 abr. 2023.

BHARWANI, S. Understanding Complex Behavior and Decision Making Using Ethnographic Knowledge Elicitation Tools (KnETs). Social Science Computer Review, v. 24, n. 78, 2006.

BIAS, R. G.; MAYHEW, D. J; KAUFMANN, M. Cost-justifying Usability: an update for an internet age. 2nd. ed. Morgan Kaufmann Publishers: San Francisco, CA: 2005.

BOEHM, B. W.; ABTS, C.; BROWN, A. W.; CHULANI, S.; CLARK, B. K.; HOROWITZ, E. et al. Software Cost Estimation with COCOMO II. New Jersey, NJ: Prentice Hall, 2000.

BOEHM, B.; BASILI, V. Software Defect Reduction – Top 10 List. IEEE Computer, Jan. 2001.

BRASIL. MPOG – Ministério do Planejamento, Orçamento e Gestão. Sistema de Administração de Recursos de Tecnologia da Informação e Informática (SISP). Instrução Normativa nº 4 (IN04). 11 set. 2014.

BROOKS, F. The Mythical Man-Month: essays on software engineering. Anniversary Edition. Boston, MA: Addison-Wesley, 1995.

CASTRO, J. R.; CALAZANS, A. T. S.; PALDÊS, R. A.; GUIMARÃES, F. A. Engenharia de requisitos: um enfoque prático na construção de software orientado ao negócio. Florianópolis: Bookess, 2014.

CATHO. Cargo de analista de requisitos. Disponible en: <http://www.catho.com.br/profissoes/analista-de-requisitos/#o-que-faz-um-analista-de-requisitos>. Acceso en: 24 abr. 2023.

COCKBURN, A. Writing Effective Use Cases. Boston, MA: Addison-Wesley, 2000.

COHN, M. User Stories, Epics and Themes. Mountain Goat Software, Oct. 24, 2011. Disponible en: <http://www.mountaingoatsoftware.com/blog/stories-epics-and-themes>. Acceso en: 24 abr. 2023.

COMMON SOFTWARE MEASUREMENT INTERNATIONAL CONSORTIUM. COSMIC Measurement Manual: Version 4.0.1. COSMIC, 2015.

CREA-SP. Termo de referência do pregão 46/2010. CREA-SP, 2010.

CROSBY, P. Quality is free: the art of making quality certain – how to manage quality – so that it becomes a source of profit. New York, NY: McGraw-Hill, 1979.

CRUZ, F. Scrum e guia PMBOK unidos no gerenciamento de projetos. Rio de Janeiro: Brasport, 2013.

DEKKERS, C.; AGUIAR, M. Applying function point analysis to requirements completeness. Crosstalk, The Journal of Defense Software Engineering, Ogden, UT, Feb. 2001.

DEMARCO, T. Structured Analysis and System Specification. New Jersey, NJ: Prentice-Hall, 1979.

DEMING, W. E. Out of the Crisis. Boston, MA: The MIT Press. 1994.

DEPARTMENT OF DEFENSE. Military Standard: Defense System Software Development, DoD-Std-2167, June 4th, 1985.

DRUCKER, P. F. The Practice of Management. New York, NY: Harper Business, 2006.

DSDM. The DSDM Agile Project Framework. 2014. Disponible en: <https://www.dsdm.org/content/moscow-prioritisation>. Acceso en: 28 abr. 2016.

DUARTE, G. Dicionário de Administração e Negócios. Fortaleza: KBR, 2011.

DUBEY, S. S. IT Strategy and Management. New Delhi: PHI Learning Pvt., 2009.

EIE – ENGINEERING IS ELEMENTARY. The Engineering Design Process. Disponible en: <http://www.eie.org/overview/engineering-design-process>. Acceso en: 24 abr. 2023.

GALEOTE, S. Conceitos e importância da prototipação de requisitos. 2012. Disponible en: <http://www.galeote.com.br/blog/2012/11/conceitos-e-importnciada-prototipao-de-requisitos/>. Acceso en: 28 abr. 2016.

GANE, C.; SARSON, T. Structured systems analysis: tools and techniques. New Jersey, NJ: Prentice-Hall, 1979.

GARTNER GROUP. IT Glossary: Knowledge Management (KM). Disponible en:

<http://www.gartner.com/it-glossary/km-knowledge-management>. Acceso en: 24 abr. 2023.

GARTNER GROUP. IT Key Metrics Data 2010: key applications measures – life cycle distribution. 2010.

GENGIVIR, E. C. Um modelo para rastreabilidade de requisitos de software baseado na generalização de elos e atributos. Tese de Doutorado, São José dos Campos, INPE, 2009.

GOLDSTEIN, H. Who killed the Virtual Case File? IEEE Spectrum. 2005. Disponible en: < https://spectrum.ieee.org/computing/software/who-killed-the-virtual-case-file>. Acceso el 10 de mayo de 2016.

HELJO, S. Reflections on Kanban versus Scrum development. June 23, 2011. Disponible en: <http://samuliheljo.com/blog/reflections-on-kanban-vs-scrumdevelopment/>. Acceso en: 28 abr. 2016.

IEEE. SWEBOK v3.0 Guide to the Software Engineering Body of Knowledge. IEEE Computer Society, 2014. Disponible en: <https://www.computer.org/web/swebok>. Acceso en: 24 abr. 2023.

IEEE. IEEE Std. 830–1998: IEEE Recommended Practice for Software Requirements Specifications. New York, NY: IEEE Computer Society, 1998.

INTERNATIONAL FUNCTION POINT USERS GROUP. Function Point Counting Practices Manual. Release 4.3.1. New Jersey, NJ: IFPUG, 2010.

INTERNATIONAL INSTITUTE OF BUSINESS ANALYSIS. A Guide to the Business Analysis Body of Knowledge® (BABOK® Guide). Version 2.0. Toronto: IIBA, 2009.

INTERNATIONAL INSTITUTE OF BUSINESS ANALYSIS. A Guide to the Business Analysis Body of Knowledge® (BABOK® Guide). Version 3.0, Toronto: IIBA, 2015.

INTERNATIONAL ORGANIZATION FOR STANDARDIZATION. ISO/IEC/IEEE 24765: systems and software engineering – Vocabulary. Geneva: ISO/IEC/IEEE, 2010.

INTERNATIONAL REQUIREMENTS ENGINEERING BOARD. A Glossary of Requirements Engineering Terminology: Version 2.0.1. IREB, 2022.

JONES, C. Estimating Software Costs: bringing realism to estimating. 2. ed. Osborne: McGraw-Hill, 2007.

JONES, C. Software Defects Origins and Removal Methods. Namcook Analytics, 2013. Disponible en: <http://namcookanalytics.com/software-defect-originsand-removal-methods>. Acceso en: 28 abr. 2016.

JONES, C.; BONSIGNOUR, O. The Economics of Software Quality. Boston, MA: Addison-Wesley, 2012.

JURAN, J. M. Quality Control Handbook. 4th. ed. New York, NY: McGraw-Hill, 1988.

KENDALL, K. E.; KENDALL, J. E. Systems Analysis and Design. New Jersey, NJ: Prentice Hall, 1992.

LEFFINGWELL, D. Agile Software Requirements: lean requirements practice for teams, programs, and the enterprise. Boston, MA: Addison-Wesley, 2011.

LEFFINGWELL, D. Calculating the Return on Investment from More Effective Requirements Management. American Programmer, v. 10, n. 4, p. 13-16, 1997.

LIONS, J. L. Ariane 5: Flight 501 Failure. Report by the Inquiry Board. Disponible en: <http://sunnyday.mit.edu/accidents/Ariane5accidentreport.html>. Acceso en: 24 abr. 2023.

LLOYD, R. Metric mishap caused loss of NASA orbiter. CNN, sept. 30, 1999. Disponible en: <http://edition.cnn.com/TECH/space/9909/30/mars.metric.02/index.html>. Acceso en: 24 abr. 2023.

MILLER, G. A. The magical number seven, plus or minus two: Some limits on our capacity for processing information. Psychological Review, v. 63, n. 2, p. 81-97, 1956.

OBJECT MANAGEMENT GROUP. Business Process Model and Notation (BPMN). Version 2.0. Needham, MA: OMG, 2010.

PEREIRA, J. R. R. Desenvolvimento de um software para métricas de rastreabilidade de requisitos de software. Cornélio Procópio: UFTPR, 2011.

PIGNEUR, Y.; OSTERWALDER, A. Business Model Generation. New York, NY: John Wiley & Sons, 2010.

PMO INFORMÁTICA. Historias de usuario: 30 ejemplos. 1º jun. 2015. Disponible en: <http://www.pmoinformatica.com/2015/05/historias-de-usuario-ejemplos.html>. Acceso en: 24 abr. 2023.

POHL, K.; RUPP, C. Requirements Engineering Fundamentals. Santa Barbara, CA: Rocky Nook Computing, 2011.

PRESSMAN, R. S.; MAXIM, B. Software Engineering: a practitioner's approach. 8. ed. New York, NY: McGraw-Hill, 2014.

PROJECT MANAGEMENT INSTITUTE. A Guide to the Project Management Body of Knowledge: PMBOK® Guide. 6th. ed. Newtown Square, PA: PMI, 2017.

PROJECT MANAGEMENT INSTITUTE. Business Analysis for Practitioners: A Practice Guide. Newtown Square, PA: PMI, 2015.

PROJECT MANAGEMENT INSTITUTE. PMI's Pulse of the Profession: Requirements Management – A Core Competency for Project and Program Success. Newtown Square, PA: PMI, 2014.

SEI – SOFTWARE ENGINEERING INSTITUTE. CMMI® for Development. Version 1.3. Pittsburgh, PA: Carnegie Mellon University, 2010.

SCHWABER, K.; SUTHERLAND, J. The SCRUM Guide. Disponible en: <http://www.scrumguides.org>. Acceso en: 03 feb. 2017.

SHUJA, A. K.; KREBS, J. IBM Rational Unified Process Reference, and Certification Guide: Solution Designer. Boston, MA: IBM Press Book, 2007.

SHUJA, A. K.; KREBS, J. IBM RUP Reference, and Certification Guide: Solution Designer. Boston, MA: IBM Press Book, 2008.

SOFTEX. Guia de Implementação – Parte 1: fundamentação para implementação do nível G do MR-MPS-SW. Campinas: SOFTEX, 2012.

SOMMERVILLE, I. Software Engineering. 8. ed. Boston, MA: Pearson Education, 2006.

VAZQUEZ, C. Métricas 2014: integração do desenvolvimento ágil com a governança corporativa de TI usando métricas funcionais. FATTO Consultoria e Sistemas, 18 nov. 2014. Disponible en: <https://www.fattocs.com/blog/integracao-do-desenvolvimento-agil-com-a-governanca-corporativa-de-ti-usando-metricas-funcionais/>. Acceso en: 24 abr. 2023.

VAZQUEZ, C.; SIMÕES, G.; ALBERT, R. Análise de Pontos de Função, Medição, Estimativas e Gerenciamento de Projetos de Software. São Paulo: Érica, 2013.

WIEGERS, K. E. More About Software Requirements: thorny issues and practical advice. Washington, DC: Microsoft Press, 2006.

WIKIPÉDIA. Cluster (spacecraft). Disponible en: <https://en.wikipedia.org/wiki/Cluster_%28spacecraft%29>. Acceso en: 24 abr. 2023.

WIKIPÉDIA. Engineering. Disponible en: <https://en.wikipedia.org/wiki/Engineering>. Acceso en: 24 abr. 2023.

WIKIPÉDIA. List of software bugs. Disponible en: <http://en.wikipedia.org/wiki/List_of_software_bugs>. Acceso el 24 abr. 2023.

WIKIPÉDIA. Mars Climate Orbiter. Disponible en: <http://en.wikipedia.org/wiki/Mars_Climate_Orbiter>. Acceso en: 24 abr. 2023.

WIKIPÉDIA. Virtual Case File. Disponible en: <http://en.wikipedia.org/wiki/Virtual_Case_File>. Acceso en: 24 abr. 2023.

Glosario

A

Ágil: enfoque de los proyectos de desarrollo que busca seguir las directrices y los principios de la metodología ágil (BECK et al., 2001).

Análisis de puntos de función: método estándar para medir la funcionalidad de un software desde la perspectiva del usuario. Mide el desarrollo y el mantenimiento de software, independientemente de la tecnología empleada en su implementación.

Análisis de documentos: técnica de elicitación de requisitos que estudia la documentación disponible sobre una solución existente para identificar información relevante para el desarrollo de una nueva solución.

Análisis de requisitos: actividad de la ingeniería de software que se encarga de la documentación, la organización, el modelado, la clasificación en grupos coherentes, la verificación y la validación de los requisitos.

Analista de requisitos: véase ingeniero de requisitos.

Aplicación: conjunto integrado y automatizado de funciones, procedimientos y datos que sustenta un objetivo de negocio. También llamado sistema o sistema de información.

Artefacto: cualquier ítem creado como parte de la definición, el mantenimiento o la utilización de un proceso de desarrollo de sistemas de información. Incluye, entre otros, descripciones de proceso, planos, procedimientos, especificaciones, diseños arquitectónicos, diseño detallado, código fuente y documentación para el usuario. Los artefactos pueden o no ser entregados a un cliente o a un usuario final.

Actor: elemento de la técnica, caso de uso que representa a una persona (o a un representante de un grupo de personas) que desempeña un papel o "cosa" (otros sistemas, dispositivos) e interactúa con la aplicación con la finalidad de cumplir un trabajo significativo. Véase Usuario.

B

BABOK: *Business Analysis Body of Knowledge*. Estándar y guía para el análisis de negocio del *International Institute of Business Analysis* (IIBA).

Backlog: lista de requisitos aún no atendidos.

Baseline: una configuración estable de artefactos de requisitos revisados y aprobados que se utiliza para comparación y que solo puede modificarse mediante un control de cambios formal.

Benchmarking: es la búsqueda de las mejores prácticas de la industria que conducen a un desempeño superior. Proporciona la base para medir el desempeño y genera ideas de mejora para las prácticas actuales.

Brainstorming: técnica de promoción de la creatividad en grupo que propicia la generación de ideas y ofrece un proceso estructurado para su refinamiento.

Bug: Véase Defecto.

C

Calidad: grado en que un conjunto de características inherentes cumple con los requisitos.

Caso de negocio: estudio de factibilidad documentado que valida el costo-beneficio de una iniciativa de una organización. Es el punto de partida para crear un proyecto.

Caso de prueba: conjunto de condiciones utilizadas para la prueba de software. Debe especificar la salida y los resultados esperados del procesamiento.

Caso de uso: elemento que modela un requisito funcional desde la perspectiva de la interacción entre el usuario (o actor) y el sistema. Su especificación se realiza mediante la descripción de un conjunto de pasos organizados en escenarios que buscan alcanzar un objetivo del usuario. No debe contener términos técnicos del área de desarrollo ni describir cómo se construirá el sistema; solo debe emplear el lenguaje de usuario. Un sistema tendrá varios casos de uso, cada uno de los cuales abordará objetivos distintos. Definido como parte del UML y como componente central del RUP.

Checklist: véase Lista de Verificación.

Cliente: Se refiere al cliente de los procesos de Ingeniería de Requisitos. Parte interesada con autoridad para tomar decisiones sobre los requisitos: solicitarlos, modificarlos, aprobarlos o rechazarlos.

COCOMO II: *Constructive Cost Model* es un modelo de estimación paramétrica que emplea ecuaciones matemáticas para estimar el esfuerzo, el tiempo y el tamaño del equipo en proyectos de software. Está basado en la investigación y en los datos históricos. Usa como entrada la cantidad de líneas de código fuente (o puntos de función) y la evaluación de otros aspectos, llamados *cost drivers*.

Concepto de negocio: véase Entidad.

Confiabilidad: capacidad de un sistema para mantener su buen funcionamiento tanto en circunstancias de rutina como en condiciones hostiles e inesperadas.

Control de cuestiones: técnica de gestión de requisitos que define un enfoque para monitorear, administrar y resolver problemas y otras preocupaciones que requieren control durante el trabajo de requisitos. Conocido en inglés como *Issue Log* o *Issue Tracking*.

D

Defecto: problema en un software que, si no se corrige, puede provocar su fracaso, la generación de resultados incorrectos o el comportamiento no deseado. La ausencia de la funcionalidad especificada y solicitada también se considera un defecto. También es el llamado error, fracaso o inconformidad.

Descomposición funcional: técnica que consiste en descomponer una solución (o un problema) en funcionalidades o partes menores. Su meta es asegurar que las partes sean más independientes para que todo sea más fácil de comprender (o de solucionar).

Desempeño: trabajo útil proporcionado por un sistema, comparado con el tiempo o los recursos que utiliza. Dependiendo del contexto, puede implicar un menor tiempo de respuesta, un mayor flujo (mayor velocidad de procesamiento), un menor uso de recursos computacionales y una mayor disponibilidad del sistema.

Diagrama de actividades: representación de flujos operativos mediante el modelado de etapas secuenciales en un proceso, que encadena diferentes actividades en una visión colaborativa más global. Posiciona las actividades en diferentes carriles e indica a los responsables de su ejecución; describe el flujo de control de una actividad a otra. Definido como parte de UML. Véase también Modelo de Proceso.

Diagrama de caso de uso: ilustra gráficamente los casos de uso soportados por un sistema, los actores que interactúan con ellos y las relaciones entre los casos de uso y los actores.

Diagrama de contexto: representa todo el sistema como un único proceso que comprende flujos de datos que muestran las interfaces entre el sistema y las entidades externas. Este diagrama representa el sistema y su relación con el ambiente. Permite identificar los límites de los procesos, las áreas involucradas y las relaciones con otros procesos y con elementos externos a la empresa (por ejemplo, clientes y proveedores). Es un diagrama de flujo de datos en su nivel más alto (o nivel cero).

Diagrama de flujo de datos: representa gráficamente el flujo de información de un sistema, mostrando los datos que entran y salen del sistema, de dónde provienen, adónde van y dónde se almacenan. Puede tener varios niveles de detalle y está compuesto por los siguientes elementos: procesos, flujos de datos, depósitos de datos y entidades externas (creadores y consumidores de datos).

Documento de visión: contiene la visión que las partes interesadas tienen del sistema a desarrollar, en términos de sus necesidades y características más importantes. Proporciona la base para requisitos más detallados, ya que incluye una descripción de los requisitos principales previstos. El documento de visión recoge las restricciones de diseño y los requisitos de alto nivel para que el cliente comprenda el sistema que se desarrollará. Su objetivo es proporcionar una visión general del producto que se pretende desarrollar, sin ahondar en los detalles.

Dominio: área funcional en análisis. Esto puede abarcar las fronteras de una organización o unidad organizacional, así como las partes interesadas clave fuera de dichas fronteras y sus interacciones con los recursos que se encuentran en ellas.

E

Elicitación de requisitos: actividad de la ingeniería de requisitos que selecciona y ejecuta actividades para identificar y comprender los dominios involucrados, los requisitos de negocio, los interesados, los requisitos de la solución y de la transición. Va más allá de una simple recopilación de requisitos porque identifica proactivamente requisitos adicionales explícitamente no previstos. Genera las memorias de levantamiento como productos.

Encuesta (o cuestionario): técnica de elicitación que consiste en la formulación de un conjunto de preguntas en un cuestionario, el cual será enviado a uno o más interesados para que respondan y devuelvan el cuestionario finalizado para su posterior evaluación de las respuestas.

Entidad: principal objeto de datos en el que se recoge la información. Es la información sobre una persona, un lugar, una cosa o un evento. Puede tener una o varias ocurrencias (instancias). Es un concepto de gran relevancia para el usuario, en el que se almacena una colección de datos. Una asociación entre entidades que contienen atributos también es una entidad.

Entrevista: técnica de elicitación que consiste en un diálogo entre dos o más personas, en el que una de ellas (el entrevistador) busca respuestas a un conjunto de cuestiones previamente planeadas y las otras (entrevistados) se presentan como fuentes de información.

Especificación de requisitos: documentación de los requisitos, como la declaración oficial de las necesidades de desarrollo del software. Es un contrato entre usuarios y desarrolladores. En él se especifica lo que el software debe hacer; sin embargo, no indica cómo debe ser tratado (las decisiones son responsabilidad de otra disciplina). La especificación de requisitos puede contener otro tipo de información, como restricciones previas sobre el espacio de soluciones y premisas asumidas. También puede contener modelos textuales y gráficos.

Estimación: evaluación cuantitativa de la calidad o del resultado probable. Aplicada a costos, recursos, esfuerzo y duración de proyectos, normalmente está precedida de un modificador (preliminar, conceptual, de viabilidad, de orden de magnitud, definitiva). Debe incluir siempre una indicación de su nivel de exactitud (por ejemplo, ±x %).

Estudio de factibilidad: conjunto de tareas encargadas de analizar situaciones de negocio que involucran problemas por resolver y/o oportunidades por aprovechar. Es el punto de partida para crear un proyecto.

Etnografía: técnica para elicitar requisitos mediante la observación del entorno de trabajo de los interesados. El observador se sumerge en el ambiente de trabajo donde se utilizará la solución, observando el trabajo cotidiano y tomando nota de las tareas en ejecución en las que los interesados están involucrados.

F

Facilidad de soporte: abarca aspectos como la extensibilidad, la adaptabilidad, la compatibilidad, la configurabilidad, la escalabilidad, la estabilidad, la localizabilidad y la testeabilidad del software.

Flujograma: diagrama que representa, paso a paso, un flujo de trabajo, un proceso o un algoritmo. Los pasos se representan en cajas y su secuencia se muestra mediante flechas que las conectan. Las etapas de la toma de decisiones se representan mediante diamantes.

Funcionalidad: véase Requisito Funcional.

FURPS: estándar de clasificación de requisitos definido en el RUP. Posee una extensión, FURPS+. Acrónimo de: *Functionality* (Funcionalidad), *Usability* (Usabilidad), *Reliability* (Confiabilidad), *Performance* (Desempeño), *Supportability* (Compatibilidad).

G

Gestión de requisitos: parte de la Ingeniería de Requisitos que incluye actividades para gestionar cambios, administrar conflictos y cuestiones, priorizar, obtener la aprobación de los interesados y el compromiso de estos y del equipo con la especificación de requisitos.

Glosario: lista alfabética de términos de un determinado dominio del conocimiento con sus respectivas definiciones.

***Gold Plating*:** práctica de adicionar a un sistema requisitos que no fueron solicitados por los usuarios porque el equipo cree que el sistema quedará mejor. Se considera una mala práctica de gestión de proyectos y puede conllevar riesgos para el proyecto.

H

Historia de usuario: breve descripción de las funcionalidades que los usuarios necesitan de una solución para alcanzar los objetivos de negocio. Expresada normalmente en un párrafo, con el siguiente formato: "Como (papel) yo quiero (algo) para (beneficio)".

I

IEEE: organización sin ánimo de lucro de profesionales interesados en el avance de la tecnología. Su nombre proviene del acrónimo *Institute of Electrical and Electronics Engineers*; sin embargo, su ámbito de interés y acción se expande más allá del área original.

Ingeniería: ciencia, arte y profesión de adquisición y aplicación de conocimientos matemáticos, técnicos y científicos en la creación, desarrollo e implementación de utilidades, tales como materiales, estructuras, máquinas, dispositivos, sistemas o procesos, que cumplen una función u objetivo determinado. [WIKIPÉDIA, 2015]

Ingeniería de Software: (1) Aplicación sistemática del conocimiento tecnológico y científico, de métodos y de experiencia para el diseño, implementación, pruebas y documentación de software; (2) Aplicación de un enfoque sistemático, disciplinado y cuantificable al desarrollo, operación y mantenimiento de software; es decir, la aplicación de la Ingeniería de Software. [ISO/IEC/IEEE 24765]

Ingeniería de Requisitos: disciplina de la Ingeniería de Software que consiste en el uso sistemático y repetitivo de técnicas para cubrir las actividades de adquisición, documentación y mantenimiento de un conjunto de requisitos, de modo que el software cumpla con los objetivos de negocio y sea de calidad.

Ingeniero de requisitos: alguien que, en colaboración con los interesados, levanta, documenta, valida y gestiona los requisitos.

Inspección: técnica de calidad cuyo objetivo es examinar la especificación de requisitos para identificar el cumplimiento de los estándares (verificación de requisitos) y asegurar que dicha solución resuelva el problema (validación de requisitos). Véase también Lista de Verificación.

Interesado: grupo o persona con intereses que pueden verse afectados por una iniciativa de cambio o que tiene influencia sobre ella.

INVEST: acrónimo que describe una lista de verificación para evaluar la calidad de una historia de usuario. Si la histórica no cumple con alguno de estos criterios, el equipo puede adecuarla o incluso rehacerla. Significa: **I**ndependiente, **N**egociable, **V**aliosa, **E**stimable, **S**mall (pequeño, de tamaño adecuado) y Verificable (comprobable).

K

Kanban: término de origen japonés que significa literalmente "tarjeta" o "señalización". Es un concepto relacionado con el uso de tarjetas (post-its y otras) para indicar el flujo de producción en empresas de fabricación en serie. En estas tarjetas se colocan indicaciones sobre una tarea determinada, por ejemplo: "para ejecutar", "ejecutando" o "finalizado".

L

Levantamiento de requisitos: véase Elicitación de requisitos.

Línea base: véase *Baseline*.

Lista de verificación: técnica de control de calidad. Puede incluir un conjunto de elementos que los colaboradores utilizan para verificar y validar los requisitos. Pueden desarrollarse específicamente para identificar cuestiones de interés para el proyecto. Compensa las limitaciones de la atención y la memoria humanas y ayuda a garantizar la consistencia e integridad en el desempeño de una tarea.

M

Mantenimiento adaptativo: modificación de un producto de software, realizada después de su entrega, para mantenerlo funcional en un ambiente modificado o en cambio. El mantenimiento adaptativo proporciona las mejoras necesarias para acomodar los cambios en el entorno en el que debe operar el producto de software. Estos cambios son los que deben hacerse para mantener el ritmo con el entorno, en cambio. Por ejemplo, el sistema operativo podría actualizarse y se podrían realizar algunos cambios para adaptarlo.

Mantenimiento correctivo: modificación relativa de un producto de software ejecutado después de la entrega para corregir problemas identificados. La modificación corrige los productos de software para satisfacer los requisitos.

Mantenimiento perfectivo (o preventivo): modificación de un producto de software después de la entrega para detectar y corregir defectos latentes antes de que se manifiesten como fallas. Enfoque de mantenimiento que proporciona mejoras para los usuarios, así como en la documentación de programas y registros, para mejorar el desempeño, la facilidad de mantenimiento y otros atributos del software. Compare con el mantenimiento adaptativo y el correctivo.

Matriz de trazabilidad: véase Trazabilidad.

Medición funcional: véase el Análisis de Puntos de Función.

Memoria de levantamiento: registro de los resultados de una actividad de elicitación de requisitos. Pueden ser notas de entrevistas, respuestas a cuestionarios, actas de reunión y grabaciones de audio y vídeo. Los registros no documentados originalmente deben documentarse para su posterior confirmación.

Modelo de datos: representación gráfica de los datos persistentes del sistema y de la relación entre ellos. Puede adoptar un punto de vista conceptual, lógico o físico.

Modelo de dominio: diagrama que representa los conceptos de negocio relevantes para un dominio, así como las relaciones, conceptos y atributos empleados para describirlos.

Modelo de proceso: modelo de alto nivel para procesos de negocio. Destaca los roles, las tareas, la secuencia y la relación entre ellos.

Moscow: técnica de priorización que consiste en asignar cuatro valores posibles a un requisito. El nombre de la técnica deriva del acrónimo de estos valores en inglés: *Must* (obligatorio), *Should* (importante), *Could* (deseable), *Won't* (dispensable).

N

Necesidades de negocio: véase el Requisito de Negocio.

Nivel de objetivo agregado: nivel en el que un requisito funcional se describe en el ámbito de los procesos de negocio de alto nivel. Resume un conjunto de tareas de uno o más usuarios.

Nivel de objetivo de subfunción: nivel en el que un requisito funcional se describe mediante pasos o reglas para una o más tareas que el usuario desempeña.

Nivel de objetivo del usuario: nivel en el que un requisito funcional se describe como una única tarea bajo la responsabilidad de un único individuo, en el momento en que tiene todo lo necesario a tiempo para realizarla.

O

Observación: véase Etnografía.

P

PMBOK: *Project Management Body of Knowledge.* Estándar y guía para la administración de proyectos, elaborados por el PMI (*Project Management Institute*).

Puntos de función: véase el Análisis de Puntos de Función.

Priorización: actividades de gestión de requisitos que asignan a cada requisito del proyecto un valor de importancia relativa (basado en uno o más criterios). La finalidad es asegurar que el esfuerzo esté enfocado en los requisitos más críticos, reduciendo riesgos en el proyecto o potenciando el valor entregado.

Prototipo: es la versión inicial de un sistema futuro con el cual el usuario puede realizar verificaciones y experimentos, con la intención de evaluar algunas de sus características antes de que el sistema sea construido. Su finalidad es reducir riesgos en el proyecto, permitiendo detectar defectos de requisitos en sus etapas iniciales.

R

Regla de negocio: es una ley que rige el negocio; incluye políticas corporativas, legislación aplicable, regulaciones gubernamentales y normas de mercado. No están ligadas a la solución (software), sino al dominio de negocio en el que se utilizará. No depende del software ni del proceso de negocio de estar automatizado o no.

Requisito: (1) Condición o capacidad necesaria del usuario para resolver un problema o alcanzar un objetivo; (2) condición o capacidad que debe ser atendida por un sistema o componente de un sistema para satisfacer un contrato, norma, especificación u otro documento formalmente impuesto; (3) representación documentada de una condición o capacidad como en (1) o (2); (4) condición o capacidad que debe ser alcanzada por un sistema, producto, servicio, resultado o componente para satisfacer un contrato, norma, especificación u otro documento formalmente impuesto. Los requisitos incluyen las necesidades cuantificadas y documentadas, así como los deseos y expectativas del patrocinador, de los clientes y de otros interesados [ISO/IEC/IEEE 24765].

Requisito de los interesados: son declaraciones de las necesidades de un interesado en particular o de una clase de interesados que describen sus necesidades y cómo interactuarán con las soluciones. Sirven como un puente entre las necesidades de negocio y las diversas categorías de requisitos de la solución.

Requisito de negocio: declaraciones de un nivel superior sobre los objetivos, metas y necesidades de la organización. Ellos describen las razones por las que se inició un proyecto, las metas que debe alcanzar y las métricas que se utilizarán para medir su éxito.

Requisito de solución: describe las características de la solución (producto del proyecto) que satisfagan los requisitos de negocio y de los interesados. Surgen del trabajo de Análisis de Requisitos.

Requisito de transición: describen los requisitos para facilitar la transición del estado actual de la organización (como es) al estado futuro deseado (como será), y que no serán necesarios una vez concluida la transición. Se diferencian de otros tipos de requisitos porque, por naturaleza, siempre son temporarios y no pueden desarrollarse hasta que ambas, la solución existente y la nueva, estén definidas. Cubren la conversión de datos a partir de sistemas existentes, las brechas de habilidades que deben abordarse y otros cambios relacionados para alcanzar el estado futuro deseado.

Requisito funcional: Describe lo que el software hace en términos de tareas y servicios. Incluyen, pero no están limitados a:

> ➤ transferencia de datos (por ejemplo, incluir datos de cliente);
> ➤ transformación de datos (por ejemplo, calcular intereses bancarios);
> ➤ almacenamiento de datos (por ejemplo, almacenar datos de cliente);
> ➤ Recuperar datos (por ejemplo, listar a los funcionarios actuales).

Requisito inverso: declaración en forma de proposición negativa que indique lo que el sistema o proyecto no hará ni entregará. También conocido como: "alcance negativo", "requisito negativo", "límites del proyecto", "exclusiones de alcance".

Requisito no funcional: describe condiciones que no se relacionan directamente con el comportamiento o la funcionalidad de la solución, sino que describen condiciones ambientales o cualidades que el sistema debe tener, bajo las cuales la solución debe seguir siendo eficaz. También se conocen como requisitos de calidad de software o requisitos suplementarios. Pueden incluir aspectos relacionados (pero no limitados) a:

- calidad (por ejemplo, usabilidad, confiabilidad, eficiencia y portabilidad);
- organización (por ejemplo, locales de operación, hardware objetivo y cumplimiento de normas);
- ambiental (por ejemplo, interoperabilidad, seguridad y privacidad);
- Implementación (por ejemplo, lenguaje de desarrollo, sistema operativo).

Requerimiento: véase Requisito.

Restricción: limitación de las soluciones en el análisis. Puede ser de origen de negocio (p. ej., tiempo, presupuesto) o técnica (p. ej., plataforma, protocolo de comunicación). En general, nace junto con el proyecto y es inmutable.

Restricción de negocio: restricciones de carácter organizacional. Por ejemplo: presupuesto, tiempo, número de recursos disponibles, habilidades del equipo y de los demás interesados.

Restricción técnica: restricciones de carácter tecnológico. Ejemplos: (a) las decisiones tomadas sobre lenguajes de desarrollo, plataformas de hardware y software, y software de aplicación que debe utilizarse; (b) las limitaciones de uso de recursos, tamaño de mensajes y sincronización, espacio requerido para el almacenamiento de software, cantidad y tamaño de archivos, registros y elementos de datos; o (c) cualquier estándar de arquitectura empresarial que debe seguirse.

Revisión: véase Inspección.

S

Scope Creep: aumento sin control del alcance del proyecto sin ajustes en el planeamiento de tiempo, costo y recursos.

SCRUM: proceso de desarrollo iterativo-incremental para proyectos de software, caracterizado por ciclos de entrega cortos (2-4 semanas) y equipos pequeños (3-9 personas).

SMART: método para evaluar la validez de los objetivos corporativos, que deben ser SMART: S indica Específico y describe algo con un resultado observable.

- M indica **medible** – son resultados sujetos a seguimiento y medición.
- A indica **A**lcanzable: las necesidades de negocio consideran la viabilidad de la inversión.
- R indica **R**elevante: están alineadas con la visión, la misión y los objetivos clave de la organización.

> ➤ T indica lo oportuno: los objetivos definidos tienen un plazo establecido, acorde con las oportunidades y los problemas asociados.

Sprint: es una iteración o ciclo de desarrollo en el SCRUM que busca entregar un incremento del producto de software y tiene una duración fija de una a cuatro semanas.

SRS: *Software Requirements Specifications*. Véase Especificación de Requisitos.

Solución: conjunto de cambios (a menudo implementados mediante software, como en el enfoque de este curso) sobre la situación actual de una organización, diseñados para satisfacer una necesidad de negocio, resolver problemas o aprovechar oportunidades.

Stakeholder: véase Interesado

Supuesto: información que puede ser verídica; sin embargo, aún no ha sido confirmada. Puede afectar a todos los aspectos de un proyecto y conlleva cierto grado de riesgo si no se ha confirmado como verdadero.

T

Trazabilidad: actividad de la gestión de requisitos que consiste en establecer relaciones entre requisitos, sus orígenes y los productos derivados. Esto hace la especificación más modificable y facilita verificar si es correcta y completa, además de facilitar el análisis del impacto de los cambios.

U

UML: *Unified Modeling Language*. Es un lenguaje de modelado abierto que permite a los desarrolladores visualizar los productos de su trabajo mediante diagramas estandarizados. Junto con una notación gráfica, UML también especifica significados. Es una notación independiente de los procesos. No es una metodología de desarrollo, lo que significa que no indica qué hacer primero ni cómo diseñar un sistema, sino que ayuda a visualizar el diseño y la comunicación entre objetos.

Usabilidad: la facilidad con la que las personas pueden utilizar una herramienta u objeto para realizar una tarea específica. En computación, normalmente se refiere a la simplicidad y facilidad con que una interfaz, un programa de computador o un sitio web puede utilizarse.

Usuario: cualquier persona o entidad que interactúa con el software en cualquier momento.

V

Validación de requisitos: Trabajo de calidad de la ingeniería de requisitos que asegura que todos los requisitos están alineados con los de negocio. Es decir, que todas las necesidades de negocio y de los clientes dentro del alcance del proyecto sean satisfechas. El propósito es asegurar que la especificación defina el producto que debe desarrollar el proyecto.

Verificación de requisitos: trabajo de calidad en la ingeniería de requisitos que garantiza que las especificaciones y sus modelos cumplan con los requisitos establecidos, de modo que puedan utilizarse de forma eficaz en las siguientes actividades del proyecto.

Votación: técnica de priorización de requisitos.

Anexo I – Caso de Estudio

SRRO – Sistema de Registro de Responsabilidad de Obras

Objetivo

Este estudio tiene como objetivo fundamentar la contratación de la empresa especializada en el desarrollo de proyectos del sistema de Registro de Responsabilidad de Obras de mediano y grande porte. El sistema deberá desarrollarse con la tecnología ASP.NET y el lenguaje de programación C#. La empresa será responsable de todas las fases de desarrollo: levantamiento de requisitos, análisis del sistema, desarrollo, implantación y acompañamiento durante la fase de producción en el periodo de garantía.

Justificación

Obtener agilidad en la recolección de información de obras de medio y gran porte y, con ello, generar una fiscalización más analítica y proactiva, aumentando la eficiencia del sistema.

Plazo de entrega

La entrega se realizará de acuerdo con el cronograma de actividades del proyecto del documento de visión.

Valor del contrato

Valor: USD 38.720,00 (Treinta y ocho mil setecientos veintidós dólares).

Responsable del proyecto

Unidad de compras del Departamento de Suministros con las especificaciones elaboradas por la Unidad de Desarrollo del Departamento de Informática.

Objeto

La contratación de una empresa especializada en el desarrollo de sistemas para el Proyecto de Sistema de Registro de Responsabilidades de Obras de Mediano y Grande porte. El sistema deberá desarrollarse con tecnología ASP.NET y el lenguaje de programación C#.

La empresa será responsable de todas las fases del desarrollo: levantamiento de requisitos, diseño, desarrollo, implantación y acompañamiento de la fase de producción durante el periodo de garantía.

Cantidad estimada de puntos de función

Se estima que los sistemas tendrán 78 puntos de función. Sin embargo, consideramos que en la fase de análisis pueden identificarse nuevas funcionalidades dentro del alcance del proyecto y, para estas, reservamos 22 puntos de función, totalizando 100 puntos de función para este proyecto.

Entrega

La empresa contratada deberá entregar toda la documentación del análisis realizado durante la fase de levantamiento de requisitos, todos los artefactos generados durante la fase de análisis y todo el código fuente debidamente comentado. También deberá proporcionar seis (6) meses de garantía y soporte para el sistema que se implementará.

Documento de Visión

Contexto

Visión General del Sistema

El Sistema de Registro de Responsabilidad de Obras de Edificaciones de Medio y Grande porte tiene como objetivo fundamental cambiar el enfoque de la acción operativa de la fiscalización, de modo que esta actividad sea más analítica y menos operativa.

Observando modelos de éxito en el sector público, este proyecto tiene por objeto establecer criterios en los que el profesional fiscalizado responde al gobierno y este analiza si dichas informaciones están conformes con las atribuciones de cada área de actividad técnica observada por esta entidad pública.

Escenario Actual

Oportunidad	Problema Enfrentado
Agilidad en la recolección de información sobre obras de mediano y gran porte.	Hoy, el fiscal se enfrenta a situaciones en las que, en muchas ocasiones, resulta difícil la recolección eficiente de datos debido a la infinidad de empresas generadas en un contrato de gran porte.
Fiscalización más analítica y menos operativa.	Con este sistema, la fiscalización entra en una nueva fase de actividades, en la que hoy la principal dificultad es ejecutar acciones eficientes ante la gran cantidad de formularios por diligenciar y los grandes volúmenes de datos.
Aumentar la eficiencia del sistema.	El gran volumen de trabajo de fiscalización requiere un sistema más eficiente para optimizar el número de contingentes de fiscales, manteniendo el mismo número de recursos para su óptimo aprovechamiento.

Perspectivas del producto

El alcance del registro de responsabilidades de obras de medio y grande porte debe comprender los siguientes requisitos generales:

1. Obras con registro pendiente.

2. Formulario en línea para el registro de responsabilidad.

3. Informes para la fiscalización.

4. Informes para la gestión de la fiscalización.

Interfaces

Interfaz con el sistema de SERVICIOS EN LÍNEA (para consultar datos de ART).

Plataforma de Desarrollo

El sistema debe diseñarse en la plataforma web y desarrollarse con tecnología ASP.NET y el lenguaje C# y los datos se generarán y almacenarán en IBM DB2 9.5.

Requisitos

A continuación, se describen los requisitos funcionales y otros requisitos que deben cumplirse para que el sistema alcance sus objetivos.

Requisitos Funcionales

Obras con registro pendiente

Lista obras con el Registro de Responsabilidad Pendiente (que no fueron declaradas)

> ➢ Permite a los profesionales llevar a cabo la investigación para determinar qué obras permiten emitir la constancia de responsabilidad.
> ➢ El sistema deberá consultar las anotaciones de responsabilidad técnica con el tamaño (m²) que caracteriza una obra de medio o grande porte y listar todas las que no han sido declaradas desde la fecha de inicio del nuevo proceso de inspección.
> ➢ Los parámetros de tamaño y de fecha deberán ser establecidos por el gerente a cargo de la SUPOPE.
> ➢ El profesional deberá poder ser redirigido al ítem seleccionado en el formulario de registro.

Formulario de registro de responsabilidad

> ➢ El formulario deberá cargar los datos del ART de la empresa que gestiona el proyecto.

El profesional declarará la siguiente información:

> ➢ Lugar de trabajo
> ➢ Datos contenidos del proyecto aprobado
> ➢ Número de proceso
> ➢ Número de documento que apruebe el funcionamiento
> ➢ Placa establecida (s/n)
> ➢ Placas aprobadas y profesionales subcontratados, direcciones y datos

Informes para fiscalización

- El sistema identificará al fiscal que realizará la consulta e informe.
- El sistema deberá listar las obras con posibles irregularidades, basadas en el área de trabajo del fiscal, y compararlas con la información sobre la ubicación de las obras.
- El fiscal podrá alterar la localización de obras con potenciales irregularidades mediante un filtro por ubicación.
- Generar informes analíticos que apuntan a posibles actividades de fiscalización para:
  - Obras que deberían haber sido declaradas y que pasaron de la fecha límite, con base en la fecha de creación del ART principal de cada obra.
  - Obras de las empresas que no emitieron la ART.
  - Obras con empresas sin registro
  - Empresas con registro divergente
  - Empresas con número de profesionales, identidad y registro divergentes del sistema.
  - Obras sin responsable técnico.
  - Obras sin placas.

Informe para la gestión de fiscalización

- Estadísticas de las actividades realizadas a través del sistema SRRO.
- Generación de mapas de obras en Google Maps a partir de sus direcciones.

Cronograma de Actividades del Proyecto

EDT	TAREA	PLAZO
1	Proyecto Registro de Responsabilidad	120 días
1.1	Plan de Gestión del Proyecto	5 días
1.2	Levantamiento de Requisitos	28 días
1.2.1	Entendimiento del Documento de Visión	10 días
1.2.2	Valoración de los Requisitos Levantados	10 días
1.2.3	Evaluación de Nuevos Requisitos	5 días
1.2.4	Cierre de la Planeación de las Actualizaciones	3 días
1.2.1	Diseño del Sistema	10 días
1.3	Análisis	20 días
1.3.1	Diseño del Sistema	20 días
1.4	Construcción	40 días

| 1.5 | Pruebas | 15 días |
| 1.6 | Implantación | 2 días |

Divulgación y Capacitación

El trabajo de preparación del manual de usuario y de capacitación será responsabilidad de la empresa contratada para el proyecto.

Para una divulgación más activa e intuitiva, se debe elaborar un tutorial de vídeo y publicarlo en sitios de transmisión de video, donde se incluirá el enlace de acceso en nuestros medios de interacción en línea con el público (Servicios en línea y la página del Ayuntamiento).

El vídeo debe abordar todas las funcionalidades de Registro de Responsabilidad de forma práctica, clara y explicativa.

Se debe capacitar al personal del centro de atención telefónica para que pueda aclarar dudas a través de este canal.

El análisis de los costos

Con base en los datos recolectados en el estudio, se obtuvo una cantidad de 100 puntos de función (PF) y, si se considera una productividad de 4 PF/H, este proyecto estaría listo en cuatro meses, según lo dispuesto en el cronograma.

www.ingramcontent.com/pod-product-compliance
Lightning Source LLC
LaVergne TN
LVHW081518050326
832903LV00025B/1530